Nordrhein-Westfälische Akademie
der Wissenschaften und der Künste

Nordrhein-Westfälische Akademie
der Wissenschaften und der Künste

Herausgegeben von der
Nordrhein-Westfälischen Akademie der Wissenschaften
und der Künste

Katharina Morik, Walter Krämer (Hg.)

DATEN – WEM GEHÖREN SIE, WER SPEICHERT SIE, WER DARF AUF SIE ZUGREIFEN?

Ferdinand Schöningh

Bibliografische Information der Deutschen Nationalbibliothek

Die Deutsche Nationalbibliothek verzeichnet diese Publikation in der Deutschen Nationalbibliografie; detaillierte bibliografische Daten sind im Internet über http://dnb.d-nb.de abrufbar.

Internet: www.schoeningh.de

Herstellung: Brill Deutschland GmbH, Paderborn

ISBN 978-3-506-79248-8

INHALTSVERZEICHNIS

VORWORT

Big Data – Wem gehören sie, wer darf sie nutzen?

Wird das Duo Big Data/Digitalisierung eines Tages in den Geschichtsbüchern den gleichen Rang einnehmen wie das Schießpulver, der Buchdruck oder die Dampfmaschine? Gemeinsamkeiten gibt es genug. Diese Erfindungen haben die Welt verändert, keine Frage. Und sie konnten diese weltbewegende Kraft erst in Kombination mit anderen Innovationen schöpfen: Beim Schießpulver waren es die Fortschritte in der Metallherstellung und -verarbeitung, beim Buchdruck die kurz zuvor erst mögliche Massenherstellung von billigem Papier und bei der Dampfmaschine der gleichzeitige Aufschwung des Kohle-Bergbaus in Großbritannien. Genauso hätte auch die Erfindung des Elektronenrechners durch Konrad Zuse 1940 niemals ohne die nachfolgende Explosion der Möglichkeiten der Speichertechnik und Datengewinnung ihre epochale Wucht entfalten können (und wäre die Prognose des seinerzeitigen IBM-Chefs Watson – es gibt auf der Welt einen Bedarf von vielleicht fünf Computern – möglicherweise wirklich eingetroffen).

Erst die Kombination unterschiedlicher Innovationen verleiht einem Gesamtpaket oft die große Kraft. Informationen und Daten zum Beispiel gab es schon immer und nicht viel weniger als heute. Die Temperatur auf der Nordseite des Matterhorns am Weihnachtsabend existierte solange das Matterhorn existiert. Und dass Frau X hat am 10. Januar 1998 bei Aldi Süd in Mainz-Bretzenheim zwei Flaschen Rotwein der Marke Z gekauft hat, war schon seinerzeit ein

Fakt. Aber die Verbreitung dieser Information beschränkte sich auf Frau X und möglicherweise die junge Dame an der Kasse. Heute weiß es, sollte Frau X mit Kreditkarte bezahlt haben, im Prinzip die ganz Welt. Big Data ist kein Phänomen der Existenz, sondern der Verfügbarkeit von Daten. Und diese Verfügbarkeit nimmt heute durch das Zusammenwirken von immer effizienterer Rechner- und Speichertechnik auf der einen und immer ertragreicherer Datenfischerei auf der anderen Seite gigantische Ausmaße an. Über den größten Teil der Menschheitsgeschichte wussten wenige wenig, heute wissen viele viel und der Zug geht mit Volldampf in Richtung alle wissen alles.

Der vorliegende Sammelband gibt die Referate einer Fachtagung der Nordrhein-Westfälischen Akademie der Wissenschaften und der Künste wieder, die im Juni 2017 die daraus entstehenden Probleme des Datenschutzes, der Eigentumsrechte und des Zugriffs aus der Warte verschiedener Wissenschaften beleuchtet hat. Damit beteiligt sich die Akademie an der dringend nötigen Diskussion, wie diesen Herausforderungen durch die Informatik, die Statistik, durch Rechts- und Wirtschaftswisenschaften und durch Ingenieure zu begegnen ist. Schon im Mai 2015 hat die EU-Kommission bei der Erarbeitung ihrer Standards für den digitalen Binnenmarkt viele der im Weiteren angesprochenen Probleme identifiziert. Die Bitkom mit ihrem „Excellence in Big Data" Bericht (2016) und der deutsche Bundesverband IT-Mittelstand beschäftigt sich damit genauso wie die Arbeitsgemeinschaft Digitaler Neustart der deutschen Justizminister-Konferenz. Die Politik hat die Brisanz des Themas erkannt. Hier folgt eine Analyse aus der Sicht der Wissenschaft.

Der erste Vortrag von Katharina Morik führt die nötigen Grundlagen aus der Informatik ein. Kurz und knapp, aber allgemein verständlich, wird der zeitliche Ablauf der Digitalisierung dargestellt. Kaum eine Wissenschaft kommt mehr ohne Daten aus, oft auch so viele, dass sie nur mit maschinellen Lernverfahren zu bewältigen sind. Bei Geschäftsmodellen gibt es viel Spielraum für Entscheidungen: wollen wir unsere Daten lokal bei uns behalten? Fordern wir Privatheit erhaltende Dienstleistungen? Können wir jetzt einfach weniger arbeiten und Maschinen machen lassen? Der Abschnitt zu Potenzialen und Gefahren betont die gesellschaftliche Frage, wie das Potenzial der Daten zum allgemeinen Wohl ausgeschöpft werden kann.

Das Referat von Alexander Scheuch hat juristische Aspekte der modernen Datenexplosion zum Gegenstand. Wem gehört denn dieses Informationsuniversum? Sind Daten das gleiche wie Sachen und damit überhaupt erst eigentumsfähig? Wo endet das Recht auf Zugang zu, aber auch das Recht auf Verhinderung der Weitergabe von Daten aller Art? Seitdem das Bundesverfassungsgericht im Kielwasser der seinerzeitigen Volkszählungsdebatte das Recht auf informationelle Selbstbestimmung als Teil der Menschenwürde definiert, kommen auch noch ethische Aspekte hinzu. Diese juristische Perspektive wird ergänzt durch den Beitrag der europäischen Rechtsanwältin Luters-Thümmel, die uns durch den Dschungel der europäischen Initiativen, Konsultationen und Verordnungen führt.

Joachim von Braun beleuchtet die Bedeutung von Big Data für die Entwicklungspolitik und für das Schicksal der Armen dieser Erde. Man braucht keinen Hochleistungsrechner zu Hause auf dem Schreibtisch, ein billiges Smartphone reicht oft völlig aus, um etwa in den Genuss des modernen Mikro-Bankings zu kommen, das vor allem in Entwicklungsländern das Finanzwesen zum Guten revolutioniert. Und so wächst mit dem Spektrum der Anwendungen zugleich auch der Pool potentieller Nutzer mit vielfältigen gegenseitigen Verstärkungseffekten.

Kerstin Ludwig befasst sich mit den medizinischen und genetischen Aspekten der modernen Datenexplosion. Speziell bei der Genomanalyse haben sich inzwischen Möglichkeiten aufgetan, die nicht jeden Menschen glücklich machen. Oder wer würde sich über die Nachricht freuen, dass er oder sie im Dezember 2035 an Herzversagen stirbt? So genau sind die durch Gendiagnostik erzeugten Prognosen natürlich noch lange nicht, aber die Richtung ist aufgezeigt.

Joachim Schumann beleuchtet Big Data-indizierte neue Möglichkeiten in der Hydrologie. Wasser ist eine der kostbarsten natürlichen Ressourcen, aber leider hat man davon zuweilen zu viel und ein anderes Mal zu wenig. So kamen etwa seit dem Jahr 2010 weltweit über 100.000 Menschen durch Flutkatastrophen zu Tode. Damit erschließt sich der Sinn besserer Prognosemethoden in der Hydrologie von selbst. Hier hat sich seit den berühmten Nilwasser-Abflussmessungen-Analysen von Harold Edwin Hurst in den 50er Jahren, die in der Statistik den Anstoß für die Theorie des langen Gedächtnisses gegeben haben, viel getan, mit aktuell geradezu explodierendem Datenvolumen, besonders durch Wettersatelliten und die Messung des Niederschlags und des Wasserabflussgeschehens aus dem Weltraum.

Der Ökonom Justus Haucap schließlich betrachtet das Big Data-Phänomen aus wettbewerbs- und ordnungspolitischer Perspektive. Dahinter steht die Befürchtung, dass nicht, wie zu Anfang formuliert, der Zug in Richtung alle wissen alles, sondern in die Richtung Wenige wissen alles laufen wird. Und diese Wenigen verfügen dann über beispiellose Möglichkeiten, dieses Wissen zu Geld zu machen. Siehe den gigantischen Marktwert von Unternehmen wie Google oder Facebook, der allein darauf gründet, dass Investoren diesen Unternehmen zutrauen, aus ihren Datenbeständen in Zukunft ebenso gigantische Gewinns abzuschöpfen. Damit hat das Sammeln und Verarbeiten von Massendaten auch bedeutende kartellrechtliche Aspekte. Wie lässt sich diese Spannung zwischen Datenschutz, Dateneigentum und Wettbewerb auflösen oder zumindest ausbalancieren? Traditionelle Maße für Marktmacht und Konzentration sind hier wenig hilfreich, hier steht die Wettbewerbs-Ökonomie vor großen Herausforderungen.

Und nicht nur die Wettbewerbsökonomie. Viele Wissenschaften sehen sich hier vor neuen, in den Lehrbüchern nicht vorkommenden Problemen, herkömmliche Denkmuster helfen nicht mehr weiter, ein neuer Ansatz ist gefragt. Auf dass das vorliegende Sammelwerk diese Suche nach neuen Ansätzen befruchten möge.

Dortmund, im Frühjahr 2018

Katharina Morik und Walter Krämer

DATEN – WEM GEHÖREN SIE, WER SPEICHERT SIE, WER DARF AUF SIE ZUGREIFEN?

Katharina Morik

1. Einführung

„Daten sind das neue Öl" sagte 2009 die liberale EU-Politikerin Meglena Kuneva[1]. Damit wollte sie die Bedeutung für die wirtschaftliche Entwicklung deutlich machen. Das World Economic Forum hat sich 2010 und 2011[2] mit dem Wert von Daten für die Betriebs- und Volkswirtschaft beschäftigt. Tatsächlich sind Daten von Öl sehr verschieden: ihr Vorkommen ist nicht begrenzt, sondern sie können erhoben werden; sie gehen nicht in den Produkten auf, die aus ihnen geschaffen werden; und sie können prinzipiell beliebig lange halten. Sie sind also kein Rohstoff, sondern eher ein Investitionsgut. Damit klingt bereits die Frage nach dem Besitz und der Verfügungsgewalt der Daten an. Gleichzeitig wird in der Öffentlichkeit der Aspekt des Besitzes bei Daten oft nicht wahrgenommen – alles ist kostenlos, alles wird geteilt! Es gibt immer mehr auf Daten beruhende Produkte und Dienstleistungen, die nicht mit Geld, sondern mit Daten oder gar nicht bezahlt werden (s. Brynjolfsson/McAfee/2014). Dies verschleiert, dass der Besitz an den und die Verfügungsgewalt über die Daten diskutiert und letztlich gesetzlich geregelt werden muss.

Mit diesem Aufsatz soll eine Einführung in die Diskussion aus Sicht der Informatik gegeben werden. Die Akademie der Wissenschaften und der Künste bietet die Möglichkeit zur interdisziplinären Diskussion: die Ingenieur- und

Wirtschaftswissenschaften betrifft das Thema ebenso wie die Jura. Die Klassensitzung am 13.6.2017 soll den Ausgangspunkt für die akademische Diskussion darstellen, an der sich alle Mitglieder beteiligen können.

Zunächst soll ein kurzer geschichtlicher Abriss deutlich machen, dass das Thema der Daten und der Datenanalyse keinesfalls neu ist. Damit ist die Grundlage gelegt für die verschiedenen Anwendungsgebiete. Einige werden vorgestellt, bevor am Ende .

Daten – geschichtlicher Abriss

Die Digitalisierung analog aufgenommener Signale ist früh für die Kommunikation untersucht worden im Hinblick auf das Abtasten und Rekonstruieren von Funktionen und die geeignete Kodierungen (Shannon/Weaver/1949) und wurde in der Elektrotechnik für den praktischen Einsatz vorangetrieben (Manoli/1988). Seit etwa 2015 wird der Begriff nun weiter gefasst, so dass er auch die Prozesse umfasst, die digitale Information verwenden. Insbesondere ist oft die Umgestaltung von Produktions- und Kommunikationsprozessen aufgrund des Vorhandenseins einer digitalen Repräsentation gemeint. Damit sind wir bei dem Thema der Daten und der durch sie ermöglichten Anwendungen angekommen.

Unter „Daten" verstehe ich hier die digitale Repräsentation von Information. Einerseits nehmen Daten Bezug auf ihre Gewinnung, andererseits auf ihre weitere Verarbeitung und Speicherung. Sinn und Bedeutung erhalten Daten erst durch eine Interpretation. Interpretierbar sind sie durch Programme aufgrund einer formalen Semantik. Dass auch Programme selbst Daten sind, führt manchmal zu Verwirrungen. Beschreibungen von Prozessen sind verschieden von den Prozessen selbst: Das Wort „Hund" bellt nicht. Wenn diese Beschreibungen jedoch maschinell interpretiert werden, kann es sein, dass sie den beschriebenen Prozess auch ausführen – der Roboterhund bellt. Wir müssen bei Daten also stets mit angeben, wie sie interpretiert werden. Dabei gibt es meist eine *Folge von Transformationen* mit je eigenen Interpretationen: für jede Anwendung bzw. jeden Dienst werden die Daten in eine geeignete Form überführt. Wir haben also auf der Basis von Rohdaten eine Kette von Veredelungsprozessen mit ihren jeweiligen Daten bis hin zu verschiedenen Endprodukten. Gerade dies macht die Frage nach dem Besitz der Daten und ihren Nutzungsrechten kompliziert. Auf jeder Stufe sind andere Akteure an der Veredlung der Daten beteiligt und jede Nutzung auf einer Stufe beruht auf den Prozessen der vorangegangenen Stufen.

Datenbanken sind spätestens seit 1970 in relationaler Form mit der Anfragesprache SQL die typische Form, Daten zu speichern (Codd/1970). Insbesondere werden Kunden und die von ihnen gekauften Produkte oder mit ihnen geschlossenen Verträge gespeichert. Die Daten werden bei den Händlern, Energielieferanten, Versicherungs- und Telekommunikationsfirmen gespeichert. Früher wurden sie nur zur Abrechnung und zum Reporting genutzt. Durch den online-Handel sind die Datenmengen gestiegen und neue Dienste wie z.B. die Empfehlung von Produkten oder das gezielte Angebot neuer Vertragsvereinbarungen sind hinzugekommen. Diese neuen Dienste formen die für die Abrechnung erhobenen Daten für die Datenanalyse um und verknüpfen sie mit anderen Datenquellen. Die Akteure sind nun die Hersteller von Produkten oder Dienstleistungen (incl. Versicherungen), die Handelsplattformen wie z.B. amazon, die Informatikerinnen und Informatiker, die die Daten verknüpfen, analysieren und Dienste wie Empfehlungen oder personalisierte Werbung entwickeln und die Kunden.

Die statistischen Ämter der Bundesrepublik Deutschland bieten der Öffentlichkeit Informationen aus sorgfältig erhobenen Daten an. „Die Statistischen Ämter des Bundes und der Länder haben nach dem Bundesstatistikgesetz (BStatG) die Aufgabe, Daten zu erheben, aufzubereiten und zu veröffentlichen. ... Für die Auskunftgebenden besteht in der Regel Auskunftspflicht. Die amtliche Statistik garantiert die Geheimhaltung der erhobenen Einzelangaben.“[3] Die Daten bieten Transparenz für die Öffentlichkeit.

Open Data ist eine Zielsetzung, die Transparenz auch auf solche Daten bezieht, die nicht eigens für den öffentlichen Nutzen von staatlichen Institutionen erhoben wurden.

So gibt es beispielsweise in Europa offene Daten über soziale Fragen, Wissenschaften, Umwelt, Beschäftigung und Arbeit, Finanzen und Wirtschaft, Verkehr, Produktion, Bildung, Recht, und andere Themen[4]. Gewünscht ist die Öffentlichkeit staatlicher Daten, damit die Bürgerinnen und Bürger tatsächlich partizipieren und zu Akteuren werden können.

Das Internet stellt viele Daten in unterschiedliche Form zur Verfügung. Die einzige Bedingung für Inhalte, um im Internet angezeigt zu werden, ist die Befolgung des Protokolls, eine eindeutige Bezeichnung (URI: Uniform Resource Identifier) und die Darstellung in einem Browser-lesbaren Format, d.h. der Browser ist der Interpreter der Repräsentation und befolgt die eventuell angegebenen Deklarationen zur Semantik der Daten. Erster Schritt, um passende Informationen in den vielen Daten zu finden, ist das Indexieren der Webseiten. Es gibt eine Web-Seite, die die aktuelle Größe des indexierten Internets abschätzt[5], am 6.10.2017 waren von Google mindestens 46,2 Milliarden Seiten indexiert. Unterschiedliche Algorithmen für die Suche und das Sammeln (Crawling) bleiben Forschungsthemen. Die internationale Tagung WWW ruft auch für 2018 Beiträge zu Web crawling, Indexing und Suche auf.

Weiter geht die Idee des semantischen Internets, bei der die Autoren einer Seite ihre Inhalte und Präsentationsformate deklarieren sollen (Berners-Lee et al. 2001). So strebt das semantische Internet eine Taxonomie an, in die sich Inhalte kategorisieren lassen. Dies würde die Suche nach Information und Dienste anhand von Informationen erleichtern. Das Internet Consortium W3 stellt die Formalismen zur Deklaration und Formatierung zusammen. Browser lesen die Deklaration und interpretieren die Daten entsprechend. Die Annotationssprache XML ist für viele Daten und ihre Beschreibung inzwischen der Standard. Auch Programme werden oft mit ihren Parametern durch XML beschrieben. So können ganze Prozesse der Datenanalyse mit den Framework *streams* oder dem Werkzeug RapidMiner in XML beschrieben, die kurzen Beschreibungen versendet und in den Systemen dann zum Laufen gebracht werden.

Ohne verbindliche Taxonomien zu fordern, folgt die Idee der *Linked Open Data* dem Motto „everything is a link". Der Name (URI) soll als Bezeichnung für Dinge und Personen und Sachverhalte genutzt werden. Die betreffende Web-Seite soll die üblichen Standards einhalten (RDF: Resource Description Format), so dass leicht von überall her darauf zugegriffen werden kann[6]. Hier wird aber keine vorgegebene Taxonomie angenommen oder vom Autor eine Annotation gefordert. Die Aufbereitung von Informationen aus unterschiedlichen Quellen erfordert dann mehr Arbeit von denen, die die Daten nutzen wollen. So hat beispielsweise das europäische Projekt vista-tv Information über Fernsehsendungen und die online Einschaltungen in Programmen des Internet-Fernsehens als Linked Open Data zugänglich gemacht[7]. Für viele Dienstleistungen oder Analysen ist eine solche Aufbereitung notwendige Voraussetzung. Die Wahrung der Privatheit der Internet-Fernsehbetrachter war dabei Aufgabe der Projektpartner BBC und Zattoo und wurde durch die Privatheit erhaltende Datenanalyse unterstützt.

Die Vernetzung von Geräten, insbesondere Smartphones, über das Internet hat eine weitere Zunahme des World Wide Webs zur Folge gehabt. Das Internet of Things (IoT) vernetzt Geräte, die selbst Daten sammeln. Einer Schätzung zufolge werden 2020 etwa 25 Milliarden Geräte mit dem Internet verbunden sein[8]. Die Frage, welche Daten bei dem lokalen Gerät bleiben und welche an eine Zentrale gesendet werden, ist entscheidend für die Wahrung von Privatheit.

Die App als gekapselte Dienstleistung mit Zugriff auf zugehörige Daten leitete zudem eine neue Sicht auf die Schnittstellen zwischen Benutzer, Datenbereitstellung, Telekommunikationsgesellschaft und Dienstleistungsanbieter ein: statt einer Schnittstelle zu Daten für viele unterschiedliche Dienste, ist nun eine Dienstleistung eine Entität, die separat, nur vom Betriebssystem abhängig, selbständig den Zugriff auf Daten gestaltet. Hier ist oft dem Benutzer nicht deutlich, welche Daten von seinem Smartphone an eine Zentrale übermittelt werden. Und welche lokal bleiben.

Gerade die Nutzung des Internets wurde unter dem Stichwort der „digital divide" diskutiert: eine eher reiche, mächtige, gebildete, überwiegend männliche Elite nutzt und gestaltet das Web (Muki Haklay 2012).

Datenanalyse – geschichtlicher Abriss

Die Analyse von Daten begann schon im 17. Jahrhundert für den Bevölkerungscensus mit Sterbetafeln und Wahrscheinlichkeiten des Überlebens. Die Statistik bleibt Grundlage der Datenanalyse. Allerdings sind Daten in der Statistik üblicherweise sorgfältig erhoben und haben eher wenige Beobachtungen mit wenigen Merkmalen.

Das maschinelle Lernen begann als Logik-basierte Analyse von Daten. Während überwiegend aussagenlogische Formalismen von Tripeln aus Entität, Merkmal und Wert genutzt wurden, gab es auch schon frühzeitig Formalismen der eingeschränkten Prädikatenlogik (Emde/etal/1983). Die induktive logische Programmierung ließ sich direkt auf Datenbanken aufsetzen (Morik/Brockhausen/1997) und konnte direkt ausführbare Regeln aus Daten lernen (Morik/etal/1993). Die Betrachtung von Relationen, insbesondere der Unabhängigkeit, führte später zu probabilistischen graphischen Modellen, die als Kombination von Logik und Statistik betrachtet werden könnten (Kersting 2006; Piatkowski/etal/2016). Gleichzeitig wurden frühzeitig Perzeptrons und dann neuronale Netze entwickelt, die zum Kanon der Lernverfahren gehören (Mitchell 1997).

Die Analyse sehr großer, nicht für die Analyse erstellter Datenbanken wurde als *Knowledge Discovery in Data* bzw. *Data Mining* bezeichnet. Die Analyse wurde oft auf das Finden korrelierter Merkmale reduziert, die häufigen Mengen. Algorithmisch wurde die Skalierbarkeit auf sehr große Datenmengen mit mehreren Verfahren erreicht[9].

Dass die neuronalen Netze heute unter dem Namen *Deep Learning* weltweit große Aufmerksamkeit erregen, mag an mehreren Gründen liegen: es gibt genügend Daten, genügend Rechenkapazität (auch Spezialprozessoren wie z.B. TPU) und genügend Werkzeuge (z.B. TensorFlow) für eine einfache Anwendung. Es handelt sich bei den *Convolution Neural Networks* und *Recurrent Neural Networks* um Klassen von Lernverfahren, deren Struktur und Parameter sorgfältig gewählt werden müssen. Es ist keineswegs so, dass der Anwender nichts zu tun hat. Die meisten Erfolge wurden mit Bilderkennung erzielt, weil dort viele korrelierte Merkmale vorhanden sind. Es gibt aber auch Grenzen. Zum Beispiel wurden durch leichte Veränderungen Bilder nicht mehr richtig erkannt (Moosafi-Dezfooli/etal/2017).

Problematisch ist vor allem, dass es keine Theorie gibt, die die Lernbarkeit durch Deep Learning oder das Risiko der Überanpassung an die Daten, die zum Lernen verwendet wurden angibt. Auch so sind gelernte Modelle nicht verständlich, nur selten vom Menschen interpretierbar.

2. Anwendungsgebiete

Datengestützte Wissenschaft

Prinzipiell können alle Wissenschaften von der Datenanalyse profitieren. Insbesondere wird aber gerade dort die Analyse genutzt, wo die Daten auf einer Ebene gemessen werden, die nicht direkt interpretierbar ist. Ein einfaches Beispiel soll diese Ebenen deutlich machen: die Handlung eines Menschen, z.B. essen, besteht auf der Ebene darunter in mehreren Teilhandlungen (den Löffel eintauchen, mit der Suppe darin zum Mund führen, den Mund öffnen, den Löffel im Mund leeren), die jeweils wieder auf der Ebene darunter aus kleineren Teilen bestehen. Werden nun die Nervenströme oder Muskelbewegungen gemessen oder das Essen gefilmt, so muss aus diesen Daten der Begriff „essen" gelernt werden. In einer Erzählung wäre der Begriff direkt vorhanden und ohne Bezug auf seine Realisierung gegeben. Die Datenanalyse ist also gefragt, wenn aus Daten auf einer Ebene Aussagen auf einer höheren Ebene erschlossen werden, kurz: ein Modell aus Daten erworben wird. Für die Überprüfbarkeit der Modelle ist dabei wichtig, dass die Analyseverfahren selbst eine theoretische Begründung haben. Wir wollen für die Empirie die „first principles" nicht aufgeben!

Lebenswissenschaften

Die Lebenswissenschaften verfügen über hochdimensionale Daten, die oft auch eine Graph- bzw. Netzstruktur aufweisen. Die Entschlüsselung des menschlichen Genoms hat viele Fragen eingeführt, die man nun mit Hilfe der Daten beantworten will, beispielsweise Verwandschaftsbeziehungen zwischen Gattungen und Wanderbewegungen der Urmenschen. Hier wirken die Lebenswissenschaften auf andere Disziplinen wie Anthropologie und Geschichte zurück. Die Analyse genetischer Daten ist natürlich insbesondere für die Medizin und die Pharmazie bedeutsam. Einerseits erhofft man sich ein besseres Verständnis der Prozesse in der Zelle (Masip/etal/2016), andererseits will man Heilungschancen vorhersagen (Lee/etal/2014) oder die Wirksamkeit von Substanzen untersuchen (Nicola/etal/2015). Auch hier ist die Verfügbarkeit in den Ländern sehr unterschiedlich geregelt. So gibt es die öffentlich verfügbaren US-amerikanischen Daten des *The Cancer Genome Atlas* mit Daten über Tumor- und normales Gewebe von mehr als 11 000 Patienten. Europäische Daten hingegen sind nur für einzelne Studien nach einer besonderen Prüfung durch den Ethikrat erhältlich.

Physik

Die Physik nimmt immer aufwändigere Messungen vor, um immer weitreichendere Fragen zu beantworten. Das CERN mit seinen Experimenten zur Teilchenphysik (LHCb Collaboration/2015) und die Experimente der Astroteilchenphysik IceCube (IceCube Collaboration(2014) liefern mehr Daten als sich Menschen auch nur ansehen können. Die Datenerhebung durch Cherenkov Teleskope wird von einem Ring um die Erde einzelner Teleskope (MAGIC, HESS, VERITAS) erweitert zu zwei Arealen von insgesamt mehr als 100 Teleskopen, um die Luftschauer noch genauer nach Gamma-Strahlen zu durchsuchen, die Aufschluss über Prozesse im Weltall geben können. Von den Rohdaten bis hin zu klassifizierbaren Daten ist es ein weiter Weg, wobei die Analyse nicht erst bei dem letzten Schritt ansetzt. Auf jeder Ebene sind Anwendungen von Lernverfahren möglich und liefern

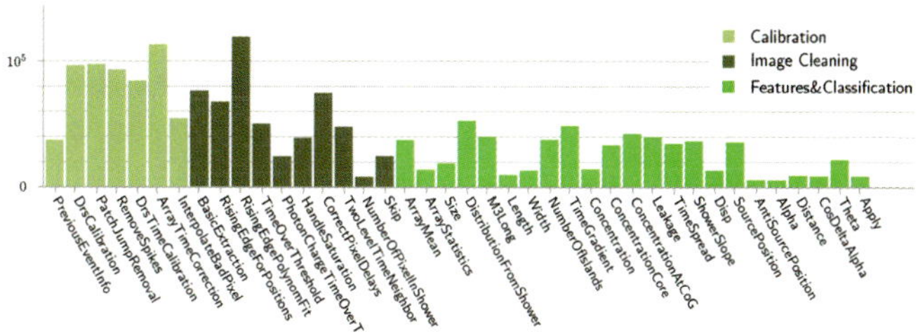

die Daten für die nächste Ebene. Tatsächlich nehmen Ausreißererkennung, Zeitreihen-bereinigungen, Merkmalsauswahl und Aggregationen, die dem Lernen eines Klassifikators, der die Gammastrahlen von Hadronen trennt, vorausgehen, den größten Teil der Analyse ein. Eine Fülle von Programmen, die direkt auf den Datenströmen arbeiten, wurde in dem Framework *streams* entwickelt (Bockerman/etal/2015). Das Schaubild zeigt die Prozesse, die bei der Verarbeitung der einströmenden Daten vorgenommen werden müssen. Der hintere Teil enthält maschinelles Lernen im weitesten Sinne, nur der letzte Schritt ist die Anwendung einer gelernten Klassifikation, also maschinelles Lernen im engeren Sinne.

Diese Forschung ist ohne Daten, deren Speicherung und Analyse gar nicht zu bewerkstelligen. IceCube hütet die Originaldaten an der Madison University Wisconsin, USA, und wendet Algorithmen auf sie erst an, wenn der Analyseansatz an Simulationsdaten getestet und die Kollaboration (mehr als 200 WissenschaftlerInnen) den Ansatz geprüft haben. Die TU Dortmund betreibt gemeinsam mit anderen deutschen Forschungsinstitutionen ein eigenes Teleskop auf La Palma, FACT, um direkt auf den ersten Rohdaten arbeiten zu können. Es ist durchaus auch eine Sicherung von Einfluss auf die Wissenschaft, wer die Daten speichert und den Zugang dazu ermöglicht.

Sprachwissenschaft

Die Sprachwissenschaft hatte früh einen Bezug zur Datenanalyse. Die Sprachstatistik mit dem Gesetz von Zipf (Zipf/1949) brachte die Verteilung der Wörter in den wissenschaftlichen Diskurs ein, die Untersuchung der Lernbarkeit von Grammatik (Gold/2004; Angluin/Becerra-Bonache/ 2017) fügte Methoden der theoretischen Informatik hinzu. Die *Message Understanding Conference* (MUC) hatte das Ziel, automatisch aus Texten Inhalte zu extrahieren und brachte eine Reihe von Fragestellungen hervor: wie erkennt man Eigennamen von Dingen, Orten, Personen; wie erkennt man Relationen zwischen Eigennamen; welche Merkmale sind wichtig, welche Strukturen? Das Projekt *Never ending learning of language* extrahiert Fakten und Regeln aus Texten aus dem Internet, um so immer besser das Web „lesen" zu können (Yang/Mitchell/2016). Andere Fragestellungen betreffen die automatische inhaltliche Kategorisierung von Texten wovon handelt ein Text? (Joachims/2001). Die Untersuchung der in Texten zum Ausdruck kommenden Einstellungen (sentiment analysis) wurde meist verkürzt auf die positive oder negative Beurteilung von Produkten im Internet.

Für die deutsche Sprache gibt es eine hervorragende Datensammlung für die Verwendung einzelner Wörter in vielen Texten aus verschiedenen Zeiten: Digitales Wörterbuch der Deutschen Sprache. Hier sind auch syntaktische und etymologische Annotationen gegeben. Untersuchungen auf den Textbelegen zu einem Wort, z.B. Platte oder Leiter, können den Wandel der Sprache über der Zeit belegen. Durch die sorgfältig kuratierten Daten lassen sich linguistische Erklärungen mit Daten-gestützter Analyse leicht verbinden (Bartz/etal/2014).

Durch die sehr großen Mengen an Text, die Google zur Verfügung stehen, kann auf Regeln verzichtet und statt dessen mit einfacher Analyse Korrelationen festgestellt werden. Deshalb die Aussage von Peter Norvig „All models are wrong and increasingly you can succeed without them"[10]. Die Korrelation von Sätzen verschiedener Sprachen ergibt eine brauchbare maschinelle Übersetzung, wenn es genügend Daten in beiden Sprachen gibt. Man kann mit Topic

Models Themen in Texten entdecken (Blei/2012) und den Wandel der Themen oder die Korrelation mit verschiedenen politischen Parteien aufdecken (Schmidt/etal/2017). Wenn schon die Daten ausreichen, man keine ausgearbeitete Theorie benötigt, sondern lediglich skalierbare Analysemethoden, ist der Zugang zu Daten gleichzeitig ein Wissensvorsprung gegenüber allen, die nicht diesen Zugang haben.

Soziologie

Die Soziologie hat die Analyse sozialer Netze, überhaupt die Entwicklung von Netzwerken im Internet als Untersuchungsgegenstand aufgegriffen, der keine Datenerhebung erfordert, weil die Daten bereits verfügbar sind. Man kann beobachten, wie einige Web-Seiten immer beliebter werden und welche Formen die Netzwerke bilden (Asharov/etal/2017; Gupte/Eliassi-Rad/2012). Wenn analog zu Zipf's Gesetz das Power Law für soziale Netzwerke überprüft wird (Faloutsos/etal/1999), bieten die sozialen Netzwerke eine gute Datenlage. Um aber soziologische Prozesse zu untersuchen, sind die Analysen der Daten nur der erste Schritt, der eine Fülle von Beobachtungen zusammenfasst (Zhang/etal/2017). Eine soziologische Erklärung bieten sie noch nicht. Die Daten liefern aber eine hervorragende Ausgangslage für die Überprüfung von Hypothesen, die in der Auseinandersetzung von Soziologen mit den ersten Datenexplorationen entstehen. Bei diesen Untersuchungen muss berücksichtigt werden, dass die Verteilung der Beobachtungen verzerrt ist — nicht alles, was stattfindet, ist auch von den Daten erfasst. Ein einfaches Beispiel hierfür sind die kontrafaktischen Ereignisse: wenn aus einer großen Anzahl von angebotenen Nachrichten nur eine kleine Anzahl mit einem „like" versehen wird, kann daraus nicht geschlossen werden, dass alle anderen Nachrichten nicht gefallen – sie wurden vielleicht gar nicht angeguckt.

Psychologie

Auch die Psychologie versucht, die Daten zu nutzen, die im Internet von so vielen Menschen freiwillig zur Verfügung gestellt werden oder sie entwirft Datenerhebungen per App, um größere Stichproben zu bekommen[11]. Die fünf wichtigen Persönlichkeitsdimensionen Offenheit, Gewissenhaftigkeit, Extravertiertheit, Verträglichkeit und Neurotizismus [12], werden genutzt, um eine Person zu charakterisieren. So erhält man Persönlichkeitstypen[13], die mit bestimmten Verhaltensweisen korreliert werden sollen. Der Test erhielt öffentliche Aufmerksamkeit durch die Aussage von Alexander Nix, der behauptete, seine Firma Cambridge Analytica habe Donald Trump zum Wahlsieg verholfen durch die gezielte Kommunikation. Auch die Brexit-Kampagne soll die Cambridge Analyica unterstützt haben. Dabei stützt sich die Firma auf die Methode von Michal Kosinski[14]. Nun hat bereits Barack Obama bei der Auswahl derjenigen Häuser, in denen seine Wahlhelfer Besuche machten, Datenanalyse eingesetzt. Die Gefahr der Manipulierung der Menschen, indem gefundene Korrelationen ausgenutzt werden, besteht. Gefährlich vor allem, weil die Ergebnisse nur durch sehr viele Daten zustande kommen und deshalb von einem Menschen nicht nachvollzogen werden können. Bei nur wenigen Daten fand die *applymagicsauce* anhand meiner Facebook Seiten heraus, dass ich zu 57% männlich bin, weil ich Bach, Beethoven und Ray Charles mag, aber zu 43% weiblich, weil ich Aretha Franklin, Toni Morrison und Joe Cocker favorisiere. Würden mehr Daten genutzt, könnte das Profil aussagekräftiger werden. Gut beschrieben und für Deutschland aufbereitet ist der Ansatz im Heft „Algorithmen und Meinungsbildung" Informatik Spektrum 2017 (4) (Schmidt/etal/2017). Die Gesellschaft für Informatik diskutiert, welche Folgerungen aus dem Zusammenwirken von Analyse und den Daten sozialer Netzwerke gezogen werden sollten.

Anhand meiner eigenen Analyse von App-Nutzungsdaten aus dem Menthal-Projekt (s.o.) habe ich einerseits gelernt, dass die Persönlichkeitsdimensionen nicht mit der App-Nutzung korrelieren und dass die Daten sorgfältig kuratiert werden müssen, um aussagekräftig zu sein, und andererseits dass die Korrelationen oft nur indirekt sind. So konnte ich beispielsweise das Geschlecht der Nutzer und Nutzerinnen nicht anhand der genutzten Apps – Männer und Frauen nutzen überwiegend die selben Apps — sondern nur anhand der Häufigkeit der Nutzung vorhersagen. Um diese Ergebnisse zu erzielen, mussten wir die Rohdaten sorgfältig aufbereiten. Der bekannte Spruch „ich glaube keiner Statistik, die ich nicht selbst gefälscht habe" trifft hier insofern zu, als man das Programm, mit dem die Daten aufbereitet werden, überprüfen muss, um die behaupteten Schlussfolgerungen überprüfen zu können. Dazu braucht man allerdings Daten und Programm!

Datengestützte Geschäftsmodelle

Werbung

Datengestützte Werbung ist ein großer Markt. Benötigt werden Daten über die möglichen Kundinnen und Kunden sowie über die Produkte, für die geworben werden soll. Die Daten über die Kunden betreffen die vorangegangenen Käufe, die gesuchten Begriffe und die Folge angeklickter Web-Seiten. Die Überschneidung von Einkaufkörben wird für Empfehlungen genutzt. Wenn jemand A und B gekauft hat, wird ihm C empfohlen, weil dies andere gekauft haben, die auch A und B gekauft haben.

Bei jeder Suchanfrage wird eine Auktion gestartet, die die Plätze in der rechten Leiste neben den Suchergebnissen versteigert. An der Auktion beteiligen sich die Firmen, die werben wollen, vermittelt über eine Firma, die Daten von Kunden analysiert. Diese Firmen für lernendes Marketing speichern bei den Produkten der (online-) Geschäfte die geschätzte Wahrscheinlichkeit, dass ein Kunde mit einer bestimmten Suchanfrage und vielleicht einer Vorgeschichte von Klicks, das Produkt kaufen wird. Es geht dabei nicht um eine Charakterisierung des einzelnen Kunden, sondern lediglich um Korrelationen von sehr vielen Produkten und sehr vielen Suchbegriffen und angeklickten URLs. Innerhalb von 100 Millisekunden muss die Auktion abgeschlossen und die Werbung, die gewonnen hat, an die Suchmaschine, Zeitung oder Zeitschrift übermittelt sein. Wenn der Kunde tatsächlich die Werbung anklickt, wird dies als positive Rückmeldung in den Datensatz eingetragen und für späteres

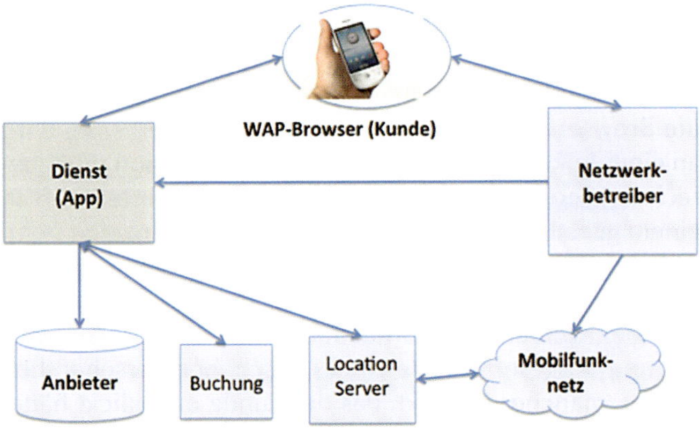

Daten auf und überträgt sie an das Mobiltelefon. Das Kino ist der eigentliche Anbieter dessen, was der Kunde möchte – nämlich einen Film ansehen. Natürlich kann auch hier eine Auktion oder einfach eine bezahlter Werbung eingesetzt werden, die die Reihenfolge der Kinos in der Anzeige bestimmt. Eine weitere denkbare Erweiterung wäre beispielsweise, dass man direkt mit seinem Mobiltelefon Kinotickets bestellt und bezahlt, nicht mehr an die Kasse muss und am Eingang aufgrund seiner Position automatisch erkannt wird und Zugang erhält.

Viele Apps nutzen für ihre Dienste ein zentrales Rechenzentrum, so dass Daten vom Smartphone zum Rechenzentrum und zurück geschickt werden. Mehr und mehr wird aber versucht, die meisten Berechnungen auf dem Smartphone selbst auszuführen. Möglich wird dies durch neue Chips (Ko-Prozessoren). Das ist einerseits zeitsparend, andererseits bleiben die persönlichen Daten dann auf dem Gerät und sind so also privat.

Ökonomie der Vermittlung

Dienste können als Makler zwischen Kunden und Anbietern ganze Plattformen sein. Diese Plattformen sind einerseits online Geschäfte, wie z.B. Amazon oder Alibaba. 2016 bot

Amazon mehr als 2 Millionen Produkte an und nahm 136 Milliarden US Dollar ein.[15] Andererseits können sie aber auch Dienstleistungen vermitteln, die nicht von einer Firma, sondern von Privatleuten angeboten werden, wie z.B. Uber, AirBnB und Foodora. Durch die mobile Anbindung ans Internet können Kunden und Anbieter sogar in Echtzeit in Verbindung gebracht werden. Was wie eine Verabredung unter Nachbarn oder gar Freunden anfing, ist ein Geschäft geworden. Die Ökonomie der Vermittlung beruht darauf, dass die Anbieter immer zur Verfügung stehen, aber nur in geringem Maße, nur bei einem konkreten Auftrag oder für eine kurze Schicht bezahlt werden und nicht als Angestellte mit Urlaubsanspruch, Absicherungen durch Versicherungen und feste Arbeitszeiten monatlich Lohn bekommen. Die Leistung der Fahrer, Übernachtungsanbieter oder Kuriere kann sehr genau anhand der Kommunikation über App/Internet erfasst werden. Sie können in Konkurrenz zueinander gebracht werden, z.B. durch Bonussysteme. Auch die Kundenzufriedenheit, die direkt im Netz artikuliert wird, verstärkt die Konkurrenz der tatsächlichen Anbieter untereinander. Die Fahrer, Vermieter, Lieferanten müssen die Arbeitsgeräte selbst stellen. Die Wohnungen von AirBnb gelten als normale Wohnungen, in denen die Vermieter meistens selbst wohnen. An vielen Orten werden diese Wohnungen aber schon überwiegend für die Vermietung, als billige Konkurrenz zu Hotels genutzt. In dieser „Gig-Economy" gibt es keine Ausbildung und Qualitätsprüfung wie beispielsweise bei Taxifahrern oder Hotels (Palmer/2017). Der Kunde bezahlt an die Plattform, bei den Lieferdiensten bezahlen auch die Restaurants an die Plattform. Die Plattform berechnet die Vermittlungen und organisiert die Kommunikation anhand ihrer Daten über Kunden und Anbieter. Nur das Wissen über den Kunden (Identität mit Zahlungsmittel, eventuell Ort und vergangene Aufträge) und über den Anbieter (Identität, Angebot, vergangene Aufträge, eventuell Kundenbeurteilungen), nicht die Herstellung oder Verfügung über Güter ermöglichen das Geschäft.

Block chain Technology
Im Zuge der Blockchain Technology deutet sich ein Wandel an[16]. Kunden und Anbieter könnten die Plattformen umgehen und selbst in Kontakt miteinander treten. Ein Beispiel: das Start-up Jolocom will mit seinem „Smart Wallet" das Identitätsmanagement basierend auf Blockchain revolutionieren. Heute sei das Identitätsmanagement aus Nutzergesichtspunkten schrecklich, so Gründer und CEO Joachim Lohkamp: „Identitäten sind im Netz heute ein Geschäftsmodell. Sie sind in den Händen großer Plattformen, dabei sollten Sie in den Händen der Nutzer sein. Für jeden neuen Service braucht man einen neuen Account und damit eine neue Identität." Mit dem „Smart Wallet" behalte der Nutzer die Datensouveränität und Ansprüche würden durch die Blockchain verifiziert. Gleichzeitig sei das Identitätsmanagement für den Nutzer leicht, sicher und transparent zugänglich[17]. Ob und wie weit dieses neue Vorgehen die hohen Erwartungen bezüglich Sicherheit und Privatheit erfüllt, ist noch nicht ausgemacht.

Datengestützte Produktion
Die Verbesserung der Produktion durch Daten hat damit begonnen, Arbeitsschritte, Maschineneinstellungen, Zusammensetzungen von Material und andere Größen zu erfassen. Dieser Prozess ist noch nicht überall abgeschlossen. Insbesondere fehlt oft das Zusammenführen von Daten aus unterschiedlichen Quellen bzw. Systemen. Die Daten müssen analysiert werden, um aus ihnen Verbesserungen abzuleiten. Waren es früher die Ingenieure, die von Hand die Daten betrachteten, um ihre Modelle zu ergänzen, sind es heute zu viele Daten. Die Datenanalyse wird dann eingesetzt, um Ausreißer zu finden, die vielleicht anzeigen, dass der Prozess gestört ist. Meist wird erst einmal anhand der Daten die Wartung optimiert. Man kann aber weiter gehen und Daten eines Prozesses in Echtzeit analysieren, so dass eine prädiktive Qualitätsvorhersage während des laufenden Betriebs gemacht wird. Material kann ausgeschleust werden, wenn die gewünschte Qualität nicht mehr erreicht werden kann oder der Prozess wird verändert. Die maschinelle

Analyse in Echtzeit adaptiert sich speziell an einen Anwendungsfall und liefert somit detailliertere Angaben als das allgemeine Ingenieurswissen. Das maschinelle Lernen passt das Modell an den Einzelfall und den Moment an. Damit nimmt es implizit Faktoren auf, die nicht allgemein bestimmt werden können, wie z.B. das Mikroklima in der Werkhalle, geringe Abnutzungen und ähnliches. Noch weitergehende Ansätze verändern den Prozess anhand der Analyseergebnisse in Echtzeit (präskriptives maschinelles Lernen).

Für reale Anwendungen müssen Absprachen zwischen den Beteiligten getroffen werden: die Anlagenbauer, die Anlagenbetreiber, die Datenwissenschaftler und die Kunden müssen in einem neuen Rahmen miteinander arbeiten. Es gibt zwei Rahmenmodelle, die zur Zeit ausprobiert werden: das zentrale und das verteilte Modell.

Das zentrale Modell sammelt und verarbeitet die Daten auf einer Plattform, die von Experten der Datenanalyse betrieben wird. Verschiedene Anlagenbauer nutzen die Plattform, um bessere Angebote an die Anlagenbetreiber machen zu können, die ebenfalls die Plattform nutzen, um ihre Prozesse zu verbessern. Die Anlagenbetreiber müssen dafür in gesicherten Bereichen der Plattform ihre Daten ablegen und dort analysieren lassen. Fragen der Anlagenbauer und -betreiber können gleichermaßen bearbeitet werden. Es können viele Werke eines Anlagenbauers analysiert und Modelle transferiert werden, so dass der Aufwand für die Modellbildung bei neuen Anlagen bzw. bei der verbesserten Analyse eines bestehenden Werkes geringer wird. Das „cold start" Problem, das auch bei der Einführung der neuen prädiktiven oder präskriptiven Modellierung in einem bestehenden Werk auftreten kann, wird vermieden. Der Industrial Data Space ist so ein Modell[18] .

Der Nachteil des zentralen Modells ist bisher noch, dass es meist nicht in Echtzeit vor Ort im Werk einsetzbar ist. Oft kann das Plattformmodell keine Datenströme verarbeiten. Dann muss es vor Ort umgesetzt werden in ein Echtzeitmodell. Beide Modelle können sich auseinander entwickeln.

Beim lokalen Modell treten Anlagenbau und Analytik nach außen als Einheit auf. Die Analytik ist näher an den

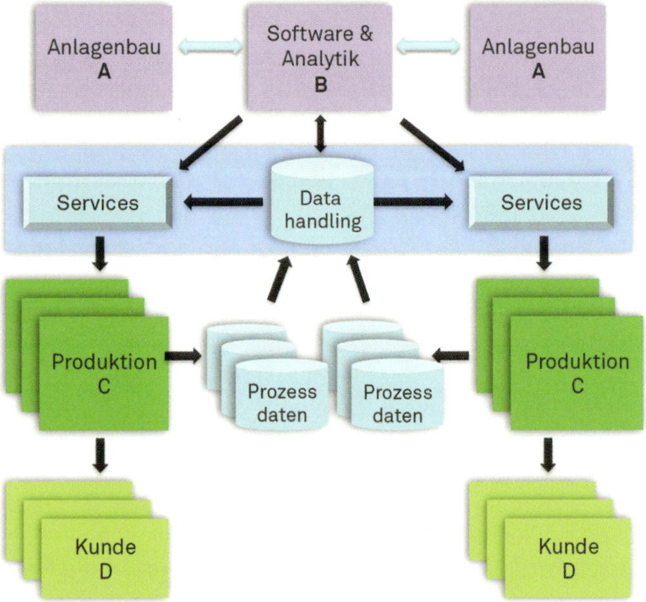

Zentrales Modell

einzelnen Betrieb gerückt. Die Prozessdaten und ihre von der Analytik verbesserte Version gehören dem Werk und bleiben dort. Die Analytik greift auf die Daten zu und verbessert sie fortlaufend. Das Daten-Handling und die Datenanalyse gehört dem Analytik-Partner, der die Modelle und Optimierungen dem fertigenden Betrieb anbietet. Der Transfer von einem Betrieb zu einem anderen, um dort das „cold start" Problem zu reduzieren, ist auch hier leicht möglich. Der Anlagenbau erzeugt aus den Analysen verbesserte Dienstleistungen für den Produzenten. Ein Beispiel für dieses Modell ist die Zusammenarbeit von TU Dortmund, SMS Siemag und der Dillinger Hüttenwerke AG (Morik/etal/2014; Blom/Morik/2016). Das *Stahlwerk im Büro* bedeutet, dass die Historie der Prozesse als Datenströme gespeichert ist, so dass neue Modelle über den Daten gelernt und eva-

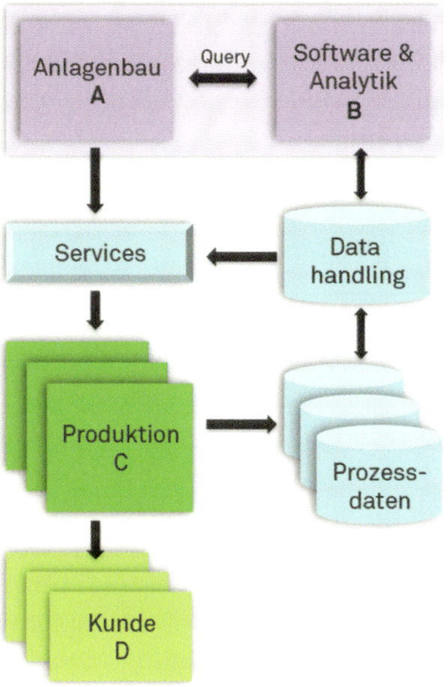

Lokales Modell

luiert werden können, die direkt im Werk einsetzbar sind. Die Ausführung zur Evaluierung verwendet die selben Merkmalsextraktionen und Anwendungen gelernter Modell wie sie im Werk ausgeführt werden, nur dass die Daten nun direkt vorhanden sind, so dass Modellanwendung um mehrere 1000 mal schneller ist. Es ist somit möglich, unterschiedliche Modelle auf der Historie der Daten realistisch zu vergleichen.

Die Arbeit in der Produktion verändert sich durch die Daten weniger als durch vorangehende Automatisierungsprozesse. Flexible optimale Wartungsintervalle, bessere Parametereinstellungen, in den Prozess integrierte Qualitätsprüfung und verbesserte Steuerung ersetzen keine Arbeitskräfte durch Roboter oder machen sie überflüssig, sondern sparen Ressourcen ein und ergänzen die Modelle der Ingenieure. Es sind allerdings zusätzliche Stellen für Informatikerinnen und Informatiker nicht als Teil der IT-Infrastruktur, sondern als Teil der Modellierung für die Datenanalyse und ihre Anwendung nötig.

3. Potenziale und Gefahren

Das Internet hat als ARPA begonnen, dem Netzwerk, das die KI-Forscher in den USA und wenigen anderen Orten verband. KI und ARPA wurden geradezu gleich gesetzt. Die Idee der Forscherinnen und Forscher war, durch freie Verfügbarkeit von Information den gleichberechtigten Austausch zu fördern und zu organisieren. Die Grundidee ist auch heute noch zu finden: Angebot und Nachfrage so abzustimmen, dass weniger Abfall entsteht; Lieferketten so zu optimieren, dass weniger Energie verbraucht wird; Freundschaften auch über weite Entfernung aufrecht erhalten zu können; gemeinsame Nutzung von Ressourcen zu organisieren, so dass weniger Ressourcen verbraucht werden; eigene Rechenressourcen der Wissenschaft zur Verfügung zu stellen, so dass verteilt Prozesse durchgerechnet werden können, ohne ein sehr großes Rechenzentrum zu finanzieren; wissenschaftliche Beobachtungen, Hypothesen und Ergebnisse weltweit zu diskutieren und jedem zur Verfügung zu stellen; Geld für die Realisierung von Ideen zu sammeln, indem viele wenig geben; durch mehr Wissen über ferne Orte mehr Verständnis für andere Kulturen und dadurch dauerhaften Frieden zu erreichen; Willensbildung durch eine freie Diskussion zu ermöglichen, die weit entfernte Menschen einbezieht, die sich sonst nicht kennen lernen würden; ärztliche Leistungen so zu personalisieren und zu protokollieren, dass überall jeder Mensch die beste Versorgung bekommt... Diese Möglichkeiten und noch viele mehr bietet das Internet tatsächlich mit seinen Daten in Form von Texten, Bildern, Videos, Musik.

Allerdings hat sich der gleichberechtigte Austausch nicht eingestellt. Im Gegenteil spricht man vom „digital divide" oder der digitalen Ungleichheit. Zum einen ist die Erreichbarkeit, Geschwindigkeit des Internets ungleich verteilt. Gerade die Geschwindigkeit trennt die Spitzengruppe mit 30 Mbit/Sekunde (Südkorea, Norwegen, Schweiz, Finnland, Singapur, Japan, Dänemark, USA) von den Orten mit geringer Erreichbarkeit (Mali, Komoren, Niger, Mikronesien, Jemen, Burkina Faso, Dem. Rep. Kongo, Malawi) 0-5 Mbit/Sekunde[19]. Dass es nicht nach Kontinenten zu verallgemeinern ist, zeigen Kenia mit über und Griechenland und Makedonien mit unter 25 Mbit/Sekunde. Zum anderen sind die Entwickler von Internetdiensten meist weiße Männer und so ergibt sich auch bei den Inhalten eine Kultur, die auf eben diese Gruppe ausgerichtet ist. In dieser Kultur fühlen sich viele Frauen nicht wohl, so dass immer weniger Informatik studieren oder Firmen gründen, was die Einseitigkeit der Kultur weiter bestärkt. Auch bei den nicht-professionellen Inhalten sind die weißen Männer in der Mehrheit. „In digiplace the wealthy, powerful, educated and mostly male elite is amplified through multiple digital representations. Moreover, the frequent decision of algorithm designers to highlight and emphasize those who submit more media, and the level of ‚digital cacophony' that more active contributors create, means that a very small minority – arguably outliers in every analysis of normal distribution of human activities – are super empowered." (Haklay/2012)

Soziale Netzwerke

Die besondere Macht, die Minderheiten im Internet erreichen können, wurde insbesondere anlässlich der Wahl von Donald Trump zum Präsidenten der Vereinigten Staaten von Amerika und des Brexit erörtert (Cerf/2017). Minderheiten verstärken sich in ihrer Meinung, die bei editierten Publikationen kaum veröffentlicht worden wären: „fake news", „alternative facts". Es wurde bereits oben die gezielte Manipulation angesprochen, die anhand psychologischer Untersuchungen von Benutzerdatenmöglich wird. Das Aufschaukeln in sozialen Netzwerken geschieht in der „sozialen Blase" von Gleichgesinnten leichter als im Alltag, in dem sich Menschen unterschiedlicher Meinung begegnen. Die ethischen Normen in der Nutzung des Internets bezüglich der Datennutzung wurde empirisch untersucht und zeigte, dass sich durchaus Normen für das Recht am eigenen Bild und Text durchsetzt (Marshall/Shipman/2017).

Im Internet und für die Smartphones gibt es viele Angebote auch für Kinder. Insbesondere kostenlose Spiele ziehen Kinder an. Es ist nicht förderlich, wenn schon Kinder viel Zeit damit verbringen, auf kleine Bildschirme zu schauen. Man sieht sogar schon im Kinderwagen die Smartphones leuchten. Dies hat vermutlich schädliche Auswirkungen auf die kindliche Entwicklung, ebenso wie der Anblick der Mutter, die telefoniert oder auf den Bildschirm schaut, statt mit dem Kind zu kommunizieren[20]. Darüber hinaus sind die Spiele so konstruiert, dass die nächste Spielsequenz erst frei geschaltet wird, wenn das Kind Werbung schaut (Stichwort: ad to play). Die Werbung kann sogar bei Spielen für Kinder unter 5 Jahren brutale Szenen aus Spielen mit einer Altersfreigabe ab 18 Jahren oder Dating-Apps zeigen. „Einer Untersuchung des Bundesverbands Interaktive Unterhaltungssoftware (BIU)[21] nach lag der Umsatz bei Spiele-Apps für Erwachsene und Kinder im ersten Halbjahr 2017 bei 262 Millionen Euro. Davon entfielen bloß drei Prozent auf den Kauf kostenpflichtiger Anwendungen. Der Rest – 254 Millionen – entstand durch In-App-Käufe – zusätzliche Schminke-Katzen, die grüne Mütze für den Avatar oder das Spezialhämmerchen mit der Sonderfertigkeit, die nötig ist, um durchs nächste Level zu kommen.“ (Biselli/2017)

Die Normen der Höflichkeit scheinen aber nicht durchgängig in die schriftlich/bildliche Kommunikation per Internet übernommen zu sein. Da die anderen Menschen nicht während des Schreibens zu sehen sind, verwenden viele Menschen die sozialen Medien wie ein Tagebuch und schreiben ohne Reflexion, ohne Überprüfung der Fakten. Ähnlich ist es mit Fotos von sich selbst, die eher einem Posieren vor dem Spiegel als einer Kommunikation mit anderen Menschen entsprechen. Die Distanzlosigkeit führt dazu, dass sehr häufig im Internet wahrgenommene Einstellungen, Ausdrucksformen, Posen normal werden und auch die sozialen Normen im medienfreien Alltag beeinflussen. Wie kann nun aber auch die digitale soziale Kommunikation so kontrolliert werden, dass Hass, üble Nachrede, Verleumdung, Nachstellen (stalking) verhindert, die Meinungsfreiheit aber gewahrt bleibt? In ihrer Stellungnahme zu Social Media und digitale Wissenschaftskommunikation haben die Leopoldina – Nationale Akademie der Wissenschaften und die Deutsche Akademie der Technikwissenschaften der Politik empfohlen, Plattformen und Suchmaschinen zu regulieren, die Unabhängigkeit der Informationsversorgung zu sichern und den Bildungsauftrag der öffentlich-rechtlichen Medien und des Wissenschaftsjournalismus zu fördern (Leopoldina/etal/2017). Die Empfehlungen sind sehr vage.

Datenschutz und Transparenz

Die staatlichen Daten, die zur Verbrechensbekämpfung oder zum Schutz der Verfassung gesammelt werden, sind seit langem Gegenstand der Diskussion. In vielen Fällen haben Erkenntnisse der Polizei oder des Verfassungsschutzes nicht ein Verbrechen verhindert wie z.B. bei Anis Amri, der sich seit Mitte 2015 fast durchgängig im Visier von Polizeibehörden, Verfassungsschutz und Ausländerämter befand, aber dennoch auf dem Berliner Weihnachtsmarkt ein Attentat mit mehreren Toten verüben konnte. Umgekehrt sind viele Menschen observiert worden und in der Datenbank gespeichert, die sich nichts zu schulden kommen ließen.

Spätestens seit Edward Snowden 2013 die Überwachung der Bürger durch den NSA öffentlich machte, ist die Diskussion über das Abgreifen von Daten aus elektronischer Kommunikation auch in der deutschen Politik ein Thema. Der Untersuchungsausschuss des Bundestags schloss nach 3 Jahren 2017 mit zwei unterschiedlichen Berichten ab. CDU und SPD sehen keine Belege für Massenüberwachung, Grüne und Linke sehen unterschiedslose (ohne Anfangsverdacht) Überwachung, in die auch Deutsche geraten sind. Im Zuge der Terrorismus-Bekämpfung wurde die Videoüberwachung, das Speichern von Fluggastdaten, die Nutzung biometrischen Fotos von Bürgerinnen und Bürgern kürzlich verstärkt. Es wird auch immer noch ein Gesetz zur Legalisierung des staatlichen geheimen Einbruchs in Computer zum Zweck der Überwachung im Bundestag beraten[22].

Die Privatheit persönlicher Daten ist ein anerkanntes Recht, das nur in begründeten Fällen ausgesetzt werden kann. Die Datenanalyse hat selbst Verfahren entwickelt, damit ihre Analysen zwar Entscheidungen unterstützen können, nicht aber Personen identifizieren. So soll beispielsweise die Verkehrsplanung durch Daten von Verkehrsteilnehmern verbessert werden, die Analyseergebnisse sollen aber keinen Rückschluss auf persönliche Wege zulassen. In Forschungsprojekten wurde „privacy by design" und „privacy preserving data mining" entwickelt (Giannotti/Pedreschi/2008; Le Blond/etal/2013).

Der österreichische Jurist Maximilan Schrems ist mit seiner Klage gegen facebook Irland bekannt geworden. Er klagte darauf, dass facebook sich an die europäische Charta zum Schutz personenbezogener Daten halten muss. Insbesondere sollte facebook die Daten nicht in den USA speichern, weil sie da nicht vor der NSA geschützt sind. Der europäische Gerichtshof hat am 6.10.2015 geurteilt, dass personenbezogene Daten grundsätzlich nicht in die USA übermittelt werden dürfen, weil das „safe harbour" Abkommen nicht mehr für die USA gelte.

Während einerseits dagegen protestiert wird, dass anlasslos Daten der Bürger gesammelt werden, gibt es andererseits die Forderung von Bürgerinitiativen, dass die staatlichen Daten transparent sein müssen. Dies betrifft auch Informationen über Nebeneinkünfte von Politikerinnen und Politikern, die aber ihrerseits für sich Privatheit in Anspruch nehmen wollen. Privatheit wird oft über eine Informationsvergröberung realisiert. Abgeordnetenwatch recherchiert die Nebeneinkünften insbesondere bei der höchsten Einkommenstufe von meh als 250 000 Euro im Jahr. Die Geldgeber können bei Selbstständigen nicht immer ermittelt werden, weil sie einfach z.B. als „Mandant" bezeichnet werden[23].

Es gibt das Informationsfreiheitsgesetz in Deutschland seit 2006, das Bürgern das Recht geben soll, Daten des Bundes zu erfragen. Allerdings gibt es 30 Ausnahmegründe, die zum Beispiel verhindern, dass Vertrage von Public-Pri vate-Partnership öffentlich werden oder der VW-Abgasskandal aufgeklärt werden kann. Der Rechnungshof muss keine Auskunft erteilen.

Geschäftsmodell Werbung

Das Geschäftsmodell von Internet-Diensten, sich durch Werbung zu finanzieren, ist vielfach kritisiert worden[24]. Die Befürworter der Werbung heben hervor, dass die Nutzer kostenlos versorgt werden. Es sei ein Vertrag, bei dem der Benutzer mit seiner Aufmerksamkeit für Produktwerbung bezahlt. Oft wird behauptet, die Kunden wollten ja nichts für Inhalte bezahlen und deshalb wäre Werbung notwendig, um den Journalismus überhaupt am Leben zu erhalten. Die Werbung hat aber den Nachteil, dass sie von dem ablenkt, was der Benutzer ursprünglich mit seiner Anfrage erreichen wollte. Sie zerreißt einen Gedankengang, wenn beispielsweise mehrere Suchfragen zu einem Thema gehören, mit dem sich der Benutzer beschäftigen möchte, die Werbung aber immer wieder unterbricht. Die Aufmerksamkeitsökonomie führt zudem zu reißerischen, undifferenzierten und an niedere Instinkte appellierenden Texten und Bildern. Werbung versucht zu manipulieren, so dass der Benutzer verführt wird, etwas zu kaufen oder einen Dienst in Anspruch zu nehmen, den er eigentlich nicht will. Natürlich ist es schwierig, klar anzugeben, was jemand „eigentlich will". Dass Werbung ablenkt ist aber unbestritten und Ablenkung bedeutet ja, dass wir nicht zu dem kommen, was wir vorhatten. James Williams schreibt im *Practical Ethics Blog* der Oxford Universität über *distractions*: „ ... they can accumulate and keep us from living the lives we want to live, or, even worse, undermine our capacities for reflection and self-regulation, making it harder ... to ‚want what we want to want'."[25]

Es gibt Programme, die Werbung blockieren. Entweder sie verwenden eine Liste von URLs, an die kein Cookie geschickt wird, oder sie ermitteln Seiten, die die Benutzeraktivitäten verfolgen, erkennbar etwa dadurch, dass bei ganz verschiedenen Anfragen dieselbe URL – die der Daten sammelnden Seite — auftritt. Oder es wird in den internen Namen nach Zeichenketten gesucht, die Werbung anzeigen

(„ad"), so dass nicht der Werbung vermittelnde Dienst, sondern die Werbung direkt an der Darstellung im Browser gehindert wird. Natürlich versuchen die Seiten, die von Werbeeinnahmen leben, diese Blockaden zu umgehen und die Blockade-Software lernt aus den Gegenmaßnahmen. Zum Beispiel senden Seiten, die sich durch Werbung finanzieren, eine Seite mit einem Namen, der „ad" oder etwas ähnlich Deutliches enthält und prüfen, ob die Seite angezeigt wird. Wird sie nicht angezeigt, bekommt der Benutzer auch den von ihm gewünschten Inhalt nicht.

Natürlich müssen die Journalisten oder sonstigen Inhaltsgeneratoren finanziert werden. Dies kann aber auch direkter erfolgen, indem die Benutzer angeben, welche Werbung sie erhalten wollen und indem sie etwas dafür bezahlen, dass sie keine Werbung sehen müssen und doch Inhalte bekommen. Technisch wäre es möglich, die Benutzerwünsche mit dem Cookie zu verschicken (Wicker/Karlsson 2017). Unterschiedliche Paywall-Techniken sind auch im Einsatz und die taz berichtet, dass ihr Konzept der freiwilligen Bezahlung hinreichend Geld einbringt, um die Zeitung auch in der online-Ausgabe am Leben zu halten. Es ist keine technische Frage, sondern eine der gesellschaftlichen Willensbildung und Kreativität, wie wir das Internet mit seinen Informationen und Diensten finanzieren wollen.

Datenzugänglichkeit und Autorenschaft in der Wissenschaft

Dass der Zugang zu Daten ein Kartell bedeuten kann, ist juristisch noch nicht berücksicht worden: „Durch die zunehmende Digitalisierung werden immer mehr Daten erhoben, die sich in den Händen weniger Global Player sammeln. Da das Gesetz gegen Wettbewerbsbeschränkungen (GWB) seinem Wortlaut nach auf das Innehaben von Daten zunächst nicht anwendbar ist, ist zu klären, ob der Gefahr einer Kartellbildung durch Auslegung oder analoge Anwendung begegnet werden kann oder ob es einer Gesetzesänderung bedarf."[26]

Die Überprüfbarkeit und Reproduzierbarkeit von Untersuchungen gehört essentiell zur Wissenschaft. Deshalb ist es notwendig, dass die Rohdaten, die aufbereiteten Daten oder die Aufbereitungsprogramme anderen Forscherinnen und Forschern zur Verfügung stehen. Dabei müssen natürlich die Datenerhebenden bzw. Datenbesitzer genannt und eventuell deren Publikation, die die Datenbeschreibt, zitiert werden, keinesfalls haben sie aber ein Anrecht auf Ko-Autorschaft bei jeder Analyse ihrer Daten. Der Ombudsmann für die Wissenschaft, Stephan Rixen, hat in einem Brief, den ich zitieren darf ausgeführt: „Die an der Datenerhebung beteiligten Personen wären auf dem Folgeartikel nur dann auch als Autor/innen zu nennen, wenn sie *erneut* einen substantiellen, wissenschaftlichen Beitrag zur Publikation geleistet hätten. In vielen wissenschaftlichen Disziplinen gibt es bereits insofern keine „Datenbesitzer", als Ergebnisse aus mit öffentlichen Mitteln geförderten Forschungsprojekten insbesondere nach erfolgter Erstveröffentlichung der Forschungsgemeinde für darauf aufbauende Projekte zur Verfügung gestellt werden sollten." Die Analysealgorithmen selbst brauchen eine theoretische Fundierung, damit ihre Ergebnisse als wissenschaftliche Erkenntnis eines Gebietes anerkannt werden können. Heuristische Verfahren oder solche mit vielen Parametern, deren Einstellung nicht begründet wird, brauche eine ergänzende Begründung. Verständliche und reproduzierbare Ergebnisse der Analyse sind notwendig, damit sie als wissenschaftliche Modelle anerkannt werden können. Mathematik, Statistik, Informatik liefern die Methoden zur Überprüfung der Modelle.

Abschließende Bemerkung

Es gibt natürlich viel mehr zu sagen, denn das Thema der Daten durchzieht inzwischen fast alle Lebensbereiche. Hier geht es aber zunächst darum, einige Fakten zu vermitteln und vor allem, deutlich zu machen, dass der Umgang mit Daten <u>gestaltet</u> werden kann und keineswegs in der Natur des Computers liegt. Es ist nicht eine technische, sondern eine gesellschaftliche Frage, ob das Potenzial der Daten (-analyse) zum allgemeinen Wohl genutzt wird.

Literaturverzeichnis

Adamson/Frick/2003: Adamson, Lauren B., Frick, Janet E. „The still face: a history of shared experimental paradigm" Infancy, 4 (4), 451 – 473

Angluin/Becerra-Bonache/2017: Angluin, Dana, Becerra-Bonache, Leonor „A model of language with emasntics and meaning-preserving corrections" Artificial Intelligence, 23 – 51

Asharov/etal/2017: Asharov, Gilad, Bonchi, Francesco, Garcia Soriano, David, Tassa, Tamir „Secure Centralty Computation over multiple networks" Procs. WWW 2017

Bartz/etal/2014: Bartz, Thomas, Pölitz, Christian, Morik, Katharina, Storrer, Angelika „UsingData Mining and the CLARIN Infrastructure to extend corpus-based linguistic research" Selected papers from the CLARIN Conference October 2014, Linköping Electronic Conference Proceedings

Berners-Lee/etal/2001: Berners-Lee, Tim, Hendler, James, Lassila, Ora „The Semantic Web: a new form of Web content that is meaningsful will unleash a revolution of new possibilities" Scientific American, 284(5), S. 34 – 43

Biselli/2017:Biselli, Anna „‚Bist du Single?' – Tracking, Werbung und Abzocke in Kinder-Apps" Netzpolitik.org 30.10.2017

Blei/2012: Blei, David M. „Probabilistic Topic Models" Communications of the ACM, 55 (4), 77 – 84

Blom/Morik/2016: Blom, Hendrik, Morik, Katharina „Resource-Aware Steel Production Through Data Mining" Procs. ECML PKDD, S. 263 – 266

Bockermann/etal/2015: Bockermann, Christian, Brügge, Kai, Buss, Jens, Egorov, Alexey, Morik, Katharina, Rhode, Wolfgang, Ruhe, Tim „Online analysis of high-volume data streams in astroparticle physics" Procs. ECML PKDD, S. 100 – 115

Brynjolfsson/McAfee/2014: Brynjolfsson, Erik, McAfee, Andrew, „The Second Machine Age – Wie die nächste digitale Revolution unser aller Leben verändern wird" Börsenmedien, 2014

Cerf/2017: Cerf, Vinton G., „Can liberty survive the digital age?" Communications of the ACM, 60 (5), S. 7

Codd/1970: Codd, Edgar F., „A relational model of data for large shared data banks", Communications of the ACM, 6/13/1970, S. 377 – 387

Emde/etal/1983: Emde, Werner, Habel, Christopher, Rollinger, Claus Rainer „The discovery oft he equator or concept driven learning" Procs IJCAI, S.455 – 458

Giannotti/Pedreschi/2008:Giannotti, Fosca, Pedreschi, Dino „Mobility, data mining and privacy – geographic knowledge discovery", Springer

Gold/2004: Gold, E. Mark „Language Identification in the limit" Information and Control, 447 – 474

Gupte/Eliassi-Rad/2012: Gupte, Mangesh, Eliassi-Rad, Tina „Measuring tie strength in implicit social networks", Procs. WebSci'12, S.109 – 118

Haklay/2012: Haklay, Muki „‚Nobody wants to do council estates' – digital divide, spatial justice and outlier", http://povesham.wordpress.com/

2012/03/05/nobody-wants- to-do-council-estates-digital-divide-spatial-justice-and- outliers-aag-2012/
(IceCube Collaboration/2014): IceCube Collaboration and K. Morik „Development of a general analysis and unfolding scheme and its application to measure the energy spectrum of atmospheric neutrinos with IceCube“ The European Physical Journal C 75 (3), 116
Joachims/2001: Joachims, Thorsten, „The Maximum Margin Approach to Learning Text Classifiers: Methods, Theory, and Algorithms“. Dissertation TU Dortmund.
Lee/etal/2014: Lee, Sangkyun, Rahnenführer, Jörg, Lang, Michel, de Preter, Katleen, Mestdagh, Pieter, Koster, Jan, Versteeg, Rogier, Stallings, Raymond, Varesio, Luigi, Asgharzadeh, Shahab, Schulte, Johannes, Fielitz, Kathrin, Heilmann, Melanie, Morik, Katharina, Schramm, Alex „Robust selection of cancer survival signatures from high-throughput genomic data useing two-fold sampling“ PLoS ONE, 9, e108818
Kersting 2006:Kersting, Kristian, „An inductive logic programming approach to statistical relational learning“. IOS Press
LHCb Collaboration/2015: LHCb Collaboration and the CMS Collaboration „Observation oft he rare B(0s)->mu+ mu- decay from the combined analysis of CMS and LHCb data“ Nature 522 (7554), S. 68 – 72
Le Blond/etal/2013: Le Blond, Stevens, Choffnes, David, Zhou, Wenxuan, Druschel, Peter, Ballani, Hitesh, Francis, Paul, „Towards efficient traffic-analysis resistant anonymity networks“ SIGCOMM 2013
Leopoldina/etal/2017: Leopoldina, acatech, Union der deutschen Akademien der Wissenschaften „Social Media und Wissenschaftskommunikation – Analyse und Empfehlungen zum Umgang mit Chancen und Risiken in der Demokratie“ Juni 2017
Manoli/1988: Manoli, Yiannakis, Komponenten und Architekturen für schnelle hochauflösende Analog-Digital und Digital-Analog-Umsetzer in CMOS Technologie, Universität Duisburg 1987, VDI Verlag 1988
Marshall/Shipman/2017: Marshall, Catherine C., Shipman, Frank M., „Who owns the social web?“ Communications of the ACM, 60/5/2017, S. 52 – 61
Masip/etal/2016: Masip, Martin E., Heubinger, Jan, Christann, Jens, Sabet, Ola, Wehner, Frank, Konitsiotis, Antonios, Fuhr, Günther R., Bastiaens, Philippe „Reversible cryo-arrest for imaging molecules in living cells at high spatial resolution“ Nature Methods, 13, S. 665 – 672
Mitchell 1997: Mitcell, Tom, „Machine Learning“. Mc Graw Hill new book chapters at: http://www.cs.cmu.edu/%7Etom/NewChapters.html
Moosavi-Dezfooli et al. 2017: Moosavi-Dezfooli, Seyed-Mohsen, Fawzi, Alhussein, Fawzi, Omar, Frossar, Pascal, Soatto, Stefano „Analysis of universal adversarial pertubations“ CoRR arxiv.org/abs/1705.09554
Morik/Brockhausen/1997: Morik, Katharina, Brockhausen, Peter „A Multistrategy Approach to Relational Knowledge Discovery in Databases“ Machine Learning Journal, 27 (3), S. 287 – 312
Morik/etal/1993: Morik, Katharina, Wrobel, Stefan, Kietz, Uwe-Jörg, Emde, Werner, „Knowledge Acquisition and Machine Learning – Theory, Methods and Applications“. Academic Press

Morik/etal/2014: Morik, Katharina, Blom, Hendrik, Uebber, Norbert, Beckers, Tobias, Odenthal, Hans-Jürgen, Schlüter, Jochen „Reliable BOF endpoint prediction by a real-time data-driven model" AIS Tech Indianapolis

Nicola/etal/2015: Nicola, George, Berthold, Michael R., Hedrick, Michael P., Gilson, Michael K. „Connecting proteins with drug-like compounds – open source drug discovery workflows with BindingDB and KNIME", Database, bav087

Palmer/2017: Palmer, Georgia „Die Revolte der neuen Dienstboten" Blätter für deutsche und internationale Politik, 7.

Perlich/etal/2012: Perlich, Claudia, Dalessandro, Brian, Hook, Rod, Stitelman, Ori, Raeder, Troy, Provost, Foster „Bid Optimization and inventory scoring in targeted online advertising", KDD 2012

Piatkowski/etal/2016: Piatkowski, Nico, Lee, Sangkyun, Morik, Katharina „Integer undirected graphical models for resource-constrained systems" Neurocomputing, 173 (1), S. 9-23

Satow/2012: Satow, Lars „Big Five Persönlichkeitstest (B5T): Test- und Skalendokumentation" http://www.drsatow.de

Schmidt/etal/2017: Schmidt, Jan-Hinrik, Hölig, Sascha, Merten, Lisa, Hasebrink, Uwe „Nachrichtennutzung und Meinungsbildung in Zeiten sozialer Medien" Informatik Spektrum 40 (4), 358 – 361

Shannon/Weaver/1949: Shannon, Claude E., Weaver, Warren „The mathematical theory of information.",1949

Wicker/Karlsson/2017: Wicker, Stephen B., Karlsson, Kolbeinn „Internet advertising: technology, ethics, and a serious difference of opinion" Communications of the ACM, 60 (10), S. 70 — 77

Yang/Mitchell/2016: Yang, Bishan, Mitchell, Tom „Joint extraction of events and entities within a document context" Procs. 15th annual conf. North American chapter of the ACL

Zhang/etal/2017: Zhang, Tianyang, Cui, Peng, Faloutsos, Christos, Lu, Yunfei, Ye, Hao, Zhu, Wenwu, Yang, Shiqiang „com N go: A dynamic model for social group evolution", ACM Transactions on Knowledge Discovery from Data, 11 (4), S. 1 – 22

Zipf/1949: Zipf, George Kingsley Human Behavior and the principle of least effort, Addison-Wesley

Anmerkungen

1 https://de.wikipedia.org/wiki/Meglena_Kunewa
2 http://www3.weforum.org/docs/WEF_ITTC_PersonalDataNewAsset_Report_2011.pdf
3 http://www.statistik-portal.de/Statistik-Portal/impressum.asp
4 https://data.europa.eu/euodp/de/data/
5 http://www.worldwidewebsize.com
6 https://www.w3.org/DesignIssues/LinkedData.html

7 http://vista-tv.eu
8 https://hpe-innovationen.computerwoche.de/a/das-internet-of-things-produziert-unvorstellbare-datenmengen,3229507
9 Frequent Itemset Mining Implementations Repository of Bart Goethals http://fimi.ua.ac.be
10 Peter Norvig auf der Tagung *O'Reilly Emerging Technology* 2008; Diskussion dazu: https://www.wired.com/2008/06/pb-theory/
11 Das Menthal Projekt hat eine App entwickelt, mit der Benutzer nicht nur ihre gesamte Smartphone-Nutzung erfassen lassen, sondern auch einen psychologischen Standardtest zur Charakterisierung der Persönlichkeit machen und das Ergebnis an die Datenbank des Projektes senden. https://menthal.org
12 Satow, Lars „Big Five Persönlichkeitstest (B5T): Test- und Skalendokumentation" http://www.drsatow.de
13 Sie können es selbst ausprobieren: https://ocean.cambridgeanalytica.org
14 applymagicsauce.com, discovermyprofile.com/personality.html – auch zum selbst Ausprobieren.
15 Michael Cusumano 2017 „Amazon and Whole Foods: Follow the strategy (and the money)" Communications of the ACM, 60 (10), S. 24 – 26.
16 Vitalik Buterin: *„Instead of putting the taxi driver out of a job, blockchain puts Uber out of job and lets the taxi driver work with the customer directly."*
17 Abendsymposium „Anwendung und Potenziale der Blockchain-Technologie" Fraunhofer Gesellschaft und Gesellschaft für Informatik e.V. am 18.5.2017
18 Industrial Data Space
19 Grafik in taz, 6.Juli 2017 S. 20 gemäß internetlivestats.com
20 Das „still face" Experiment, das die Auswirkungen einer nicht mimisch und gestisch dem Kind zugewandten Mutter zeigt, geht auf Edward Tronick zurück (Adamson/Frick/2003). Zur heutigen Bedeutung s. http://scienceblogs.com/thoughtfulanimal/2010/10/18/ed-tronick-and-the-still-face/
21 Bundesverband Interaktive Unterhaltungssoftware „Umsatz mit Spiele Apps im ersten Halbjahr 2017" https://www.biu-online.de/marktdaten/umsatz-mit-spiele-apps-im-ersten-halbjahr-2017/
22 https://www.bundestag.de/dokumente/textarchiv/2017/kw22-pa-recht-strafrecht/508168
23 https://www.abgeordnetenwatch.de/blog/2017-08-02/abgeordnete-kassierten-millionen-aus-der-wirtschaft
24 Dieser und der folgende Abschnitt gibt Gedanken von (Wicker/Karlsson 2017) wieder.
25 https://blog.practicalethics.ox.ac.uk/2015/10/why-ist-ok-to-blockad
26 BMBF Projekt Assessing Big Data www.abida.de

ECKPUNKTE DER RECHTLICHEN BEHANDLUNG VON DATEN

Alexander Scheuch

1. Einführung

Der Begriff der Daten findet sich in der deutschen Rechtsordnung schon seit vielen Jahrzehnten. Erste Datenschutzgesetze wurden in den Siebzigerjahren des letzten Jahrhunderts installiert. Das Ausspähen von Daten und die Datenveränderung stellt das Strafgesetzbuch (StGB) seit 1986 unter Strafe.[1] Gleichwohl war es dem Durchschnittsjuristen bislang zumeist ohne Schwierigkeiten möglich, einen weiten Bogen um das „Recht der Daten" zu machen. Die Domäne war weitgehend spezialisierten Anwälten und Wissenschaftlern überlassen. Aktuelle technische und gesellschaftliche Entwicklungen bringen das Bild vom Datenrecht als Randmaterie jedoch ins Wanken. Dass bei sozialen Aktivitäten Daten erhoben und verarbeitet werden, ist – Stichwort „soziale Netzwerke" – heute eher Regel, denn Ausnahme. Für das Wirtschaftsleben gilt Vergleichbares – Stichwort „Industrie 4.0".

1.1 „Datenrecht" en vogue

Die rechtlichen Aspekte rund um Daten hat dieser Trend aus dem Schattendasein in den Fokus der Rechtwissenschaften befördert. Das zeigt sich etwa an der von der Justizministerkonferenz eingerichteten Arbeitsgruppe „Digitaler Neustart" zu den Konsequenzen der Digitalisierung für das Zivilrecht.[2] Der Deutsche Anwaltverein hat zur Frage des „Eigentums" an Daten und Informationen Stellung genommen.[3] Und auch der Deutsche Juristentag befasste sich 2016 mit dem Thema „Digitale Wirtschaft – Analoges Recht – Braucht das BGB ein Update?".[4] Auch die Gesetzgebung wagt sich in vorsichtigen Schritten an einzelne Aspekte heran. So regelt ein aktueller Gesetzesbeschluss die Nutzung vollautomatisierter Autos auf deutschen Straßen.[5] Eine Ethikkommission hat sich mit weitergehenden Fragen zu diesem Komplex befasst.[6] Das Europäische Parlament hat derweil der EU-Kommission Vorschläge zu zivilrechtlichen Regeln im Bereich der Robotik unterbreitet.[7]

1.2 Ziel und Aufbau des Beitrags

Die Rechtsfragen rund um Daten sind vielfältig. Auch die involvierten Interessen verschiedener Beteiligter, gerade im Wirtschaftsleben, tragen zur Komplexität bei.[8] Klassische lineare Modelle, wie Lieferketten, vermögen die Realität der Datenwirtschaft nicht zu erfassen. Doch mit welchen neuen Regelungen man der veränderten Ausgangslage begegnen soll, ist an vielen wichtigen Punkten noch ungeklärt.

Dieser Beitrag hat es sich zum Ziel gesetzt, durch eine – inhaltlich notwendigerweise beschränkte – Einführung in das Themenfeld einen Überblick über aktuelle datenrechtliche Fragen zu präsentieren. Dies ist vor allem deshalb wichtig, weil die Juristen in diesem Themenfeld in besonderem Maße auf den Input aus anderen Disziplinen und aus der Praxis angewiesen sind.[9] Ein gegenseitiges Verständnis ist unerlässlich.

Es stellt sich die Frage, wie sich die rechtliche Behandlung von Daten in ihren zahlreichen Dimensionen in der gebotenen Kürze illustrieren lässt. In der Hoffnung, damit eine größere Anschaulichkeit zu erreichen, teilt der Beitrag das Themenfeld im Folgenden im Gegensatzpaare auf. So vermag sich die Betrachtung nacheinander einzelnen Dimensionen zu widmen, während zugleich ein breites Spektrum an Rechtsfragen aufgegriffen werden kann.

2. Die Landschaft des Datenrechts: ein Überblick in Gegensatzpaaren

Die soeben beschriebene Aufspaltung der Materie in Gegensatzpaare soll dem Leser zugleich einen „Baukasten" zur Verfügung stellen. Rechtliche Regelungen lassen sich dann jeweils durch Wahl des jeweils zutreffenden Elements aus den einzelnen Dimensionen modular zusammenfügen. Ein Beispiel: Bei den Vorschriften des Bundesdatenschutzgesetzes handelt es sich um bereits existierende (im Gegensatz zu künftigen), nationale (im Gegensatz zu europäischen), gesetzliche (Gegensatz: vertragliche) Regelungen, die sich auf personenbezogene (Gegensatz: nicht-personenbezogene) Daten beziehen (usw.). Wenn im Folgenden Regelungen bei einer bestimmten Dimension näher vorgestellt, in anderen Dimensionen dagegen nicht angesprochen werden, haftet der jeweiligen Verortung stets auch etwas Willkürliches an. Indes lassen sich so Wiederholungen weitgehend vermeiden.

Die Gegensatzpaare lassen sich zur besseren Übersicht noch in Oberkategorien teilen. Zunächst geht der Beitrag auf die unterschiedlichen Regelungsquellen ein (2.1). Anschließend widmet sich die Betrachtung Gegenständen (2.2), Zielen (2.3) und Adressaten (2.4) von datenrechtlichen Regeln. Abschließend soll das Recht mit der technischen Umsetzbarkeit kontrastiert werden (2.5).

2.1 Regelungsquelle

Die Quellen des „Datenrechts" lassen sich mit Blick auf ihre Qualität unterteilen in existente und bloß angedachte (2.1.1), in deutsche und europäische (2.1.2) sowie in gesetzliche und vertragliche (2.1.3).

2.1.1 Gegenwärtiger vs. zukünftiger Rechtsrahmen

Ein allgemeines „Datengesetzbuch" gibt es weder auf deutscher noch auf europäischer Ebene. Doch bereits auf Ebene der Grundrechte finden sich relevante Normen. So erkennt das Bundesverfassungsgericht (BVerfG) seit seinem Volkszählungs-Urteil im Jahr 1983 die informationelle Selbstbestimmung als Ausfluss des allgemeinen Persönlichkeitsrechts und der Menschenwürde an.[10] Die Europäische Menschenrechtskonvention (EMRK) verpflichtet in Art. 8 zur Achtung der Privatsphäre. Ganz ähnlich lautet Art. 7 der Grundrechtecharta der Europäischen Union. Deren Art. 8 macht darüber hinaus konkrete Vorgaben zum Schutz personenbezogener Daten. Diese dürfen „nur nach Treu und Glauben für festgelegte Zwecke und mit Einwilligung der betroffenen Person oder auf einer sonstigen gesetzlich geregelten legitimen Grundlage verarbeitet werden". Keinerlei Rechtscharakter weist dagegen die von privater Seite initiierte Charta der Digitalen Grundrechte der Europäischen Union[11] auf – auch wenn die Bezeichnung offiziellen Charakter signalisiert.

Vorgaben zum Schutz personenbezogener Daten macht auf europäischer Ebene bislang eine Richtlinie, die von den EU-Mitgliedstaaten umzusetzen war.[12] In Deutschland geschieht dies vor allem durch das Bundesdatenschutzgesetz (BDSG). Diese Systematik wird sich in Zukunft grundlegend ändern. Ab Mai 2018 ist EU-weit einheitlich und ohne Umsetzungsakt durch die Mitgliedstaaten die neue Datenschutz-Grundverordnung (DSGVO) anzuwenden.[13] Der deutsche Gesetzgeber hat auf diese neue Ausgangslage seinerseits mit einer Reform des BDSG reagiert.[14]

Neben dem Schutz personenbezogener Daten gibt es bereits zahlreiche weitere Bereiche, in denen das Themenfeld „Daten" auf europäischer wie nationaler Ebene gesetzliche Regelungen erfahren hat. Ein Großteil dieser Normierungen dürfte dem Durchschnittsbürger ebenso wie dem nicht spezialisierten Juristen unbekannt sein. Ein Auszug: Nach Art. 6 Abs. 1 der Verordnung (EG) Nr. 715/2007 haben Kfz-Hersteller unabhängigen Reparaturbetrieben Zugang zu Reparatur- und Wartungsinformationen zu gewähren. Und die sogenannte REACH-Verordnung betrifft den Zugang zu Daten über Chemikalien.[15]

Den Zugang zu Informationen, die bei öffentlichen Stellen vorhanden sind, betreffen die Informationsfreiheitsgesetze.[16] Vorgaben zur Weiterverwendung von „Public Sector Information" macht die europäische PSI-Richtlinie.[17] Spezielle Regelungen gibt es zum Beispiel zu Geodaten, wo § 11

Abs. 2 des Geodatenzugangsgesetzes in Umsetzung einer EU-Richtlinie[18] bestimmt, dass Geodaten der Bundesbehörden öffentlich zur Verfügung zu stellen sind.

Auffällig ist, dass es im bisherigen Regelungsgefüge an einer klaren wirtschaftlichen Zuordnung von Daten fehlt. Dieser Bereich steht immerhin besonders prominent auf der europäischen Agenda. Die intensive Auseinandersetzung mit künftigen Regelungen hat dort kürzlich begonnen.[19] Ein weiterer Vorschlag auf EU-Ebene betrifft die Rolle von Daten als Gegenleistung für „unentgeltliche" Dienste, insbesondere bei sozialen Netzwerken.[20]

2.1.2 Supranationale vs. nationale Regelungen

Wie beim vorigen Gegensatzpaar bereits deutlich geworden ist, ergibt sich inzwischen an vielen Stellen eine Gemengelage zwischen europäischem und deutschem Recht. EU-weite Regelungen liegen im Bereich der Daten schon deshalb nahe, weil Daten zumeist ohne jede Schwierigkeit Staatengrenzen passieren können. Europäische Normen können verhindern, dass innerhalb des europäischen Binnenmarktes völlig verschiedene Regelungsansätze gewählt werden.[21]

Die EU-Kommission hat sich derzeit vor allem den Ausbau der Datenwirtschaft zum Ziel genommen. Dabei gilt es zum einen, unter dem Schlagwort „free flow of data" Hindernisse für die innereuropäisch-grenzüberschreitende „Datenmobilität" abzubauen und Anbieterwechsel zu erleichtern.[22] Zum anderen möchte man die europäische Wettbewerbsfähigkeit stärken. Die Kommission hat im Verlauf der letzten Jahre ihre Strategie in einer Reihe von offiziellen Mitteilungen näher skizziert. An das Papier „Für eine florierende datengesteuerte Wirtschaft" von 2014[23] schloss sich im Folgejahr die „Strategie für einen digitalen Binnenmarkt für Europa" an.[24] Recht konkrete Erwägungen finden sich in der Anfang 2017 erschienenen Mitteilung „Aufbau einer europäischen Datenwirtschaft", die in einem begleitenden Arbeitspapier ausführlich erläutert wird.[25] Im Zeitraum von Januar bis April 2017 hat die Kommission eine öffentliche Konsultation durchgeführt.[26]

Wenngleich es zweifellos sinnvoll ist, die Herausforderungen auf europäischer statt auf nationaler Ebene anzugehen, erweist sich auf dieser Ebene die Koordination mutmaßlich als schwerfälliger. Ob es Europa tatsächlich gelingt, den Vorsprung aufzuholen, den sich andere – insbesondere die Vereinigten Staaten – erarbeitet haben, bleibt abzuwarten.

2.1.3 Gesetzliche vs. vertragliche Regelungen

Die Existenz der vorgestellten gesetzlichen Vorschriften sollte nicht den Blick darauf verstellen, dass gerade im Bereich der Datenwirtschaft viele Regeln privatautonom, sprich durch die Beteiligten selbst in Form von Verträgen, verankert werden. Diese Überantwortung der Regelungsmacht scheint oftmals befriedigende Lösungen hervorzubringen.[27] Wollte eine künftige Gesetzesregelung weniger invasiv vorgehen, könnte sie – statt konkreter Vorgaben – lediglich eine gerichtliche Kontrolle der Vertragsbedingungen auf unangemessene Benachteiligungen vorschreiben.[28] Das brächte freilich neue Auslegungsschwierigkeiten mit sich: Wie beurteilt sich, was angemessen und was unangemessen ist?[29] Außerdem betreten immer mehr Private den „Datenmarkt" und geben, etwa bei der Inanspruchnahme von Online-Diensten, Daten preis, ohne über Erfahrung in der vertraglichen Gestaltung der entsprechenden Austauschbeziehungen und der „Marktwerte" ihrer Daten zu verfügen. Auch die EU-Kommission ist sich bewusst, dass „marktgestützte Lösungen" dort nicht hinreichend für „Fairness" sorgen, den Marktzugang ermöglichen und Lock-in-Effekte vermeiden, wo einer der Vertragspartner eine deutlich bessere Verhandlungsposition hat.[30]

Wichtiger noch: Auf privatautonome Lösungen lässt sich nur dort bauen, wo die Beteiligten untereinander auch Verträge abschließen. Was nach einer Binsenweisheit klingt, erweist sich in der heutigen Datenwirtschaft als echte Herausforderung. Bilaterale, vertragliche Beziehungen – etwa zwischen Gerätehersteller und Käufer – erfassen nämlich in aller Regel nur einen Ausschnitt der an den Daten Interessierten.[31] Der Verzicht auf gesetzliche Regelungen zugunsten der Vertragsfreiheit könnte sich auch insofern als problematisch erweisen, dass im Markt durchaus ein gewisser Wunsch nach Rechtssicherheit zu bestehen scheint[32] – gesetzliche Vorgaben könnten Orientierung liefern. Eine stark betonte Vertragsfreiheit mag ferner dazu führen, dass derjenige, der begehrte Daten faktisch kontrolliert, sie dem Markt gar nicht erst zur Verfügung stellt.[33]

Man darf andererseits aber auch nicht neue gesetzliche Lösungen pauschal für das Allheilmittel halten. Denn solange diese Vorschriften nicht zwingend ausgestaltet, sondern vertraglich abdingbar sind, ließen sich gesetzgeberische Entscheidungen wiederum durch die dominante Partei konterkarieren.[34]

Angesichts der geschilderten Problemlage erscheint es sinnvoll, gesetzliche Lösungen nicht nur bei der Kontrolle konkreter Austauschbeziehungen ansetzen zu lassen, sondern zugleich das generelle Marktumfeld zu regulieren. Hierfür bietet sich seiner Funktion nach vor allem das Kartellrecht an. Die einschlägigen Vorschriften finden sich sowohl auf europäischer als auf deutscher Ebene.[35] Dass manche Unternehmen über besondere „Datenmacht" verfügen, kann kartellrechtlich durchaus relevant sein.[36] So hat die EU-Kommission anlässlich der Übernahme des Messenger-Dienstes Whatsapp durch Facebook auch geprüft, ob die Unternehmen zusammen über einen untragbar großen Anteil am Markt für werberelevante Daten verfügen würden.[37] Wegen falscher bzw. irreführender Angaben zum Datenabgleich zwischen beiden Diensten hat die Kommission ein Bußgeld in Höhe von 110 Millionen Euro verhängt.[38]

Im nationalen Kontext hat sich 2016 ein vom Bundeskartellamt (BKartA) eingerichteter Think Tank mit dem Verhältnis zwischen „Datenherrschaft" und „Marktmacht" befasst.[39] Gemeinsam mit der französischen Wettbewerbsbehörde hat das BKartA zudem ein Papier zu „Big Data" erarbeitet.[40] Ferner hat sich die deutsche Monopolkommission, ein unabhängiges Beratungsgremium, in einem Gutachten mit „Daten und deren Relevanz für den Wettbewerb" befasst.[41]

Auch die Reform des deutschen Kartellrechts im Jahr

2017 hat auf die steigende Bedeutung von Daten im Wettbewerb reagiert. Der „Zugang zu wettbewerbsrelevanten Daten" ist ausdrücklich als Kriterium für die Beurteilung der Marktmacht eines Unternehmens aufgenommen worden.[42] Zugleich sind Unternehmensfusionen vom Kartellamt nicht mehr nur dann zu kontrollieren, wenn die beteiligten Unternehmen erhebliche Umsätze erwirtschaften, sondern auch wenn der Kaufpreis eine bestimmte Schwelle überschreitet.[43] Dadurch soll sichergestellt werden, dass auch Zusammenschlüsse zwischen Unternehmen der Kontrolle unterliegen, deren Umsätze zwar nicht außerordentlich hoch sind, deren wertvolle Datenbestände aber gleichwohl zu einem hohen Transaktionswert führen.[44] Man bedenke: Der Erwerb von WhatsApp durch Facebook hatte trotz eines Kaufpreises von 19 Milliarden US-Dollar nicht der deutschen Fusionskontrolle unterlegen![45]

Von einer uneingeschränkten Effektivität kartellrechtlicher Lösungen sollte indes nicht ausgegangen werden. So wird zu Vorsicht vor „vorschnelle[n] Eingriffe[n] in neuartige Märkte" gemahnt, da das Verhältnis von Daten- und Marktmacht komplex und bislang nicht hinreichend erforscht sei.[46] Ferner bestünden hohe Schwellen, bevor es zu einem Eingriff der Kartellbehörden kommen könne, und auch der wichtige Zugang *öffentlicher* Stellen zu Daten[47] lasse sich über das Kartellrecht nicht gewährleisten.[48]

Dass das Kartellamt künftig verstärkt datenschutzrechtlich problematische AGB bekämpfen könnte – in Deutschland läuft derzeit ein derartiges Verfahren gegen Facebook[49] –, wird ebenfalls nicht überall begrüßt: Mit den eigentlichen Aufgaben einer Kartellbehörde habe dies nichts zu tun.[50] Es bleibt in diesem Zusammenhang abzuwarten, welche Aufgaben eine – bislang lediglich angedachte – „Bundesdigitalagentur" künftig übernehmen könnte.[51]

2.2 Regelungsgegenstand

Die vorgestellten rechtlichen Regeln lassen sich nach ihrem inhaltlichen Bezugspunkt auffächern. Begrifflich können die Normen entweder an Daten oder an Informationen anknüpfen (dazu 2.2.1). Sofern sie sich auf Daten beziehen, kann weiter zwischen personenbezogenen und anderen Daten unterschieden werden (dazu 2.2.2). Ferner können Vorschriften gegenständlich auf bestimmte Wirtschaftssektoren beschränkt oder allgemeingültig sein (dazu 2.2.3).

2.2.1 Daten vs. Informationen

In unserer Rechtsordnung findet sich sowohl der Begriff „Daten“ als auch die Vokabel „Information“. Die begriffliche Differenzierung könnte Relevanz erlangen, wenn sie es ermöglichte, den Transfer von Daten (also die syntaktische Ebene) zu regulieren, zugleich aber die dahinterstehende Information (die semantische Ebene) – die der Informationsfreiheit (Art. 5 Abs. 1 S. 1 Hs. 2 Grundgesetz [GG] oder Art. 10 EMRK) unterfällt – unangetastet zu lassen.[52] Das mutet indes wie ein „Taschenspielertrick“ an und funktioniert ohnehin nur unter der fragwürdigen Prämisse, dass eine hinreichende Unterscheidbarkeit zwischen Information und Daten besteht.[53]

Zu Recht weist dagegen die vorherrschende Ansicht darauf hin, dass Daten und Informationen nicht trennscharf abgrenzbar sind.[54] Daten sind nach der gebräuchlichen Definition der International Organization for Standardization (ISO) und der International Electrotechnical Commission (IEC) Darstellungen von Information in einer für Kommunikation, Auswertung oder Verarbeitung geeigneten Weise.[55] Mit anderen Worten: Daten sind schlicht maschinenlesbare Informationen im Speicher- oder Transportzustand.[56] Nicht ohne Grund definiert etwa § 4 Nr. 1 der neuen DSGVO den Begriff der „Daten“ durch den Begriff der „Informationen“.

2.2.2 Personenbezogene vs. nicht-personenbezogene Daten

Die Gruppe der Daten lässt sich in vielerlei Hinsicht weiter aufteilen, wobei die Übergänge von Kategorien (z.B. Bestandsdaten, Verkehrsdaten, Nutzerdaten) durchaus fließend ausfallen.[57] Als wichtigste Binnendifferenzierung erweist sich die Unterscheidung zwischen personenbezogenen und anderen Daten. Dieser Umstand findet seinen Grund in der bereits erwähnten Verbindung personenbezogener Daten mit dem Grundrecht auf informationelle Selbstbestimmung.[58] Personenbezogene Daten sind Gegenstand des Datenschutzrechts, also insbesondere des BDSG und der künftigen DSGVO. Das deutsche Recht definiert sie in § 3 Abs. 1 BDSG als „Einzelangaben über persönliche oder sachliche Verhältnisse einer bestimmten oder bestimmbaren natürlichen Person."[59] Eine „Bestimmbarkeit" in diesem Sinne kann nach der aktuellen Rechtsprechung des Gerichtshofs der Europäischen Union (EuGH) und – dieser folgend – des Bundesgerichtshofs (BGH) beispielsweise auch bei dynamischen IP-Adressen vorliegen.[60] Der Begriff wird also recht weit verstanden. Das ist zu beachten, wenn man die rechtliche Regulierung von „Maschinendaten" bzw. „Sensordaten" in den Blick nimmt. Diese stellen keineswegs das Gegenstück zu personenbezogenen Daten dar. Vielmehr können auch von Maschinen erzeugte Daten die Identifizierung eines bestimmten Menschen ermöglich, sofern sie nicht vollständig anonymisiert sind.[61] Das gilt etwa für Standortdaten aus mobilen Anwendungen, von Haushaltsgegenständen aufgezeichnete Benutzungsdaten oder – noch eklatanter – bei Gesundheitsdaten.[62]

Der Umgang mit personenbezogenen Daten durch öffentliche wie private Stellen unterliegt erheblichen Restriktionen. Nach § 4 Abs. 1 BDSG gilt: „Die Erhebung, Verarbeitung und Nutzung personenbezogener Daten sind nur zulässig, soweit dieses Gesetz oder eine andere Rechtsvorschrift dies erlaubt oder anordnet oder der Betroffene eingewilligt hat." Es handelt sich demnach rechtstechnisch um ein „Verbot mit Erlaubnisvorbehalt".[63] Eng gefasste Erlaubnisse für Private finden sich unter anderem in §§ 28, 29 BDSG, welche die Datenerhebung und -speicherung zu geschäftlichen Zwecken betreffen. Eine vom Betroffenen erteilte datenschutzrechtliche Einwilligung kann dieser später jederzeit widerrufen.[64] Bei Verstößen gegen das Datenschutzrecht drohen empfindliche Geldbußen. Nach Art. 83 Abs. 5 DSGVO kann eine solche Buße bis zu 4 % des weltweiten Jahresumsatzes eines Unternehmens betragen.

Ob die europäischen und deutschen Regelwerke private Daten effektiv schützen, ist traditionell Gegenstand von Diskussionen. Bezüglich der durch die neue DSGVO erforderlich gewordene Anpassung des deutschen Datenschutzrechts haben Datenschutzbeauftragte aus Bund wie Ländern unter anderem den aus ihrer Sicht zu geringen Umfang behördlicher Kontrollrechte bemängelt.[65] Eine von der EU-Kommission flankierend vorgeschlagene neue Verordnung über den Schutz personenbezogener Daten in der elektronischen Kommunikation (ePrivacy-Verordnung)[66] sieht sich im Detail gleichfalls Kritik ausgesetzt.[67]

Festzuhalten bleibt: Der Umgang mit Daten, die einen – weit zu verstehenden – Personenbezug aufweisen, ist besonderen Beschränkungen unterworfen. Diese sind stets zu bedenken, wenn man Überlegungen hinsichtlich künftiger Regeln für die Datenwirtschaft anstellt. Die Zuordnung von Datenrechten wird partiell durch die Ebene des Datenschutzrechts überlagert.[68] Die Zuweisung von „eigentumsähnlichen" Rechten an Daten wäre zum Beispiel nur bedingt effektiv, wenn die Person, auf die sich die Daten bezieht, diese Zuordnung durch einen datenschutzrechtlichen Widerruf ihrer Einwilligung wieder zunichtemachen könnte.[69] Der Europäische Datenschutzbeauftragte rückt die Weggabe personenbezogener Daten gegen Geld gar in die Nähe des Organhandels[70] – ein Vergleich der über das Ziel hinaus schießt.

2.2.3 Sektorspezifische vs. übergreifende Regelungen

Die „großen" datenschutzrechtlichen Regelwerke wie das BDSG und die DSGVO müssen schon ihrem Anspruch nach sektorübergreifend gelten. In anderen Bereichen des Datenrechts gibt es hingegen Vorschriften, deren Anwendungsbereich verhältnismäßig eng umgrenzt ist, etwa auf Geodaten oder Kfz-Reparaturdaten.

Die Frage, ob sektorale oder allgemeine Regeln vorzugswürdig sind, wird vor allem mit Blick auf die künftige Regulierung der Datenwirtschaft diskutiert. Für branchenspezifische Lösungen wird ins Feld geführt, diese würden „der Vielfältigkeit der [...] Informationen eher gerecht".[71] Andererseits sind die Vorteile einer generellen Regelung nicht zu verachten: Solche allgemeinen Regeln zeigen sich offen für künftige Entwicklungen und können einen „Flickenteppich“[72] aus unüberschaubaren Einzelnormen verhindern. Letzten Endes erscheint eine Kombination aus allgemeinen und speziellen Regeln als plausibelste Lösung.[73] Mit der Regelungstechnik, den passgenaueren Sonderregeln einen übergreifend geltenden allgemeinen Teil voranzustellen, hat man in Deutschland hinreichend Erfahrungen gesammelt – man denke nur an den Aufbau großer Kodifikation wie des Bürgerlichen Gesetzbuchs (BGB).

2.3 Regelungsziel

Datenrechtliche Regelungen können, unabhängig von ihrem Anwendungsbereich, im Grundsatz ganz verschiedene Schlagrichtungen aufweisen. Sie können eher auf den Schutz von Daten oder entgegengesetzt auf Datenzugang ausgerichtet sein (dazu 2.3.1), den Transfer und Handel mit Daten als wünschenswertes Ziel oder als einzuschränkende Gefahr wahrnehmen (dazu 2.3.2). Das Schwergewicht kann ferner auf der Zuweisung von Rechten (Schutzrechten, Zugangsrechten) oder Pflichten, etwa in Form von Haftungsregeln (dazu 2.3.3), liegen.

2.3.1 Datenschutz vs. Datenzugang als Regelungsziel

Gerade in der deutschen Fachliteratur stand in den vergangenen Jahren oft die Figur des „Dateneigentums“ im Fokus.[74] Es geht dabei um ein dem Eigentum bzw. jedenfalls dem geistigen Eigentum – man denke etwa an das Urheberrecht – vergleichbares Ausschließlichkeitsrecht an Daten. Die Frage nach einer eigentumsähnlichen Zuordnung von Daten – „Wem gehören die Daten?“ – prägte die öffentliche Debatte. Publikumswirksam gestellt hat sie nicht zuletzt EU-Kommissar Günther Oettinger, in dessen Zuständigkeitsbereich die Digitale Gesellschaft fiel.[75] Auch das Bundesministerium für Verkehr und Infrastruktur unter Alexander Dobrindt hat in einem Strategiepapier die Gleichstellung von Daten mit Sachen und somit eine „Eigentumsfähigkeit“ gefordert.[76]

Die Forderung eines eigenständigen geistigen Eigentumsrechts an Daten beruht wesentlich auf der Erkenntnis, dass Daten bislang nicht flächendeckend von den bereits bestehenden Ausschließlichkeitsrechten erfasst sind. Das Sacheigentum am Datenträger eignet sich in Zeiten der Cloud keineswegs als Grundlage für ein paralleles „Eigentum“ an den Daten, weil bereits die Zuordnung zu physisch eindeutig identifizierbaren Servern unmöglich ist.[77] Das Urheberrecht, das schöpferische Leistungen umfasst, ist allenfalls in seltenen Fällen einschlägig.[78]

„Wiederentdeckt“ hat die aktuelle Diskussion eine zuvor eher wenig beachtete europäische Richtlinie zum Schutz von Datenbanken, die in Deutschland in §§ 87a ff. UrhG umgesetzt worden ist und ein besonderes Leistungsschutzrecht eigener Art statuiert.[79] Nicht ohne Grund hat die EU-Kommission just 2017 eine öffentliche Konsultation zu dieser Datenbank-Richtlinie initiiert.[80] Hinsichtlich der Anwendung der Richtlinie auf Daten an sich treten jedoch gleich mehrere Probleme auf. Insbesondere schützt das Ausschließlichkeitsrecht nur die Datenbank selbst und nicht einzelne Daten.[81] Die Entstehung des Rechts setzt ferner eine „wesentliche Investition“ durch den Datenbankbetreiber voraus, was begründete Zweifel daran weckt, ob etwa Daten, die schlicht bei der Nutzung technischer Einrichtungen anfallen, erfasst sind.[82]

Eine weitere denkbare Alternative besteht auf den ersten Blick in der Einordnung von Daten als Geschäftsgeheimnisse. § 17 des Gesetzes gegen den unlauteren Wettbewerb (UWG) stellt den Verrat und das Ausspähen solcher Geheimnisse unter Strafe. Diese Vorschrift hat aber ebenso wie eine neue EU-Richtlinie zu Geschäftsgeheimnissen[83] lediglich Abwehr- und Schutzfunktion, kreiert also gerade kein dem Eigentum vergleichbares Institut.[84]

Angesichts der aufgezeigten Lücken scheint die Befassung mit einem neuen „Dateneigentumsrecht“ auf den ersten Blick durchaus plausibel. Die Idee hat durchaus Befürworter.[85] Die Zahl der Gegner überwiegt jedoch inzwischen. Auch die Arbeitsgruppe der Justizministerkonferenz hat sich deutlich ablehnend positioniert.[86] Die Gegner eines Dateneigentums verweisen unter anderem auf die grundlegend unterschiedliche Beschaffenheit von Daten und (eigentumsfähigen) Sachen: Im Gegensatz zu Letzteren können die Erstgenannten konfliktfrei zeitgleich durch mehrere genutzt werden, sie sind nicht-rival.[87] Ein Ausschließlichkeitsrecht an Daten könnte ferner, so die Befürchtung, den verfassungsrechtlich vorgesehenen Gemeingebrauch von Informationen nachhaltig beeinträchtigen.[88] In systematischer Hinsicht herrschen Bedenken mit Blick auf das Verhältnis zu den bereits bestehenden Schutzrechten: Im Einzelnen könnte es zu Überschneidungen und damit im Ergebnis gar zu einem überbreiten „Super-Recht" kommen, dessen Anwendungsbereich durch zahlreiche Ausnahmen sogleich wieder beschnitten werden müsste.[89]

Die vorgenannten Kritikpunkte sind schon für sich genommen beachtlich. Der Haupteinwand dürfte jedoch noch ein anderer sein. Die Debatte zäumt nämlich das sprichwörtliche Pferd von hinten auf. Sämtliche Überlegungen zur Einführung eines neuen Ausschließlichkeitsrecht schweben gewissermaßen im luftleeren Raum, solange man die damit verfolgten Ziele nicht klar benennt. Das Dateneigentum sollte kein Ziel an sich sein, sondern als bloßes Mittel zum Zweck verstanden werden. Diese funktionale Sichtweise scheint sich erfreulicherweise durchzusetzen.[90] Folgt man ihr, gilt es den möglichen Nutzen von Datenregelungen zu identifizieren. Die EU-Kommission listet in ihrer Mitteilung von Januar 2017 fünf Ziele auf: (1) Verbesserung des Zugangs zu anonymen, maschinell erzeugten Daten, (2) Förderung des Teilens solcher Daten, (3) Investititions- und Vermögensschutz, (4) den Schutz vertraulicher Daten und (5) die Minimierung von Lock-in-Effekten.[91] Als Kern dieser Anliegen lässt sich das Gegensatzpaar „Schutz" und „Zugang" identifizieren. Punkte 3 und 4 legen den Schutz von Daten nahe, Punkte 1, 2 und 5 betreffen dagegen eher die Zugangsebene.

Betrachtet man zunächst den Schutz von Daten, so lässt sich dieser Bereich weiter in Unversehrtheits- und Vertraulichkeitsschutz aufspalten.[92] Die Integrität von Daten kann durch schädigende Eingriffe anderer gefährdet sein. Unsere Rechtsordnung hält insofern bereits Schutzmechanismen vor.[93] Das Strafrecht sanktioniert die (vorsätzliche) Datenveränderung (§ 303a StGB), die auch zivilrechtlich betrachtet Schadensersatzansprüche nach sich ziehen kann.[94] Die Vertraulichkeit kann, sofern der Anwendungsbereich eröffnet ist, durch § 17 UWG und die europäische Geheimnisschutz-Richtlinie geschützt werden. Sie wird auch durch § 202a StGB (Ausspähen von Daten) strafrechtlich und mittelbar zivilrechtlich abgesichert.[95] Für personenbezogene Daten schränken die Datenschutzgesetze die Datenerhebung spürbar ein. Nicht zu vergessen ist schließlich, dass neben dem rechtlichen Schutz effektive technische Möglichkeiten bereitstehen, sensible Daten vor Fremdzugriff zu schützen. Das führt zu faktisch abgesicherten Positionen.[96] Kurzum: Es ist schwer vorstellbar, welche wesentlichen Verbesserungen ein Eigentumsrecht an Daten mit sich bringen sollte. Andere Schutzrechte – gegebenenfalls in gestärkter Fassung – reichen aus.

Wie stellt sich die Lage mit Blick auf die zweite denkbare Zielrichtung – einen stärkeren Zugang zu Daten – dar? Die EU-Kommission stellt dieses Ansinnen in den Vordergrund: „Um den Wert [von] Daten optimal ausschöpfen zu können, müssen die Marktteilnehmer Zugang zu großen und vielfältigen Datensätzen haben."[97] Ökonomisch sinnvoll könnten Zugangserleichterungen vor allem deshalb sein, weil Daten bislang oftmals unter faktischer Kontrolle einzelner Marktteilnehmer stehen und somit der gesamtwirtschaftlich sinnvollen Nutzung durch andere Marktteilnehmer vorenthalten werden können.[98] Positive Effekte könnten sich auch für öffentliche Bereiche wie Gesundheits- und Energieversorgung, sonstige Infrastruktur und den Umweltschutz ergeben.[99]

Sollte ein Eingriff durch rechtliche Instrumente vor diesem Hintergrund erforderlich bzw. ratsam sein, darf allerdings mit Fug und Recht hinterfragt werden, ob es zur Zugangsverbesserung der Einführung eines Dateneigentumsrechts bedarf. Ein solches sei, so wird angeführt, anders als etwa das Urheberrecht, jedenfalls nicht aus Anreizgesichtspunkten erforderlich[100] – eine nachvollziehbare Schlussfolgerung, wenn man bedenkt, dass viele Daten gleichsam als Nebenprodukt anderer Prozesse kostengünstig erhoben werden.[101] Vielmehr könnte gerade der gegenteilige Effekt bestärkt werden, nämlich die Isolation bestimmter Daten beim Rechteinhaber und damit die Verminderung gesellschaftlichen Wohlstandes.[102] Als mahnendes Beispiel: Die Einführung eines sui-generis-Leistungsschutzrechts für Datenbanken hat ebenfalls nicht den erhofften Zuwachs von Datenbanken bewirkt.[103]

Die gewünschte Zugangserleichterung ließe sich außerdem wohl mit weniger invasiven Mitteln mindestens ebenso gut herbeiführen. Angesprochen sind damit (neu zu schaffende[104]) gesetzliche Zugangsrechte zu Daten. Verschiedene Stimmen verweisen auf einen möglichen Modellcharakter der neuen DSGVO.[105] Für personenbezogene Daten ist dort in Art. 20 die „Datenportabilität" vorgesehen. Derjenige, auf den sich die Daten beziehen, erhält das Recht, die Übermittlung an ein anderes Unternehmen zu verlangen. Für andere als personenbezogene Daten besteht derzeit noch keine Pflicht, Datenübertragbarkeit zu gewährleisten, wie die EU-Kommission treffend feststellt.[106] Eine Übertragung des Gedankens der Datenportabilität erscheint daher erwägenswert. Es ist aber auch insofern zu Vorsicht zu mahnen. Der „Stein der Weisen" scheint mit dieser Herleitung aus der datenschutzrechtlichen Portabilitätsvorgaben noch nicht gefunden. Das Datenschutzrecht ist bislang bewusst „defensiv" ausgerichtet, die Idee einer Kommerzialisierung des geschützten Persönlichkeitsrechts hingegen durchaus streitanfällig.[107]

Ohnehin wäre damit allenfalls ein erster Ansatzpunkt gefunden. Die genaue Ausgestaltung bedürfte noch weitergehender Überlegungen: Auf welche Daten würde sich das Zugangsrecht beziehen, und wem stünde es unter welchen Bedingungen zu? Mancherorts wird angemerkt, ein solches Zugangsrecht wäre „wohl grundsätzlich nur mit entsprechender Vergütungsregelung verfassungskonform."[108] Die EU-Kommission bringt eine denkbare Vergütung nach FRAND-Kriterien („fair, reasonable and non-discriminatory") selbst zur Sprache.[109] Vorbildwirkung könnte die EU-Verordnung über den Zugang zu Kfz-Reparaturdaten entfalten, die den Hersteller nur gegen Zahlung einer „angemessene[n] und verhältnismäßige[n] Gebühr" dazu verpflichtet, die Daten zur Verfügung zu stellen.[110] Ob ein Entgelt tatsächlich bei jeder Art von Daten geboten ist, wird zu diskutieren sein.[111]

2.3.2 Ermöglichung vs. Verhinderung von „Data sharing"

Eng verbunden mit der Differenzierung zwischen Schutz und Zugang als Regelungsziel ist die auf allgemeinerer Ebene angesiedelte Frage, ob man ein zunehmendes Teilen und Handeln von Daten als wünschenswert erachtet. Zur Erinnerung: Die EU-Kommission hat es sich ausdrücklich zum Ziel gesetzt, das Teilen von anonymisierten Maschinendaten zu erleichtern.[112] Der Kommission geht es insofern mehr um eine Öffnung für nachgelagerte Märkte als „Data sharing" mit direkten Wettbewerbern auf dem Primärmarkt.[113]

Trotz der positiven Effekte, die mit dem verstärkten Teilen von Daten verknüpft sind, sollte ein Bewusstsein für potenzielle Nachteile bestehen bleiben. Das versteht sich von selbst in persönlichkeitsrechtssensiblen Bereichen, gilt aber auch für ökonomisch unerwünschte Konsequenzen etwa im Bereich des dynamischen „targeted pricing", das durch die Verfügbarkeit von Fremddaten erleichtert werden könnte.[114]

2.3.3 Zuweisung von Rechten vs. Zuweisung von Pflichten

In den vorstehenden Abschnitten ging es vornehmlich um die Zuweisung von Rechten in Form von Schutz-, Zugangs- oder sogar umfassenden Eigentumsrechten. Die Kehrseite der Medaille stellt die rechtliche Zuweisung von Verantwortung im Zusammenhang mit Daten dar. Die Datenschutzgesetze erhalten bereits eine Vielzahl solcher Zuweisungen für datenerhebende und -verarbeitende Stellen, die durch behördliche Aufsicht, Bußgelder und Strafen abgesichert werden.[115]

Mit Blick auf die Entwicklung der Datenwirtschaft erscheinen allerdings auch neue Herausforderungen am Horizont, insbesondere was die Haftung der Beteiligten angeht. Wer steht wem gegenüber dafür ein, wenn Daten falsch gemessen oder falsch ausgewertet werden und wenn datengetriebene Systeme, Geräte oder Roboter die Rechtsgüter anderer schädigen? Sofern nicht im Einzelfall vertragliche

Regelungen bestehen, kann die Zuweisung von Verantwortung problematisch sein.[116] Die EU-Kommission ist sich bewusst, dass es in derlei Systemen schwierig sein kann, die Schadensursache zu ermitteln, und strebt insofern Rechtssicherheit für Gerätehersteller wie -nutzer an.[117] Hierzu wird evaluiert, inwiefern sich die bestehenden verschuldensunabhängigen Regeln zur Produkthaftung[118] fruchtbar machen lassen. Als abweichendes Haftungskonzept wird zur Diskussion gestellt, diejenigen Marktteilnehmer in die Verantwortung zu nehmen, die die Risiken verursacht haben bzw. über die besten Möglichkeiten zur Risikominimierung verfügen; auch an Pflichtversicherungen wird gedacht.[119] In Deutschland nimmt die Gesetzgebung zum autonomen Fahren mitsamt der zu diesem Thema eingerichteten Ethikkommission eine Vorreiterrolle ein.[120]

Es sei allerdings am Rande angemerkt, dass die Verknüpfung der Komplexe zu Datenrechten und Haftungspflichten, wie sie die EU nunmehr vornimmt, auch Gefahren birgt. Die Verquickung verkompliziert die ohnehin vielschichtige Diskussion um künftige Regeln weiter. Es sollte zumindest gut durchdacht werden, ob eine gemeinsame Behandlung zwingend erforderlich ist. Sollte dies nicht der Fall sein, verspricht eine „abgeschichtete" Behandlung Vorteile.

2.4 Regelungsadressat

Hinsichtlich des Personenkreises, an den sich Rechtsnormen zu Daten richten, kann in zweierlei Hinsicht differenziert werden. Regeln können die Thematik einerseits von der Warte des Datenerzeugers aus angehen, andererseits die Position möglicher Datennutzer im Blick haben (dazu 2.4.1). Als Berechtigte oder Verpflichtete einer datenrechtlichen Norm kommen andererseits jeweils sowohl Private als auch öffentliche Stellen in Betracht (dazu 2.4.2).

2.4.1 Erzeuger vs. Nutzer

Wenn zwischen Erzeuger und Nutzer unterschieden wird, so bezieht sich das vorliegend auf die Erzeugung und Nutzung von *Daten*. Mit Blick auf die Herstellung und Nutzung von *Geräten* können die Dinge begrifflich genau umgekehrt liegen: Der Hersteller eines Geräts möchte oftmals die Daten nutzen, die der Gerätekäufer durch sein Nutzungsverhalten erzeugt. Schon innerhalb einer solchen Zweierbeziehung stellt es ein anspruchsvolles Unterfangen dar, Rechte und Pflichten unter den Parteien gerecht zu verteilen, zumal „eine Vielzahl von Fallkonstellationen und Lösungsvarianten denkbar" ist.[121]

Tatsächlich ist die Lage oft noch deutlich komplizierter. An beiden Ende der Zwei-Personen-Beziehung können sich weitere Beteiligte anschließen: Dem Gerätehersteller mag zum Beispiel daran gelegen sein, die gesammelten Daten einem Service-Provider weiterzuleiten oder an „Datenhändler" zu verkaufen, welche sie ihrerseits an Dritte weitergeben möchten. Der Gerätekäufer kann die Maschine an einen Endnutzer vermieten.[122] Besonders anschaulich wird die Komplexität bei Daten, die beim Gebrauch von Kraftfahrzeugen anfallen: Mögliche Zuordnungssubjekte sind der Hersteller des Wagens, der Hersteller des datensammelnden Elements, ein unabhängiger Serviceprovider, der Kfz-Eigentümer, der Halter, der Fahrer und in mancher Situation gegebenenfalls sogar die Mitfahrer.[123]

Die Zuweisung von Rechten an eine Vielzahl von Einzelpersonen hätte zur Folge, dass an umfassenden Datensätzen interessierte Unternehmen eine enorme Zahl einzelner Verträge schließen müssten.[124] Es läge nahe, zur Rechtswahrnehmung kollektive Methoden zu entwickeln oder Datentreuhänder[125] bzw. Behörden als „Stellvertreter" tätig werden zu lassen.[126] Geteilte Zuweisungen an Personenmehrheiten zögen ebenso Folgeschwierigkeiten nach sich – man denke insofern nur an mögliche gegenseitige Blockaden der Berechtigten.[127]

Der kurze Überblick zeigt bereits deutlich auf, mit welchen Herausforderungen es verbunden wäre, den Inhaber eines neuen „Dateneigentumsrechts" oder den Anspruchsinhaber eines Zugangsrechts zu bestimmen.

2.4.2 Private vs. Öffentliche

Die angedachten neuen Regeln zur Datenwirtschaft zielen hauptsächlich auf das Verhältnis zwischen Privaten, nämlich Unternehmen untereinander bzw. Unternehmen und Privatpersonen ab. Sobald es um den Schutz personenbezogener Daten oder das Kartellrecht geht, sind freilich auch öffentliche Stellen involviert. Es existieren zudem die eingangs des Beitrags aufgeführten Regelwerke, die den Zugang Privater zu Daten betreffen, die von öffentlichen Akteuren gesammelt wurden. Ferner sieht der 2017 neu geschaffene § 12a des E-Government-Gesetzes vor, dass die im Rahmen der Bundesverwaltung erhobenen Daten grundsätzlich offen verfügbar sind. Allerdings sind zahlreiche Ausnahmen vorgesehen, und mit der Vorschrift wird ausdrücklich kein Anspruch der Bürger auf die Bereitstellung der Daten begründet.

Auch an die spiegelverkehrte Konstellation ist zu denken: Öffentlichen Stellen können – zum Beispiel für Zwecke der Politikgestaltung – ein großes Interesse an Datensätzen haben, die von Privaten gehalten werden.[128] Ebenso kann ein wissenschaftliches Interesse am Erwerb großer Datenmengen bestehen.[129] Es ist vorgeschlagen worden, die Entscheidung, ob und unter welchen Bedingungen öffentlichen bzw. wissenschaftlichen Einrichtungen Zugang zu Daten zu gewähren ist, differenzierend nach der Wichtigkeit des jeweils verfolgten öffentlichen Anliegens zu beantworten.[130] Vorbilder für eine solche Staffelung nach dem Gewicht der verfolgten Allgemeininteressen finden sich durchaus im Bereich der Rechtfertigung von Grundrechtseingriffen.[131]

2.5 Regelungsgrenzen: Rechtliche Regelung vs. faktische bzw. technische Um- und Durchsetzung

Der Jurist sollte sich beim Thema „Daten" seiner begrenzten Wirkungsmacht und seines begrenzten Gestaltungsauftrags bewusst sein. Gemeint ist erstens: Auch die überzeugendste rechtliche Anordnung hat keinerlei Wirkung, wenn sie praktisch nicht umsetzbar ist. Zweitens: Es braucht dort keine Rechtsregeln, wo bereits durch faktische Gegebenheiten der wünschenswerte Zustand erreicht ist. Letzteres zeigt sich zumindest partiell bei der Diskussion um ein Dateneigentumsrecht.[132]

Der erstgenannte Punkt, das Erfordernis praktischer Durchsetzbarkeit, ist beispielsweise insofern relevant, als das technische Feld bereitet sein muss, wenn ein rechtlich forcierter Datenaustausch funktionieren soll. Unterschiedliche Datenformate können sich als Hemmschuh erweisen. Dem lässt sich durch Standardisierung sowie Förderung von Programmierschnittstellen (APIs) entgegenwirken.[133] Auch entsprechende Rechnerkapazitäten für die Datenverarbeitung sind vorzuhalten.

Der praktischen Durchsetzung mögen zudem Vorbehalte von Verbrauchern entgegenstehen. Diesen kann man teilweise durch juristische Vorgaben hinsichtlich technischer Gestaltung begegnen, etwa durch „Privacy by Design"[134] oder indem „datensparsame" Geräte konstruiert werden müssen.[135]

Praktische Probleme können sich aber nicht nur beim erwünschten Austausch, sondern auch bei der Kontrolle über Daten ergeben. Gerade die zunehmende Cloud-Speicherung bringt Durchsetzungsschwierigkeiten mit sich.[136]

3. Ausblick: Weichenstellung in Aktion

Wir erleben derzeit die Gestaltung der datenrechtlichen Zukunft sozusagen „live" mit. Gerade die Initiative der Europäischen Union verspricht, weitgehende Neuerungen hervorzubringen. Als Quintessenz der vorstehenden Betrachtung lässt sich festhalten, dass zunächst die Regelungsziele klar herausgearbeitet werden sollten, bevor man das zugehörige Instrumentarium auswählt. Noch vor den Rechtswissenschaftlern sind hier Mitglieder anderer Disziplinen aufgerufen, die technische und wirtschaftliche Ausgangslage zu ermitteln und Empfehlungen für künftige Ziele abzugeben. Wohin es führt, wenn Juristen einseitig vorpreschen, hat die akademisch betrachtet zwar interessante, praktisch aber weitgehend fruchtlose Diskussion um ein neues Dateneigentumsrecht gezeigt. Um zu ermitteln, ob es neuer Rechte (etwa des erwähnten Zugangsrechts) bedarf, sollte zunächst fundiert ermittelt werden, ob überhaupt ein Marktversagen vorliegt, welches der rechtlichen Gegensteuerung bedarf.[137] Zugleich sind mögliche Konsequenzen verschiedener Regelungsansätze theoretisch auszuleuchten.[138] Der Input aus Wirtschafts- und Ingenieurwissenschaften sowie Informationstechnologie sollte den Juristen ihren Wirkungskreis vorzeichnen. Schon aufgrund des Eigeninteresses an verwertbaren Daten ist die Wissenschaft in besonderem Maße aufgefordert, die Zuschauerrolle zu verlassen und die Weichenstellung aktiv mitzugestalten. Momentan scheinen die Chancen so gut wie nie, mit sinnvollen Vorschlägen Gehör zu finden.

Das vorsichtige Herantasten durch die EU-Kommission ist aufgrund der noch erforderlichen Bedarfsanalyse letztlich ohne Alternative.[139] Ein gewisses Dilemma liegt darin, dass ein zu langes Abwarten die internationale Konkurrenz enteilen lassen könnte. Unausgegorene, ökonomisch nicht unterlegte und an den praktischen Bedürfnissen vorbeigehende rechtspolitische Schnellschüsse können freilich keine Lösung sein.

Möchte man abschließend eine Prognose wagen, welche Gestalt die rechtliche Ordnung der Datenwirtschaft künftig annehmen wird, so erscheint es realistisch, dass schlussendlich eine Kombination verschiedener Ansätze gewählt werden wird. Den „Baukasten" hierfür hat der Beitrag vorgestellt. Die Idee eines neuen Dateneigentumsrechts dürfte vorerst an Schwung verloren haben. Die Tendenz geht, wie aufgezeigt, in Richtung von neuen Zugangsrechten. Enorme Bedeutung kommt schließlich dem oben formulierten Gedanken einer „Überlagerung" der allgemeinen Regeln durch die besondere Ebene des Schutzes personenbezogener Daten zu.

Literaturverzeichnis

Baranowski, Anne, Glaßl, Ramón, „M&A im Internet: Transaktion von Daten und Content", in: Betriebs Berater, 2017, S. 199–2017.

Baum, Florian von, Appt, Stephan, Schenk, Isabella K., „Rechtliche Herausforderungen der Industrie 4.0", in: Der Betrieb, 2017, S. 1824–1832 (Teil I), S. 1888–1893 (Teil II).

Becker, Maximilian, „Ein Recht auf datenerhebungsfreie Produkte", in: Juristenzeitung, 2017, S. 170–181.
Deutscher Anwaltverein – Ausschuss Informationsrecht, Stellungnahme zur Frage des „Eigentums" an Daten und Informationen, Berlin, 2016.
Di Fabio, Udo, Grundrechtsgeltung in digitalen Systemen, München, 2016.
Dorner Michael, „Big Data und ‚Dateneigentum' – Grundfragen des modernen Daten- und Informationshandels", in: Computer und Recht, 2014, S. 617–628.
Drexl, Josef, „Neue Regeln für die Europäische Datenwirtschaft? – Ein Plädoyer für einen wettbewerbspolitischen Ansatz", in: Neue Zeitschrift für Kartellrecht, 2017, S. 339–344 (Teil I), S. 415–421 (Teil II).
Ensthaler, Jürgen, „Industrie 4.0 und die Berechtigung an Daten", in: Neue Juristische Wochenschrift, 2016, S. 3473–3478.
Europäische Kommission, Aufbau einer europäischen Datenwirtschaft, COM(2017) 9 final; Brüssel, 2017.
Faust, Florian, Digitale Wirtschaft – analoges Recht: Braucht das BGB ein Update? (Verhandlungen des 71. Deutschen Juristentages Essen 2016, Band I: Gutachten / Teil A), München, 2016.
Fezer, Karl-Heinz, „Dateneigentum der Bürger – Ein originäres Immaterialgüterrecht sui generis an verhaltensgenerierten Informationsdaten der Bürger", in: Zeitschrift für Datenschutz, 2017, S. 99–105.
Fritzsche, Jörg, in: Beck'scher Online-Kommentar BGB, hg. v. Heinz Georg Bamberger u.a., 43. Edition, München, 2017.
Gola, Peter u.a., BDSG – Kommentar, 12. Aufl., München, 2015, § 4.
Grave, Carsten, Nyberg, Jenny, „Die Rolle von Big Data bei der Anwendung des Kartellrechts", in: Wirtschaft und Wettbewerb, 2017, S. 363–368.
Grützmacher, Malte, „Dateneigentum – ein Flickenteppich – Wem gehören die Daten bei Industrie 4.0, Internet der Dinge und Connected Cars?", in: Computer und Recht, 2016, S. 485–495.
Günther, Jan-Philipp, „Europäische Regelungen im Bereich Robotik – alles noch Science Fiction?", in: Der Betrieb, 2017, S. 651–654.
Hoeren, Thomas, „Dateneigentum – Versuch einer Anwendung von § 303a StGB im Zivilrecht", in: MultiMedia und Recht, 2013, S. 486–491.
Justizministerium des Landes Nordrhein-Westfalen, Arbeitsgruppe „Digitaler Neustart", Bericht vom 15. Mai 2017, Düsseldorf, 2017.
Kahlenberg, Harald, Heim, Lena, „Das deutsche Kartellrecht in der Reform: Überblick über die 9. GWB-Novelle", in: Betriebs-Berater, 2017, S. 1155–1163.
Kerber, Wolfgang, „A New (Intellectual) Property Right for Non-Personal Data? An Economic Analysis", in: Gewerblicher Rechtsschutz und Urheberrecht Internationaler Teil, 2016, S. 989–998.
Kirn, Stefan, Müller-Hengstenberg, Claus D., „Überfordert die digitale Welt der Industrie 4.0 die Vertragstypen des BGB?", in: Neue Juristische Wochenschrift, 2017, S. 433–438.
Körber, Torsten, „‚Ist Wissen Marktmacht?' – Überlegungen zum Verhältnis von Datenschutz, ‚Datenmacht' und Kartellrecht, Neue Zeitschrift für

Kartellrecht, 2016, S. 303–310 (Teil I), S. 348-356 (Teil II).
Max Planck Institute for Innovation and Competition, Position Statement of the Max Planck Institute for Innovation and Competition of 26 April 2017 on the European Commission's „Public consultation on Building the European Data Economy", München, 2017.
Oettinger, Günther, „Wem gehören die Daten?", in: Frankfurter Allgemeine Zeitung, 14.10.2016, S. 19.
Paal, Boris P., Hennemann, Moritz, „Big Data im Recht – Wettbewerbs- und daten(schutz)rechtliche Herausforderungen", in: Neue Juristische Wochenschrift, 2017, S. 1697–1701.
Podszun, Rupprecht, Schwalbe, Ulrich, „Digitale Plattformen und GWB-Novelle: Überzeugende Regeln für die Internetökonomie", in: Neue Zeitschrift für Kartellrecht, 2017, S. 98–106.
Schmidt, Kirsten Johanna, Zech, Herbert, „Datenbankherstellerschutz für Rohdaten? – Wie Big Data-Anwendungen die Tatbestandsvoraussetzungen der §§ 87a ff. UrhG erfüllen können", in: Computer und Recht, 2017, S. 417–426.
Thomas, Stefan, „Wettbewerb in der digital economy: Verbraucherschutz durch AGB-Kontrolle im Kartellrecht?", in: Neue Zeitschrift für Kartellrecht, 2017, S. 92–98.
Weitbrecht, Andreas, „Eine neue Ära im Kartellschadensersatzrecht – Die 9. GWB-Novelle", in: Neue Juristische Wochenschrift, 2017, S. 1574–1578.
Westphalen, Friedrich Graf von, Wendehorst, Christiane, „Hergabe personenbezogener Daten für digitale Inhalte – Gegenleistung, bereitzustellendes Material oder Zwangsbeitrag zum Datenbinnenmarkt?", in: Betriebs-Berater, 2016, S. 2179–2187.
Wiebe, Andreas, „Von Datenrechten zu Datenzugang – Ein rechtlicher Rahmen für die europäische Datenwirtschaft – Überblick und erste Bewertung zur Mitteilung der EU-Kommission vom 10.1.2017", in: Computer und Recht, 2017, S. 87–93.
Zech, Herbert, „Daten als Wirtschaftsgut – Überlegungen zu einem ‚Recht des Datenerzeugers'", in: Computer und Recht, 2015, S. 137–146.
Zimmer, Daniel, „Fragwürdiges Eigentum an Daten", in: Frankfurter Allgemeine Zeitung, 18.11.2016, S. 16.
Hinweis: Sämtliche in den Fußnoten aufgeführte Online-Quellen wurden zuletzt abgerufen am 05.10.2017.

Anmerkungen

1 §§ 202a, 303a StGB.
2 Justizministerium NRW (2017).
3 Deutscher Anwaltverein (2016).
4 Faust (2016).

5 Achtes Gesetz zur Änderung des Straßenverkehrsgesetzes v. 16.06. 2017, BGBl. I 1648, freilich noch ohne den Schwerpunkt auf Daten zu legen.
6 Der Bericht steht zum Download zur Verfügung unter https://www.bmvi.de/SharedDocs/DE/Publikationen/G/bericht-der-ethik-kommission.pdf. Insbesondere wird unter dem Stichwort „Datensouveränität" gefordert, der Fahrer müsse grundsätzlich selbst über Weitergabe und Verwendung seiner Fahrzeugdaten entscheiden können.
7 Dazu Günther (2017).
8 Deutscher Anwaltverein (2016), S. 8.
9 S.u. 2.5 und 3.
10 BVerfG, Urt. v. 15.12.1983 – 1 BvR 209, 269, 362, 420, 440, 484/83. In seinem Urteil zur Online-Durchsuchung hat das BVerfG ferner das Grundrecht auf Gewährleistung der Vertraulichkeit und Integrität informationstechnischer Systeme anerkannt, BVerfG, Urt. v. 27.02.2008 – 1 BvR 370, 595/07.
11 https://digitalcharta.eu/.
12 Richtlinie 95/46/EG (Datenschutzrichtlinie).
13 Verordnung (EU) 2016/679.
14 Datenschutz-Anpassungs- und -Umsetzungsgesetz EU v. 30.06.2017, BGBl. I 2097.
15 Verordnung (EG) Nr. 1907/2006.
16 IFGs gibt es in Bund und Ländern, etwa das IFG NRW. Daneben existiert etwa das Umweltinformationsgesetz (UIG).
17 Richtlinie 2003/98/EG (neugefasst durch Richtlinie 2013/37/EU).
18 Richtlinie 2007/2/EG (INSPIRE-Richtlinie).
19 Siehe sogleich 2.1.2.
20 Siehe Vorschlag für eine Richtlinie über bestimmte vertragsrechtliche Aspekte der Bereitstellung digitaler Inhalte, COM(2015) 634 final; dazu Graf von Westphalen, Wendehorst (2016).
21 Deutlich für eine europäische Regelung auch Drexl (2017), S. 339 f.
22 Siehe den im September 2017 veröffentlichten Vorschlag für eine Verordnung „on a framework for the free flow of non-personal data in the European Union", COM(2017) 495 final.
23 COM(2014) 442 final.
24 COM(2015) 192 final, S. 16 f.
25 Mitteilung: COM(2017) 9 final; Arbeitspapier: SWD(2017) 2 final.
26 Zu den Ergebnissen: https://ec.europa.eu/digital-single-market/en/news/summary-report-public-consultation-building-european-data-economy.
27 Deutscher Anwaltverein (2016), S. 9 f.; ausführlich zur Vertragsgestaltung von Baum et al. (2017), S. 1827 f.
28 Vgl. Europäische Kommission (2017), S. 12, 14.
29 Max Planck Institute (2017), S. 14: Fairness als diffuser Maßstab; siehe auch Drexl (2017), S. 420: Den Maßstab für die Angemessenheitskontrolle von Allgemeinen Geschäftsbedingungen bildet das dispositive (d.h. von den Parteien abwählbare) Gesetzesrecht.
30 Europäische Kommission (2017), S. 11, 12.

31 Max Planck Institute (2017), S. 14; Drexl (2017), S. 420.
32 Vgl. Fritzsche (2017), § 903 Rn. 10; Zimmer (2016).
33 Max Planck Institute (2017), S. 13.
34 Vgl. Kerber (2016), S. 996; Max Planck Institute (2017), S. 18.
35 EU: Art. 101 ff. des Vertrags über die Arbeitsweise der Europäischen Union (AEUV); Deutschland: Gesetz gegen Wettbewerbsbeschränkungen (GWB).
36 Vgl. im Einzelnen Grave, Nyberg (2017).
37 C(2014) 7239 final, Rn. 180–189.
38 http://www.spiegel.de/netzwelt/netzpolitik/eu-kommission-belegt-facebook-mit-110-millionen-euro-strafe-a-1148212.html.
39 Ergebnisse unter https://www.bundeskartellamt.de/SharedDocs/Publikation/DE/Berichte/Think-Tank-Bericht-Kurzzusammenfassung.pdf.
40 https://www.bundeskartellamt.de/SharedDocs/Publikation/DE/Berichte/Big%20Data%20Papier.pdf.
41 Kurzfassung unter http://www.monopolkommission.de/images/PDF/SG/SG68/S68_Kurzfassung.pdf.
42 § 18 Abs. 3a Nr. 4 GWB; näher dazu Podszun, Schwalbe (2017), S. 100 f.
43 § 35 Abs. 1a GWB.
44 Siehe Kahlenberg, Heim (2017), S. 1156; Podszun, Schwalbe (2017), S. 103. Freilich können die Parteien den Kaufpreis gegebenenfalls so gestalten, dass eine kartellbehördliche Prüfung gerade noch vermieden wird, siehe Baranowski, Glaßl (2017), S. 206.
45 Podszun, Schwalbe (2017), S. 103.
46 Körber (2016), S. 306; vgl. auch Weitbrecht (2017), S. 1577.
47 Dazu unten 2.4.2.
48 Zu beiden Punkten Max Planck Institute (2017), S. 27.
49 Siehe https://www.bundeskartellamt.de/SharedDocs/Meldung/DE/Pressemitteilungen/2016/02_03_2016_Facebook.html.
50 So Körber (2016), S. 356; ähnlich Thomas (2017), S. 98.
51 Siehe das Weißbuch „Digitale Plattformen“ (2017) des Bundeswirtschaftsministeriums, S. 97 ff. (https://www.bmwi.de/Redaktion/DE/Publikationen/Digitale-Welt/weissbuch-digitale-plattformen.pdf).
52 Vgl. die Anmerkungen von Drexl (2017), S. 339 zum Arbeitspapier der EU-Kommission.
53 Vgl. für einen solchen Ansatz etwa Hoeren (2013), S. 489.
54 Siehe Kerber (2016), S. 997; Drexl (2017), S. 343.
55 ISO/IEC 2382-1; inzwischen in den neuen Standard ISO/IEC 2382:2015 übernommen.
56 Wiebe (2017), S. 91 m.w.N. in Fn. 21; Zech (2015), S. 138; Zimmer (2016).
57 Siehe Körber (2016), S. 304.
58 Siehe etwa Di Fabio (2016), S. 90.
59 Art. 4 Nr. 1 DSGVO spricht in ähnlicher Weise von „Informationen, die sich auf eine identifizierte oder identifizierbare natürliche Person […] beziehen“.

60 EuGH, Urt. v. 19.10.2016 – C-582/14; BGH, Urt. v. 16.05.2017 – VI ZR 135/13.
61 EU-Kommission (2017), S. 10; näher von Baum et al. (2017), S. 1825 f.
62 Siehe EU-Kommission (2017), S. 10; Max Planck Institute (2017), S. 6
63 Siehe nur Gola u.a. (2015) § 4 Rn. 3; vgl. ferner Art. 6 DSGVO.
64 Siehe z.B. Art. 7 Abs. 3 S. 1 DSGVO.
65 Siehe https://www.bfdi.bund.de/DE/Infothek/Pressemitteilungen/2017/10_BDSG_neu_April.html sowie https://datenschutz-berlin.de/pdf/pressemitteilungen/2017/04052017_Beschneidung_der_Kontrollbefugnisse.pdf.
66 COM(2017) 10 final.
67 Etwa was die Beeinträchtigung auch nicht-personenbezogener Datenflüsse angeht, dazu von Baum et al. (2017), S. 1828 f.
68 Treffende Formulierung bei Deutscher Anwaltsverein (2016), S. 8 f.; siehe auch Grützmacher (2016), S. 486: „Schranke […], die keinesfalls unterschätzt werden sollte".
69 Diese Bedenken teilt EU-Kommission (2017), S. 14.
70 Stellungnahme 4/2017 zu dem Vorschlag für eine Richtlinie über bestimmte vertragsrechtliche Aspekte der Bereitstellung digitaler Inhalte, S. 10 (https://edps.europa.eu/sites/edp/files/publication/17-03-14_opinion_digital_content_de.pdf).
71 Wiebe (2017), S. 92; die Vorteile sektorspezifischer Lösungen betonend auch Drexl (2017), S. 344.
72 Vgl. auch den Titel von Grützmacher (2016).
73 Dafür z.B. Max Planck Institute (2017), S. 23.
74 Die Zahl der Veröffentlichungen zu einer solchen Idee nahm seit 2012 zunächst langsam zu, bevor sie im Jahr 2016 einen Höhepunkt erreichte. Nachweise bei Wiebe (2017), S. 89 (Fn. 17).
75 Oettinger (2016); vgl. auch den Untertitel bei Grützmacher (2016).
76 https://www.bmvi.de/SharedDocs/DE/Artikel/DG/datengesetz.html.
77 Siehe Deutscher Anwaltverein (2016), S. 5; Kirn, Müller-Hengstenberg (2017), S. 434; Zech (2015), S. 138.
78 Zech (2015), S. 141; Zimmer (2016); siehe auch Deutscher Anwaltverein (2016), S. 5 f.
79 Richtlinie 96/9/EG.
80 https://ec.europa.eu/info/consultations/public-consultation-database-directive-application-and-impact-0_de.
81 Deutscher Anwaltverein (2016), S. 5; Ensthaler (2016), S. 3476 f.; Dorner (2014), S. 622; Grützmacher (2016), S. 488; Zech (2015), S. 143.
82 Siehe Deutscher Anwaltverein (2016), S. 8; ablehnend Dorner (2014), S. 622; differenzierend Grützmacher (2016), S. 488; umfassende Analyse mit dem Ergebnis fehlenden Schutzes durch §§ 87a ff. UrhG bei Schmidt, Zech (2017).
83 Richtlinie (EU) 2016/943.
84 Dorner (2014), S. 623; Zech (2015), S. 141; Wiebe (2017), S. 89; zu Schwierigkeiten bei der Erfüllung der Tatbestandsvoraussetzungen näher Grützmacher (2016), S. 488 f.

85 Siehe etwa (zu Beginn der Diskussion) Hoeren (2013), S. 491, und (kürzlich) Fezer (2017); siehe auch Ensthaler (2016), S. 3476 f.; vorsichtig positiv Zech (2015), S. 144 ff.

86 Justizministerium NRW (2017), S. 97.

87 Zimmer (2016); Drexl (2017), S. 341; vertiefend Zech (2015), S. 139; vgl. auch Paal, Hennemann (2017), S. 1698; Faust (2016), A 84.

88 Wiebe (2017), S. 91; siehe auch Deutscher Anwaltverein (2017), S. 10; Dorner (2014), S. 622; Kerber (2016), S. 997.

89 Max Planck Institute (2017), S. 22; Wiebe (2017), S. 91.

90 Siehe v.a. Max Planck Institute (2017), S. 8; Drexl (2017), S. 341 f; auch Dorner (2014), S. 625; Grützmacher (2016), S. 486: „Bedarfsanalyse".

91 EU-Kommission (2017), S. 12 f. Ähnliche Auflistung bei Grützmacher (2016), S. 486, wobei die Terminologie dort unglücklich gewählt scheint, soweit der Begriff „Schutz" etwa auch im Zusammenhang mit der Zugriffsmöglichkeit gebraucht wird.

92 So vorgehend Deutscher Anwaltsverein (2016), S. 8.

93 Faust (2016), A 70 ff., der freilich insbesondere mit Blick auf fahrlässiges Handeln eine Schutzlücke identifiziert. Zu „schreibendem" und „lesendem" Zugriff eingehend Grützmacher (2016), S. 489 ff.

94 Faust (2016), A 75 f.; ausführlich auch Grützmacher (2016), S. 489 f.

95 Siehe indes zu häufigen Schwierigkeiten bei der Erfüllung der Voraussetzungen von § 202a StGB Grützmacher (2016), S. 493.

96 EU-Kommission (2017), S. 11; Zech (2015), S. 140.

97 EU-Kommission (2017), S. 9.

98 Max Planck Institute (2017), S. 9, 10, 13.

99 Max Planck Institute (2017), S. 2.

100 Kerber (2016), S. 997; Zech (2015), S. 144 f.

101 Zech (2015), S. 138 spricht gar von „Abfallprodukt".

102 Zimmer (2016); siehe auch Max Planck Institute (2017), S. 11; Drexl (2017), S. 343; vgl. zudem Paal, Hennemann (2017), S. 1698.

103 Vgl. Dorner (2014), S. 626 mit Fn. 115.

104 Vgl. Grützmacher (2016), S. 492; Deutscher Anwaltverein (2016), S. 7.

105 Ausführlich Max Planck Institute, S. 20–25; Drexl (2017), S. 344; so auch Zimmer (2016); ein Zugangsrecht ausblendend dagegen Zech (2015), S. 137, sodass das Urteil hinsichtlich eines neuen eigentumsähnlichen Rechts dort letztlich zu positiv ausfällt.

106 EU-Kommission (2017), S. 17.

107 Siehe etwa Dorner (2014), S. 620; Zech (2015), S. 137. Auf den Schrankencharakter des Datenschutzrechts weist auch Grützmacher (2016), S. 486 hin.

108 Wiebe (2017), S. 92 mit Blick auf Gewerbe- und Eigentumsfreiheit.

109 EU-Kommission (2017), S. 15 [3.5]: „Zugang gegen Entgelt: Für die Inhaber von Daten, wie Hersteller, Diensteanbieter und andere, könnte ein möglicherweise auf bestimmte Grundsätze (wie Fairness, Angemessenheit und Nichtdiskriminierung) gestützter Rahmen entwickelt

werden, auf dessen Grundlage sie ihre Daten nach Anonymisierung gegen Entgelt zugänglich machen können."

110 Art. 7 Abs. 1 Verordnung (EG) Nr. 715/2007; darauf verweisend Max Planck Institute (2017), S. 24.

111 Siehe ansatzweise Max Planck Institute (2017), S. 24.

112 EU-Kommission (2017), S. 12.

113 EU-Kommission (2017), S. 10; siehe auch Wiebe (2017), S. 92 in seiner Analyse des Arbeitspapiers der Kommission.

114 Warnend Max Planck Institute (2017), S. 4, 31; Drexl (2017), S. 416.

115 Siehe etwa §§ 38, 43, 44 BDSG.

116 Siehe von Baum et al. (2017), S. 1891 f.

117 EU-Kommission (2017), S. 4, 15; siehe auch Deutscher Anwaltverein, S. 9.

118 Richtlinie 85/374/EWG (Produkhaftungs-Richtlinie); in Deutschland umgesetzt im Produkthaftungsgesetz (ProdHaftG).

119 EU-Kommission (2017), S. 16.

120 Siehe oben 1.1.

121 Körber (2016), S. 304.

122 Max Planck Institute (2017), S. 14.

123 Vgl. Deutscher Anwaltsverein (2016), S. 8 f.

124 Max Planck Institute (2017), S. 19.

125 Siehe etwa Dorner (2014), S. 626.

126 Vgl. zur kollektiven Wahrnehmung etwa Fezer (2017), S. 103.

127 Vgl. Max Planck Institute (2017), S. 15.

128 EU-Kommission (2017), S. 4.

129 EU-Kommission (2017), S. 14.

130 Max Planck Institute (2017), S. 28.

131 Siehe etwa die von BVerfG, Urt. v. 11.06.1958 – 1 BvR 596/56 zu Eingriffen in die Berufsfreiheit entwickelte Stufentheorie.

132 Siehe oben 2.3.1.

133 In diese Richtung bereits COM(2014) 442 final, S. 6; nun auch EU-Kommission (2017), S. 13. Zu den Gefahren des rechtlichen Schutzes von Datenformaten eingehend Grützmacher (2016), S. 494 f.

134 Siehe hierzu Dorner (2014), S. 627.

135 Siehe Becker (2017).

136 Siehe Wiebe (2017), S. 91.

137 Kerber (2016), S. 998; Max Planck Institute (2017), S. 10.

138 Vgl. Wiebe (2017), S. 93.

139 Dies lobend etwa Deutscher Anwaltsverein (2016), S. 9 f.; vor voreiligen Schritten warnend auch Grützmacher (2016), S. 495.

QUO VADIS EUROPA?

Hat Europa den Anschluss verloren oder haben wir eine Vision?

Dace L. Luters-Thümmel

Die einen loben die Digitalisierung und den Einsatz der Künstlichen Intelligenz in den Himmel und sehen darin ein Allheilmittel für das zukünftige Wirtschaftswachstum, die anderen verteufeln sie als Vernichter von Arbeitsplätzen und eine Bedrohung gerechter menschlicher Teilhabe an der gesellschaftlichen und wirtschaftlichen Entwicklung.

Und wo steht in dieser Debatte Europa? und wo der europäische (und der bundesdeutsche bzw. Landes-) Gesetzgeber?

Bedarf es einer interdisziplinären Zusammenarbeit zwischen den Jongleuren binärer Zahlen und denen der Paragraphen?

Ich meine ja und würde es als die „Notwendigkeit eines ‚smart legal Containment'" nennen wollen ohne dass dabei der sich entwickelnden Dynamik dieser neuen Materie der Wind aus den Segeln genommen werden sollte und müßte.

1. Europäische Initiativen – Feststellung des Status Quo

Die Europäische Kommission hat die Notwendigkeit, sich des Themas anzunehmen, erkannt und im Mai 2015 eine „Strategie für einen digitalen Binnenmarkt für Europa"[1] entworfen. Diese folgte damit der Ankündigung von Kommissionspräsident Juncker in den politischen Leitlinien für die nächste Europäische Kommission vom 15. Juli 2014, die als Priorität Nr. 2 einen „vernetzte(n) digitale(n) Binnenmarkt", vorschlagen. Nach dieser Verlautbarung könne durch die „Schaffung eines vernetzten digitalen Binnenmarkts" während der Amtszeit der neuen Kommission „ein zusätzliches Wachstum von bis zu 250 Mrd. EURO" erzielt werden. Zu diesem Zwecke sollten „ehrgeizige gesetzgeberische Schritte zur Verwirklichung eines solchen vernetzten digitalen Binnenmarkts"[2] folgen.

In einer Analyse des Status quo wird nicht verkannt, dass die Marktmacht mancher Online-Plattformen nicht unbedenklich ist[3], dass die Netze und kritischen Infrastrukturen besser zu schützen wären[4] und dass ein fragmentierter Markt das Potential von Cloud Computing, Massendatenverarbeitung, datengestützter Wissenschaft und des Internets der Dinge nicht auszuschöpfen vermöge[5].

So will sich die Europäische Kommission konkret auch Fragen des Eigentums an Daten, der Interoperabilität neuer Technologien, der Nutzbarkeit und des Zugangs zu den Daten und der maschinenerzeugten und zwischen Maschinen erzeugten Daten widmen[6]. Hinzu kommt auch die Frage der IKT-Normung, die zunehmend aus außereuropäischen Territorien nach Europa getragen werde[7].

2. Innereuropäische Konsultationen

Vor dem Hintergrund all dessen hat die Europäische Kommission im Rahmen der Initiative „Aufbau einer Europäischen Datenwirtschaft" in diesem Jahr zahlreiche Workshops veranstaltet und Konsultationen mit den betroffenen Stakeholdern durchgeführt. Vom 10. Januar bis 26. April 2017 fand eine öffentliche Online-Umfrage statt, die sich an Unternehmen aller Größenordnungen und Sektoren richtete, so auch an Hersteller und Nutzer von vernetzten Geräten, Betreiber und Nutzer von Online-Plattformen, Informationsbroker und Unternehmen, die datengestützte Produkte und Dienste vermarkten. Einbezogen wurden auch Behörden, Nichtregierungsorganisationen, Forschungseinrichtungen und Verbraucher. Von April bis Juli 2017 fanden sowohl nicht-sektorspezifische Workshops zu den Fragen

- Datenzugang und -nutzung bei KMU und Start-ups,
- Datenzugang bei API und industriellen Datenplattformen,
- Zugang öffentlicher Stellen zu kommerziell erfassten Daten von öffentlichem Interesse,
- Haftung bei autonomen Systemen, Robotern und dem Internet der Dinge

als auch sektorspezifische Workshops in den Bereichen Maschinenbau, Medizinprodukte, Unternehmensdienstleistungen, Automobilindustrie und des Vertriebs von Lebensmitteln und Getränken statt.

Strukturierte Gesprächsrunden mit den Mitgliedstaaten und der Konsultationsprozess des ersten Halbjahres 2017 haben zahlreiche Erkenntnisse[8] darüber hervorgebracht, welche Hindernisse oder ungelösten Fragen dem Aufbau einer europäischen Datenwirtschaft entgegenstehen.

3. Ergebnisse

3.1. Datenlokalisierung

So führen Datenlokalisierungsauflagen bei Datenspeicherung und -verarbeitung in mehreren EU-Ländern zu einer Ressourcenduplizierung in den jeweiligen EU-Ländern und wirken sich wegen der wiederkehrenden Kosten insbesondere verhältnismäßig stark auf Start-ups und KMU nachteilig aus. Die Abschaffung von Datenlokalisierungsanforderungen würden zwar zu Kostensenkungen führen, aber es besteht Rechtsunsicherheit bei den Befragten hinsichtlich der Rechtmäßigkeit einer Datenspeicherung im Ausland.

3.2. Gemeinsame Datennutzung

Unternehmen haben ein Interesse an Daten von anderen Unternehmen und wären an gemeinsamer Datennutzung interessiert. Es bestehen Probleme beim Zugang zu im Besitz von anderen Unternehmen befindlichen Daten und es werden Bedenken geäußert bezüglich eines fairen Zugangs zu Datenressourcen. Eine Weitergabe wird meist auf der Grundlage von vertraglichen Wiederverwendungsauflagen oder gegen Zahlung einer Lizenzgebühr gewährt. Die gemeinsame Datennutzung erfolgt meist nur innerhalb derselben Wirtschaftsgruppe oder zwischen General- und Unterauftragnehmer. Das Wettbewerbsrecht oder die Vorschriften über rechtsmissbräuchliche Vertragsklauseln werden hier als zu kurz greifend angesehen. Aufgrund der sehr unterschiedlichen Datenwertschöpfungsketten und datengestützten Geschäftsmodelle sehen alle es aber als schwierig an, da eine Einheitslösung zu entwickeln. Auf jeden Fall soll die Vertragsautonomie nach Auffassung der Unternehmen nicht angetastet werden, denn Investitionen in Datenerhebungskapazitäten sollen sich auszahlen und Geschäftsgeheimnisse gewahrt bleiben. Interessanterweise wird nicht die Zuordnung des Eigentums an Daten als solches als ein maßgeblicher Lösungsansatz favorisiert, sondern vielmehr die Frage nach der möglichen Regelung des Zugangs zu den vorhandenen Daten.

Ein Lösungsansatz scheint es, den Erstausrüstern oder Nutzern von mit Sensoren ausgestatteten Maschinen, Werkzeugen oder Geräten ein Recht auf Lizenzierung von dergestalt erzeugten Daten einzuräumen. Mit Ausnahme der Unternehmen, die über diese Daten verfügen und deswegen Bedenken äußern, würden die Unternehmen eine Verpflichtung für Dateninhaber, bestimmte Daten zu fairen, angemessenen und nicht diskriminierenden Bedingungen zu lizenzieren[9], begrüßen. Der Vorschlag der Europäischen Kommission eines Europäischen Leitfadens zu Standardvertragsklauseln oder Standardvertragsbedingungen fand nur ein geteiltes Echo.

In den sektorspezifischen Befragungen und Workshops wurde die Forderung nach Marktintervention zur Durchsetzung eines Datenzugangs insbesondere hinsichtlich von Daten aus dem Innenraum eines Fahrzeugs und bezüglich der Daten aus der intelligenten Landwirtschaft erhoben. Der Dienstleistungs- und Reparatursektor bei Industrie- und Haushaltsgeräten wiederum befürchtet durch den Einsatz von IoT-fähigen Geräten und deren Datenrückmeldungen an den Hersteller negative Auswirkungen auf seine fest vereinbarten Serviceverträge mit den Erstausrüstern.

Eine deutsche Meinung:

Der deutsche Bundesverband IT-Mittelstand e.V. (BITMi) vertritt die Position[10], dass eine rechtliche Regelung des Eigentums an nicht-personenbezogenen Daten erforderlich sei. Die aus den Daten gewonnenen Informationen würden mittlerweile mehr Wertschöpfung darstellen als die Maschinen selbst. Daher sei ein Abstellen auf die Herstellung und den Verkauf sensorbestückter Maschinen für die Beurteilung und Zuordnung von Daten nicht mehr zeitgemäß. Zurzeit bestimmten die Allgemeinen Geschäftsbedingungen des Vertragspartners mit der stärkeren Verhandlungsposition [meist der Hersteller][11], wem das Nutzungsrecht an den maschinengenerierten Nutzungs- und Sensordaten zustehe. Der Verband vertritt die Auffasssung, dass eine zukunftsfähige Datenökonomie und ein offener Markt nur dann gewährleistet sei, wenn die Inhaber oder Nutzer von datenaufzeichnenden Maschinen in der Verfügung über das fortwährend anfallende Datenaufkommen frei seien. Dies soll nach Vorschlag des BITMi dadurch erreicht werden, dass Klauseln in Allgemeinen Geschäftsbedingungen, die eine einseitige ausschließliche Datennutzung durch einen Vertragspartner festschreiben, für unwirksam erklärt werden. Zusätzlich sollen die Hersteller datenproduzierender Maschinen verpflichtet werden, offene oder offen dokumentierte Schnittstellen zur Verfügung zu stellen, um auch eine tatsächliche Möglichkeit zur Datennutzung zu eröffnen.

3.3. Zugang von Behörden zu Unternehmensdaten

Ein weiterer Schwerpunkt des europäischen Konsultationsverfahrens des ersten Halbjahres 2017 war die Frage der Eröffnung des Zugangs von Behörden zu Unternehmensdaten zu öffentlich-politischen Zwecken (wie Prävention bei Gesundheitsrisiken, Statistik, öffentlich finanzierte wissenschaftliche Forschung). Die Eröffnung eines Zugangs für Behörden wird von den Unternehmen in Europa unterschiedlich bewertet. Jedenfalls sollte dafür nach deren Auffassung eine Vergütung erfolgen, da neben den anfallenden Investitionskosten für die Datenerhebung selbst dann auch eine Umwandlung in erforderliche Formate, die Anonymisierung von personenbezogenen Daten oder von Geschäftsgeheimnissen zusätzliche Kosten verursachte.

3.4. Haftungsfragen

Zu Fragen der Haftung von IoT-betriebenen Produkten und Dienstleistungen, autonomen Systemen und Robotik liessen sich keine eindeutigen Schlussfolgerungen aus den Stellungnahmen ziehen, da die Resonanz von den Nutzern zahlenmäßig noch zu gering war. Auch bei der Wahl der bevorzugten Haftungsregelung sind die Auffassungen geteilt, ob bestehendes Recht ausreiche oder ergänzende Regelungen erforderlich seien. Auch die derzeitig gebräuchliche Unterscheidung nach Produkt, d.h. Ware, und Dienstleistung erweist sich nicht für alle Fälle als weiterführend, wenn die Komplexität einer Technologie beide Elemente miteinander verknüpft und deswegen die Feststellung eines Fehlers und der Kausalität Schwierigkeiten bereitet. Problematisch dürfte hier z.B. für Endkunden die Identifizierung des defekten Bauteils eines intelligenten Gerätes sein (seien es defekte Sensoren, unstabile Verbindungen oder angreifbare Software). Dieser Umstand kann sich dementsprechend auf die Effektivität des Verbraucherschutzes auswirken. Zusätzliche spezielle nationale Haftungsregelungen wie beispielsweise für Drohnen, führen wiederum zu einer unterschiedlichen Regelungsdichte und einer europaweiten Fragmentierung des Haftungsrechts. So wurde von den Diskutanten im Hinblick auf die Komplexität der Sachverhalte (z.B. bei vernetzten Fahrzeugen) angeregt, Haftungsfragen über die bisherigen sektorspezifischen EU-Richtlinien hinaus zukünftig als Querschnittsthema anzugehen.

3.5. Datenübertragbarkeit

Auch die Übertragbarkeit von nicht-personenbezogenen Daten bereitet Unternehmen bislang Probleme. Insbesondere KMU teilen mit, beim Anbieterwechsel von Cloud-Diensten Schwierigkeiten zu haben. Die gesamten Kosten für einen Anbieterwechsel tragen in der Regel die Nutzer. Alle Befragten halten es für notwendig, Maßnahmen zur Erleichterung der Übertragbarkeit von nicht-personenbezogenen Daten vorzusehen.

Die Anbieter selbst sehen technische Herausforderungen bei der Übertragbarkeit von Daten angesichts fehlender Normung für die Übertragbarkeit von Anwendungen, bezüglich unterschiedlicher Datenformate, bei der Identifizierung und dem Exportieren von Daten und Metadaten und der erforderlichen Zeit für die Erfassung und Übertragung von Daten. Rechtliche Bedenken und Unsicherheiten bestehen im Hinblick auf den Datenschutz, fehlende Ausstiegspläne und die Aufbewahrungszeit für Daten.

Generell wird auf die schwierige Abgrenzung zwischen personenbezogenen und nicht-personenbezogenen Daten verwiesen. Im Hinblick auf ein generelles Übertragbarkeitsrecht von nicht-personenbezogenen Daten wird darauf hingewiesen, erst einmal die Praxis bei der Anwendung von Art. 20 der Datenschutzgrundverordnung[12], der die Übertragbarkeit personenbezogener Daten regelt, abzuwarten.[13]

Die generelle Datenübertragbarkeit sollte nach Auffassung größerer Unternehmen eher auf vertraglicher und technischer Ebene gelöst und von der Industrie durch einheitliche Normung erleichtert werden als durch europäische Rechtsetzung.

3.6. Interoperabilität

Konsens herrscht wiederum über die Notwendigkeit von Interoperabilitätsnormen. Insbesondere zur Gewährleistung von Sicherheit, Datenschutz und zum Schutz der Privatsphäre halten die meisten Cloud-Nutzer normenkonforme Lösungen für den Datenzugang, Datenformate, Cloud-Sicherheit, Datenschutz und API für notwendig.

3.7. Aufbau einer europäischen Datenwirtschaft

Insgesamt sprechen sich die Unternehmen hinsichtlich der Initiative zum „Aufbau einer europäischen Datenwirtschaft" dafür aus, es der Industrie zu überlassen, Normen auszuarbeiten und ein Großteil bevorzugt eher technische als rechtliche oder politische Lösungen. Meiner Auffassung nach ist hierbei aber zu bedenken, dass die Europäer verkennen auch mit der starken U.S. und chinesischen ‚technischen' Konkurrenz im Wettbewerb zu stehen, die sich durch die faktische Eroberung des Marktes sehr realistisch die Meinungsführerschaft bei der Normung erringen könnten oder schon errungen haben. Ein rechtliches europäisches Regelungswerk würde demgegenüber durchaus einen Modellcharakter annehmen können, der mit Wirkung auf das europäische Territorium (oder gar darüber hinaus) einen Gegenentwurf darstellen könnte.

4. Halbzeit und Ziele der estnischen Ratspräsidentschaft

Laut Mitteilung der Europäischen Kommission über die Halbzeitüberprüfung der Strategie für einen digitalen Binnenmarkt[14] vom 10. Mai 2017 hat der europäische Gesetzgeber zur Schaffung eines innovationsfreundlichen Umfelds durch Rechtsetzung u.a. im Verbraucherrecht die Leitlinien zur Richtlinie über unlautere Geschäftspraktiken[15] überarbeitet, im Bereich des Schutzes personenbezogener Daten die Datenschutzgrundverordnung[16], die am 25. Mai 2018 in Kraft treten wird, verabschiedet und zudem einen Vorschlag für eine e-Privacy-Verordnung[17] mit Auswirkung auf den Schutz personenbezogener Daten im Internet vorgelegt.

Die forcierte Gesetzgebungsaktivität der Europäischen Kommission wird nun auch besonders durch die estnische Ratspräsidentschaft des zweiten Halbjahres 2017 befeuert. So haben die Esten ein „Vision Paper on the Free Movement of Data – the Fifth Freedom of the European Union" [18] vorgelegt, in dem sie der EU einen „cross-border free flow of non-personal data"[19] als Ziel vorgeben wollen. Als einzige zulässige Beschränkung soll danach „die nationale Sicherheit" und die „öffentliche Ordnung" gelten.[20]

5. EU-Verordnung Freier Fluss nicht-personenbezogener Daten

Konsequenterweise hat die Europäische Kommission am 13. September 2017 nun auch einen Vorschlag für eine neue EU-Verordnung „on a framework for the free flow of non-personal data in the European Union“[21] auf den Weg gebracht.

Der Verordnungsentwurf (VO-E) soll den freien Fluss nicht-personenbezogener Daten innerhalb der EU mit Hilfe von Regelungen bzgl. Datenlokalisierungsauflagen, Verfügbarkeit von Daten für die zuständigen Behörden und Datenportierung für professionelle Nutzer sicherstellen (Art. 1 VO-E). Anwendung finden die Vorschriften auf die Speicherung oder anderweitige Verarbeitung von elektronischen nicht-personenbezogenen Daten bei Dienstleistungen an Nutzer, die ihren Wohnsitz oder ihre Niederlassung in der EU haben, unabhängig davon, ob der Provider in der EU niedergelassen ist oder nicht sowie auf natürliche oder juristische Personen, die ihren Wohnsitz oder ihre Niederlassung in der EU haben und die Tätigkeit für eigene Zwecke erfolgt (Art. 2 VO-E).

Die nachfolgenden Definitionen der im Verordnungsentwurf verwendeten Begriffe des Art. 3 VO-E enthalten bezüglich des Begriffs „Daten“ lediglich eine Negativabgrenzung zur Definition der personenbezogenen Daten des Art. 4 Abs. 1 der Datenschutzgrundverordnung. Nicht-personenbezogene Daten werden damit als Daten definiert, die nicht unter den Begriff der personenbezogenen Daten fallen, d.h. also keine Informationen sind, die sich auf identifizierbare natürliche Personen beziehen.

Die wichtigsten Grundbestimmungen des Verordnungsentwurfs sind in den Artikeln 4 bis 6 VO-E enthalten. Art. 4 VO-E legt fest, dass die Speicherung und Verarbeitung von Daten keinen Datenlokalisierungsauflagen eines bestimmten Mitgliedstaates unterliegen dürfen und eine Speicherung oder Verarbeitung in einem anderen Mitgliedstaat nicht untersagt oder beschränkt werden darf, soweit nicht Gründe der öffentlichen Sicherheit entgegenstehen. Der Artikel enthält Notifizierungspflichten der Mitgliedstaaten bei geplanten neuen Datenlokalisierungsauflagen und eine Aufhebungspflicht nicht-verordnungskonformer bestehender nationaler Lokalisierungsauflagen. Weiterbestehende Lokalisierungsauflagen sind bei einer öffentlichen Informationsstelle öffentlich zugänglich zu machen und auf dem aktuellen Stand zu halten.

Art. 5 VO-E stellt die europaweite Datenverfügbarkeit für zuständige nationale Behörden in Ausübung ihrer öffentlichen Funktionen sicher. Amtshilfe ist dabei zu gewährleisten. Bereits bestehende europaweite Kooperationsmechanismen sind zu nutzen.

Im Hinblick auf die Datenportierung wurde in Art. 6 VO-E eine ursprünglich vorgesehene Datenportierungsverpflichtung für Provider fallen gelassen und nunmehr der Verabschiedung von selbst-regulierenden Codes of Conduct der Providerindustrie der Vorzug gegeben. Ziel soll die Einführung von vorvertraglichen Informationspflichten der Provider sein, die detailliert, klar und transparent vor dem Vertragsabschluss über den Ablauf, technische Voraussetzungen und Kosten der Portierung, Daten-backups, den Zeitrahmen der Verfügbarkeit von Daten, angemessene Portierungszeiträume und über Zugriffsrechte bei Insolvenz des Providers unterrichten sollen.

Art. 7 VO-E wiederum schreibt die Einrichtung nationaler Informationsstellen vor, denen ausschliesslich die nationale Zuständigkeit und Eigenschaft als Koordinationsstelle für Anfragen aus anderen Mitgliedstaaten zufallen soll (sog. „single point of contact“).

Damit wird die Idee des gegenseitigen Vertrauens auf eine ordnungsgemäße Verwaltung und die Rechtmäßigkeit behördlicher Entscheidungen in allen EU-Mitgliedstaaten auch im Hinblick auf die korrekte zeitnahe Datenspeicherung und den Datenaustausch durchdekliniert. Europaweit wird dabei bei der Datenverarbeitung und –speicherung auch auf eine Einhaltung der generellen Grundsätze der Zweckbindung, Datenminimierung, Datenrichtigkeit und Speicherbegrenzung zu achten sein.

6. Weitere Initiativen

Im Frühjahr 2018 soll dann nach einer Folgenabschätzung auch eine Initiative zur Zugänglichkeit und Weiterverwendung öffentlicher und öffentlich finanzierter Daten vorbereitet werden, aber auch weiter die Frage des Zugangs zu in privater Hand befindlichen Daten von öffentlichem Interesse erörtert werden.[22] Es bleibt abzuwarten, was von der Europäischen Kommission dazu noch vorgelegt werden wird.

7. Schlussbetrachtung

Fazit ist, dass Europa sich mit aller Vehemenz in die Entwicklung von digitalen Märkten rechtsgestaltend einbringen will, um eine Meinungs- und Gestaltungsführerschaft zu erringen, die ihr durch die starke außereuropäische Konkurrenz durch den U.S.- amerikanischen und chinesischen Markt und deren Hauptakteure abhanden zu kommen droht.

Zu beachten wird dabei sein, dass beim Aufbau eines Digitalen Binnenmarktes im Sinne der Erfinder aber auch die Belange des Datenschutzes, vertrauensbildende Maßnahmen zur Gewährleistung gegenseitigen Vertrauens und die Sicherstellung der Cybersecurity weiter im Auge behalten werden müssen.

Das Positionspapier der Bundesregierung vom 8. Juni 2017 bleibt im Hinblick auf die europäische Zusammenarbeit recht vage. Dort wird lediglich die europaweite Absicherung von Mindeststandards für Beschäftigte und der Arbeitsschutz[23] thematisiert und werden im Bereich von Arbeitsplattformen Mindeststandards bei den Arbeits-, Absicherungs- und Einkommensbedingungen für Beschäftigte, die ihre Dienstleistungen über Online-Plattformen anbieten, gefordert. Dies dürfte angesichts der Gesamtdimension des Themas noch zu kurz gegriffen sein. Zutreffend ist, dass Europa nur mit einer einheitlichen Antwort auf die globalen Entwicklungen und einem einheitlichen Rechtsrahmen[24] auf die neuen Herausforderungen antworten kann. Es bleibt hier abzuwarten, wie sich die zukünftige Bundesregierung in der

19. Legislaturperiode zum Thema Digitalisierung aufstellen wird.

Die nordrhein-westfälische Landesregierung hat sich in ihrem Koalitionsvertrag vom 16. Juni 2017 das Erreichen einer Spitzenposition im digitalen Zeitalter[25] zum Ziel gesetzt. Um das Potential der digitalen Wirtschaft zur Entfaltung zu verhelfen, sollen sämtliche Gesetze und anderweitige Regelungen in einer Modernisierungsoffensive[26] systematisch auf Hindernisse für die Entstehung neuer digitaler Geschäftsmodelle u.a. im Bereich der künstlichen Intellligenz und autonomer Mobilität untersucht werden.

Die Ergebnisse der umfangreichen Konsultationen auf europäischer Ebene könnten hierzu als eine gute Beschreibung der Ausgangslage dienen. Manches faktische Phänomen und Businessmodell wird aber gerade noch nicht von geltender Gesetzgebung erfaßt, sodass umgekehrt bestehende Vorschriften ins Leere greifen und für Misstände eine Abhilfe gefunden werden muss. So ist z.B. auch der notwendig gewordene Vorschlag der Europäischen e-Datenschutz-Verordnung[27] zu erklären. Es ist insoweit vielmehr ein ständiger ausgewogener Prozess der Optimierung anzustreben einerseits in Richtung Deregulierung – also Abschaffung – als auch andererseits in Richtung Regulierung, wo erforderlich.

Ein blindes Vorantreiben der technischen Möglichkeiten ohne deren innewohnende Gefahren zu erkennen schießt deutlich über das Ziel der Innovationsförderung hinaus. Nicht ohne Grund warnt ein Elon Musk zusammen mit anderen führenden Pionieren der Künstlichen Intelligenz und Robotik anläßlich einer Revisionskonferenz der Waffenkonvention von 1980[28] die Vereinten Nationen vor der Entwicklung und dem Einsatz autonomer Killerroboter[29] und fordert deren Verbot, denn wir müssen Vorsicht walten lassen bei den Geistern, die wir rufen oder rufen wollen. Dieses sollten sich gerade Politiker, die uneingeschränkt Digitalisierung als Allheilmittel für Wirtschaftswachstum (was durchaus nicht gleichbedeutend mit Vollbeschäftigung ist)[30] definieren ohne mit genügendem Hintergrundwissen ausgestattet zu sein, gewahr werden.

Wie zu Beginn festgestellt, sollte der europäische (als auch nationale) Gesetzgeber daher meiner Auffassung nach ein „smart (d.h. mit Weitsicht) legal Containment" gegenüber (rechts)missbräuchlichen Praktiken betreiben und angesichts der rasanten neuen technischen Entwicklungen konstant wachsam sein ohne dem neuen Erkenntnis- und Entwicklungsstand der Menschheit im Wege zu stehen, soweit dieser nützlich ist.

Ob Europa mit seinen gesetzgeberischen Vorstößen der außereuropäischen Konkurrenz Paroli bieten wird, das wird die Zukunft erweisen. Von Bedeutung ist, ob Europa sich an die Spitze der Entwicklung setzen können oder nur reaktiv agieren wird. Zurzeit stammen Unicorns zu einem großen Teil immer noch aus den U.S.-amerikanischen Talentschmieden.

Entscheidend bei diesem Wettlauf um den Erdball wird hier wirtschaftlich gesehen auch die Mühelosig- und Schnelligkeit der Kapitalaufbringung für innovative Ideen sein, bei der sich europäische Venture-Kapitalisten im Vergleich zu den amerikanischen Anbietern zurzeit doch eher in kleineren Größenordnungen bewegen.

Anmerkungen

1 COM (2015) 192 final, Mitteilung der Kommission an das Europäische Parlament, den Rat, den Europäischen Wirtschafts- und Sozialausschuss und den Ausschuss der Regionen, Strategie für einen digitalen Binnenmarkt für Europa (zitiert: Strategiepapier DB).
2 Strategiepapier DB, S.2.
3 Strategiepapier DB, S. 10.
4 Strategiepapier DB, S. 14.
5 Strategiepapier DB, S. 16.
6 Strategiepapier DB, S. 17.
7 Strategiepapier DB, S. 18.
8 Zusammenfassender Bericht, Konsultation zur Initiative „Aufbau einer europäischen Datenwirtschaft" (zitiert: Zusammenfassender Bericht), abrufbar unter https://ec.europa.eu/digital-single-market/en/news/synopsis-report-public-consultation-building-european-data-economy (englisch), http://ec.europa.eu/information_society/newsroom/image/document/2017-36/synopsis_report_de_A1B68505-9B90-1599-014B9412BFF80BC0_46649.pdf (deutsch).

9 Zusammenfassender Bericht (Dt. Fassung), a.a.O., S. 7.
10 Bundesverband IT-Mittelstand e.V., Positionspapier Datenökonomie, Datenökonomie braucht offenen Markt, vom 12. Dezember 2016, abrufbar unter https://www.bitmi.de/bitmi-fordert-datenoekonomie-braucht-offenen-markt/.
11 Anmerkung der Verfasserin.
12 VERORDNUNG (EU) 2016/679 DES EUROPÄISCHEN PARLAMENTS UND DES RATES vom 27. April 2016 zum Schutz natürlicher Personen bei der Verarbeitung personenbezogener Daten, zum freien Datenverkehr und zur Aufhebung der Richtlinie 95/46/EG (Datenschutz-Grundverordnung).
13 dies könnte sich dann allerdings bis weit in das Jahr 2018 hinziehen.
14 COM (2017) 228 final, Mitteilung der Kommission an das Europäische Parlament, den Rat, den Europäischen Wirtschafts- und Sozialausschuss und den Ausschuss der Regionen über die Halbzeitüberprüfung der Strategie für einen digitalen Binnenmarkt (zitiert: Halbzeitüberprüfung).
15 SWD (2016) 163.
16 s. FN 12.
17 COM (2017) 10 final, Vorschlag für eine Verordnung des Europäischen Parlaments und des Rates über die Achtung des Privatlebens und den Schutz personenbezogener Daten in der elektronischen Kommunikation und zur Aufhebung der Richtlinie 2002/58/EG (Verordnung über Privatsphäre und elektronische Kommunikation), auch sog. ePrivacy-VO genannt.
18 Estonian Vision Paper on the Free Movement of Data – the Fifth Freedom of the European Union (zitiert: Vision Paper), abrufbar unter https://www.eu2017.ee/sites/default/files/inline-files/EU2017_FMD_visionpaper.pdf_.
19 Vision Paper, a.a.O., S. 14.
20 Vision Paper, a.a.O., S. 7.
21 COM (2017) 495 final, Proposal for a Regulation of the European Parliament and of the Council on a Framework for the Free Flow of Non-personal data in the European Union, 13 September 2017 (bislang nur in englisch veröffentlicht).
22 COM (2017) 228 final, Halbzeitüberprüfung, a.a.O., S. 14.
23 Positionspapier der Bundesregierung „Digitalpolitik für Wirtschaft, Arbeit und Verbraucher" (zitiert: Positionspapier der BReg.), 08.06.2017, S. 72.
24 Positionspapier der BReg., S. 79.
25 Koalitionsvertrag CDU – FDP NRW, 16. Juni 2017, S. 28.
26 Modernisierungsoffensive „Neue Geschäftsmodelle", Koalitionsvertrag CDU – FDP NRW, S. 30.
27 die sich u.a. der erstmaligen Regelung der OTT-Dienste [sog. over-the-top Kommunikationsdienste wie VoIP-Telefonie, Instant-Messaging, webgestützte Emaildienste] annimmt, s.a. FN 17.
28 Übereinkommen über das Verbot oder die Beschränkung des Einsatzes bestimmter konventioneller Waffen, die übermäßige Leiden verursa-

chen oder unterschiedslos wirken können, abrufbar unter https://www.unog.ch/80256EDD006B8954/(httpAssets)/40BDE99D98467348C12571DE0060141E/$file/CCW+text.pdf._

29 offener Brief von Elon Musk et al. vom 20.08.2017 an die Vereinten Nationen mit dem Appell, die Entwicklung und den Einsatz von KI-gesteuerten autonomen Killerrobotern zu verbieten. Zitat: „Once developed, lethal autonomous weapons will permit armed conflict to be fought at a scale greater than ever, and at timescales faster than humans can comprehend. These can be weapons of terror, weapons that despots and terrorists use against innocent populations, and weapons hacked to behave in undesirable ways." s. link zur Pressemeldung The Guardian https://www.theguardian.com/technology/2017/aug/20/elon-musk-killer-robots-experts-outright-ban-lethal-autonomous-weapons-war._

30 diese Thematik allein würde eines weiteren eigenen Beitrags bedürfen.

BIG DATA AUS WETTBEWERBS- UND ORDNUNGSPOLITISCHER PERSPEKTIVE

Justus Haucap

1. Daten als Wettbewerbsfaktor

Daten seien das Öl des 21. Jahrhunderts wird manchmal gesagt.[1] Dies ist jedoch kein besonders treffendes Bild, denn Daten können – anders als Öl – von vielen Parteien zugleich oder auch nacheinander genutzt werden. Daten sind grenzkostenlos mehrnutzbar, d.h. die Nutzung von Daten durch eine weitere Person verursacht zunächst einmal keine zusätzlichen Kosten, wenn die Daten erst einmal vorliegen. Nur weil jemand bestimmte Daten nutzt, schließt dies – anders als eben beim Öl – nicht die parallele oder sequentielle Nutzung derselben Daten durch andere aus (vgl. auch Dewenter und Lüth 2016, 2017).

Sinnvoll ist der Vergleich von Daten und Öl als Antriebsmittel der Wirtschaft vielleicht insofern, als dass die enorme Reduktion bei Transport- und Mobilitätskosten durch die Erfindung des Automobils einen erheblichen Strukturwandel in vielen Bereichen ausgelöst hat, so wie er nun von datengetriebenen Geschäftsmodellen erwartet wird. Zudem gehören die sog. GAFA-Unternehmen heute zu den wertvollsten Unternehmen der Welt, so wie ehemals die großen Ölkonzerne. Eine mögliche Erklärung für die hohe Marktkapitalisierung der GAFA-Unternehmen ist die Erwartung der Märkte, dass diese Unternehmen sehr hohe Gewinnpotenziale haben. Solche Gewinnerwartungen könnten darauf beruhen, dass die Anleger davon ausgehen, dass diese Unternehmen erhebliche Marktmacht besitzen oder erreichen werden (vgl. etwa Dolata 2015, 2018). Teilweise wird auch von einer dezidierten „Datenmacht" gesprochen (vgl. Körber 2017). Dahinter steht die Annahme, dass aus dem privilegierten Zugang zu Daten bzw. der Besitz bestimmter Daten Kern für Marktmacht sein kann und sich wirksamer Wettbewerb nicht entwickeln wird, wenn nicht konkurrierende Anbieter Zugang zu denselben oder funktionsäquivalenten Daten bekommen können.

Auch wenn sich Öl und Daten als Rohstoffe für die wirtschaftliche Wertschöpfung also erheblich unterscheiden, so stellt sich die Frage, ob der Zugang zu Daten und ihre Verarbeitung für den Wettbewerb eine ebenso wichtige Rolle spielen wie der Zugang zu Transportmöglichkeiten als sich vor rund 100 Jahren durch die Entwicklung des Transportwesens die Transportkosten erheblich reduzierten (vgl. auch Brynjolfsson und McAfee 2014). Der Koalitionsvertrag der Bundesregierung sieht daher eine erneute Überprüfung der kartellrechtlichen Bestimmungen mit Blick auf die Herausforderungen der Digitalisierung vor (vgl. CDU, CSU und SPD 2018, S. 44).

Aus wettbewerbsökonomischer Perspektive ergeben sich mindestens fünf neue Problemkreise im Kontext datengetriebener Geschäftsmodelle: Erstens stellt sich die Frage, ob und wann der Zugriff auf bestimmte Daten eine notwendige Voraussetzung für die Teilnahme am Wettbewerb ist oder, anders gewendet, ob und wann das Erheben und Kombinieren bestimmter Daten einem Unternehmen solch einen Wettbewerbsvorsprung verschafft, dass es eine Monopolstellung erreichen und verteidigen kann oder zumindest erhebliche Marktkonzentration das Resultat ist. Zweitens ist der Austausch von Informationen und Daten durch Unternehmen sowie eine ggf. erhöhte Markttransparenz traditionell in der Kartellrechtspraxis und in der Wettbewerbsökonomie regelmäßig als kollusionsfördernd bewertet worden, so dass der Datenaustausch zwischen Unternehmen kartellrechtlich regelmäßig als problematisch bewertet wurde. Fraglich ist, ob diese Interpretation in einer datengetriebenen Ökonomie, in welcher Netzeffekte eine bedeutende Rolle spielen, auch richtig ist. Drittens ergeben sich Fragen, inwiefern im Kartellrecht Datenschutzbelange Berücksichtigung finden können bzw. inwiefern das (exzessive) Sammeln und Kombinieren von Daten ein Missbrauch einer marktbeherrschenden Stellung sein kann. Viertens stellen sich aufgrund der technischen Möglichkeiten zur stärkeren Preisdifferenzierung neue Fragen für Wettbewerbspolitik und Verbraucherschutz. Und fünftens wird unter Wettbewerbsökonomen und Kartellrechtlern aktuell intensiv diskutiert, ob die Nutzungen von Algorithmen zur Preissetzung Kartelle unterstützen oder sogar induzieren können.

Die kartellrechtliche Behandlung des Sammelns und der Verarbeitung von Daten sowie möglichen kartellrechtlichen Anpassungsbedarf werden wir im Folgenden in Abschnitt 2 erörtern, bevor in Abschnitt 3 Chancen und Herausforderungen der sog. dynamischen als auch der personalisierten, datengetriebenen Preissetzung sowie der Preissetzung mit Hilfe von Algorithmen behandelt werden. Abschnitt 4 behandelt Chancen und Herausforderungen der Sharing Economy als ein Beispiel für neue datengetriebene Geschäftsmodelle, bevor Abschnitt 5 relativ kurz das Thema Breitbandausbau und digitales Unternehmertum erörtert und sodann Abschnitt 6 exemplarisch auf Veränderungen bei Mobilität, Literaturbetrieb und in der Medienbranche eingeht. Der Beitrag schließt mit einem Fazit und Empfehlungen in Abschnitt 7.

2. Daten und Kartellrecht

2.1 Daten und Wettbewerb

Für Wettbewerbsökonomen ist vor allem die Tatsache, dass Daten prinzipiell von vielen Personen ohne weitere Kosten parallel oder auch sequentiell genutzt werden können, zunächst einmal eine gute Nachricht, denn es gibt – anders als beispielsweise beim Frequenzspektrum im Mobilfunk – keine natürliche Ressourcenknappheit, die den Wettbewerb begrenzt. Gleichwohl kann der Zugriff auf bestimmte Daten essentiell für die effektive Teilnahme am Wettbewerb sein.

Im Fall von Google wird etwa diskutiert, ob Wettbewerber wie Microsoft oder Yahoo! einen Zugriff auf historische Suchdaten von Google benötigen, um genauso gute Suchalgorithmen programmieren zu können (vgl. etwa Bracha und Pasquale 2008; Manne und Wright 2011; Argenton und Prüfer 2011). Auch wenn diese Forderung plausibel erscheinen mag, ist dies doch keineswegs klar. Letztlich ist dies eine empirische Frage. Google selbst nutzt nach eigenen Angaben nur einen Bruchteil der Daten zur Verbesserung des eigenen Suchalgorithmus, denn auch hier gilt die Logik der Äquivalenz von Grenzkosten und Grenznutzen im Optimum. Letztlich werden die Daten solange analysiert, bis die Grenzkosten der weiteren Analyse den Grenzertrag zu übersteigen drohen.[2] Gleichwohl ist nicht klar, inwiefern Google doch erhebliche Wettbewerbsvorteile bei der Optimierung der Suchalgorithmen und Erstellung der Trefferlisten hat, da Google auch Zugriff auf andere Dienste wie Google-Mail, Google-Kalender etc. nehmen kann, sofern ein Suchender diese Dienste nutzt. Da Suchergebnisse immer stärker individualisiert werden und viele Nutzer nur einen Email-Dienst und einen Kalender nutzen, erschwert dies die Replikation der Datenbasis von Google durchaus. Das einfache Einlesen und Auswerten von öffentlichen Webseiten reicht dann nicht, um die bestmöglichen Suchergebnisse anzuzeigen. Selbst ein Zugang zu pseudonymisierten Daten von Google wäre nur begrenzt hilfreich, wenn die Qualität der Suchergebnisse etwa durch den Zugang zu persönlichen Daten im Kalender, den Emails oder anderen persönlichen Informationen beeinflusst wird.

Gleichwohl ist denkbar, dass der Zugriff auf Daten, die ein Wettbewerber erhoben hat, für die Teilnahme am Wettbewerb essenziell sein kann (vgl. etwa Graef 2016), insbesondere, wenn individuelle Daten exklusiv vorliegen. Dies mag z. B. bei Energieverbrauchsdaten in Smart Grids der Fall sein. Auch im Auto gesammelte Daten über Technik und individuelles Fahrverhalten können kaum dupliziert werden. Sollte etwa ein PKW-Hersteller selbst KfZ-Versicherungen anbieten, wären andere Versicherungen ohne Zugriff auf die Daten wohl in einem erheblichen Nachteil. Dasselbe würde für freie Werkstätten bei der Reparatur gelten. Natürlich geht es hier im Grunde aus wettbewerbsökonomischer Sicht um eine klassische After-Markets-Problematik wie schon bei PKW-Ersatzteilen, d.h. es stellt sich die (nur empirisch zu beantwortende) Frage, ob etwa Autokäufer in Zukunft schon beim Kauf eines Autos berücksichtigen werden, wer Zugang zu den in ihrem Auto gesammelten Daten hat oder bekommen kann.

In einigen Fällen wäre ein Zugriff auf Daten für Wettbewerber wohl in Zukunft eine unvermeidliche Vorbedingung, um den Wettbewerb zu schützen oder erst zu ermöglichen und das Aufkommen von „Datenmonopolen", d.h. Monopolen, die aufgrund eines exklusiven Zugriffs auf bestimmte Daten bestehen, zu verhindern. Nun garantiert die Europäische Datenschutzgrundverordnung zwar die Portierung von persönlichen Daten für Privatpersonen, nicht aber für Gewerbe, so dass das Recht auf Portierung den Lock-in nur für Privatpersonen aufhebt, nicht aber für die oft wirtschaftlich sehr bedeutsamen Gewerbekunden, sofern die Portierung faktisch überhaupt möglich ist. Letzteres dürfte oft durch eine mangelnde Interoperabilität erschwert werden, denn für eine Portierung müssen Daten ja nicht nur abgegeben werden, sondern sie müssen auch aufgenommen werden können.

Um Wettbewerb zu ermöglichen und damit Auswahlmöglichkeiten für Nutzer zu schaffen, mag es somit manchmal notwendig sein, auf Daten zurückzugreifen, die ein Konkurrent originär erhoben hat. Bestimmte Daten haben dann die Eigenschaft einer sog. wesentlichen Einrichtung („essential facility"), ohne deren gemeinsame Nutzung Wettbewerb nicht möglich ist (vgl. Graef 2016). Daraus ergeben sich für eine marktwirtschaftliche Ordnung zahlreiche noch nicht geklärte Fragen:

- Wie kann ein etwaiges Spannungsfeld zwischen Datenschutz und Wettbewerb aufgelöst oder wenigstens ausbalanciert werden? Die Einwilligung, das Unternehmen A die Daten eines Kunden nutzen kann, impliziert noch nicht, dass der Kunde von Unternehmen A auch in die Nutzung durch Unternehmen B einwilligt.

- Wie und in welchem Umfang kann und sollte die Portabilität von Daten gewährleistet werden? Prinzipiell ist es nach der Europäischen Datenschutzgrundverordnung ab Mai 2018 für Anbieter, die Nutzerdaten erheben, verpflichtend, für Privatpersonen die Mitnahme ihrer Daten zu ermöglichen. In der Praxis stellen sich hier gleichwohl Fragen geistigen Eigentums, die es zu lösen gilt. Wem etwa gehört das geistige Eigentumsrecht an einem witzigen Kommentar in Reaktion auf ein von einem anderen Nutzer bei Facebook geposteten Bild? Facebook, dem Poster des Bildes, dem Kommentator, jedem, allen gemeinsam? Wem sollte es gehören? Wessen Erlaubnis muss bei einer etwaigen Portierung eingeholt werden?

Tendenziell wird die Möglichkeit zur Portierung von Daten jedoch den Wettbewerb stärken, auch wenn die wettbewerblichen Auswirkungen nicht überschätzt werden sollten, gerade auch weil etwaige Probleme bei der Kompatibilität nicht unterschätzt werden sollten.

2.2 Die Rolle des Zugangs zu Daten im deutschen Kartellrecht

Bemerkenswert ist in diesem Kontext, dass der Zugang zu wettbewerbsrelevanten Daten zwar nach der 9. GWB-Novelle, die am 9. Juni 2017 in Kraft getreten ist[3], nun in §18 Abs. 3a GWB eine Rolle bei der Beurteilung von Marktmacht spielt, es aber – anders als etwa bei Netzinfrastrukturen – keinen kartellrechtlichen Zugangsanspruch zu wettbewerbsrelevanten Daten gibt. Jedoch werden in §18 Abs. 3a GWB nun Kriterien definiert, welche bei der Beurteilung von Marktmacht insbesondere bei Plattformen heranzuziehen sind. Wörtlich heißt es in §18 Abs. 3a GWB: „Insbesondere bei mehrseitigen Märkten und Netzwerken sind bei der Bewertung der Marktstellung eines Unternehmens auch zu berücksichtigen (1) direkte und indirekte Netzwerkeffekte, (2) die parallele Nutzung mehrerer Dienste und der Wechselaufwand für die Nutzer, (3) seine Größenvorteile im Zusammenhang mit Netzwerkeffekten, (4) sein Zugang zu wettbewerbsrelevanten Daten, (5) innovationsgetriebener

Wettbewerbsdruck." Die Kriterien reflektieren direkt die Erkenntnisse der ökonomischen Theorie (vgl. etwa Evans und Schmalensee 2008, 2015; Haucap und Wenzel 2011; Haucap und Stühmeier 2016). Das Bundeskartellamt hätte diese Kriterien auch vor der 9. GWB-Novelle schon heranziehen können und hat dies zumindest teilweise auch getan, sodass die GWB-Novelle hier nicht unbedingt etwas Neues für die behördliche Kartellrechtsanwendung bedeutet. Gleichwohl erscheint es sinnvoll, die Kriterien explizit zu benennen, um auch Gerichten einen besseren Leitfaden für die Beurteilung von Marktmacht zu geben und die Vorhersehbarkeit von Kartellrechtsentscheidungen zu erhöhen.

Allerdings muss konstatiert werden, dass die fünf nun in §18 Abs. 3a GWB genannten Kriterien allesamt weniger gut messbar sind als traditionelle Maße für Marktmacht wie etwa diverse Konzentrationsmaße oder Maße für die Profitabilität eines Unternehmens (etwa der Lerner-Index oder andere Rendite-Maße). Insofern ist abzuwarten, wie die Kartellbehörden die Kriterien in der Beurteilung der Marktmacht würdigen werden.

Wie bereits erwähnt, spielt der Zugang zu wettbewerbsrelevanten Daten nun bei der Beurteilung von Marktmacht nach §18 Abs. 3a Nr. 4 GWB eine Rolle, doch gibt es keinen expliziten Zugangsanspruch für dritte. In §19 Abs. 2 Nr. 4 GWB heißt es nach wie vor: „Ein Missbrauch liegt insbesondere vor, wenn ein marktbeherrschendes Unternehmen als Anbieter oder Nachfrager einer bestimmten Art von Waren oder gewerblichen Leistungen (....) 4. sich weigert, einem anderen Unternehmen gegen angemessenes Entgelt Zugang *zu den eigenen Netzen oder anderen Infrastruktureinrichtungen* zu gewähren, wenn es dem anderen Unternehmen aus rechtlichen oder tatsächlichen Gründen ohne die Mitbenutzung nicht möglich ist, auf dem vor- oder nachgelagerten Markt als Wettbewerber des marktbeherrschenden Unternehmens tätig zu werden; dies gilt nicht, wenn das marktbeherrschende Unternehmen nachweist, dass die Mitbenutzung aus betriebsbedingten oder sonstigen Gründen nicht möglich oder nicht zumutbar ist." Ein möglicher Zugangsanspruch bezieht sich somit auf Netze oder

„andere Infrastruktureinrichtungen", nicht jedoch auf mögliche Datenbestände, da diese nicht vom Begriff der Infrastruktureinrichtung erfasst werden.

Ein Grund dafür, für Daten keine kartellrechtlichen Zugangsansprüche zu schaffen, mag in dem noch ungelösten Spannungsfeld zwischen dem Schutz der Privatsphäre und dem Schutz des Wettbewerbs liegen. Allerdings könnten Datenschutzvorschriften auch jederzeit als eine sachliche Rechtfertigung anerkannt werden, die das Verweigern einer Datenherausgabe an Wettbewerber sachlich rechtfertigen würde. Insofern ist hier durchaus noch ein gesetzlicher Nachholbedarf, falls sich gewisse Datenbestände doch als wesentlich für den Wettbewerb im Sinne einer „essential facilitiy" herausstellen.

2.3 Datenbezogene Reformen in der 9. GWB-Novelle

In der 9. GWB-Novelle sind – obgleich der Auslöser für die Novelle eigentlich die Umsetzung europarechtlicher Vorgaben zur erleichterten Durchsetzung privater Rechtsansprüche auf Schadensersatz gegenüber Kartellen war und dies auch einen großen Teil der Novelle einnimmt (vgl. etwa Kersting und Podszun 2017) – neben dem schon erwähnten §18 Abs. 3a GWB – zwei weitere Paragraphen eingeführt worden, die sich direkt auf die digitale Wirtschaft beziehen.

Erstens ist dies der neue §18 Abs. 2a GWB, welcher lautet: „Der Annahme eines Marktes steht nicht entgegen, dass eine Leistung unentgeltlich erbracht wird." Diese Feststellung war in der deutschen Rechtsprechung lange umstritten (vgl. etwa Monopolkommission 2015). Gerade für mehrseitige Märkte ist diese Feststellung jedoch wichtig. So bieten etwa Google und Facebook einen großen Teil ihrer Dienstleistungen unentgeltlich an. Stattdessen würden die Nutzer mit ihren Daten bezahlen, so wird oftmals suggeriert, auch wenn dies aus Nutzersicht nicht ganz richtig ist. Knapp sind nämlich nicht die Daten der Nutzer, sondern (a) ihre Aufmerksamkeit und (b) ggf. ihre Privatsphäre. Die Nutzer „zahlen" somit, indem sie (personalisierten) Werbeanzeigen Aufmerksamkeit schenken und (b) einen Teil ihrer Privatsphäre aufgeben, sofern sie letzteres nicht sogar gern tun. Gleichwohl zahlen sie nicht mit Geld, sodass auch keine Umsätze auf dieser Seite der mehrseitigen Plattform kalkulierbar wären. Würde die Abwesenheit von Zahlungsströmen von Nutzern an Facebook und Google nun auch implizieren, dass hier kein Markt vorliegt, so könnten Google und Facebook auch nicht marktbeherrschend sein und auch keine Marktmacht missbrauchen. Aus ökonomischer Sicht ist es jedoch unerheblich, ob für Leistungen mit Geld oder anderen Dingen (wie etwa der Aufmerksamkeit für Werbung) „bezahlt" wird, solange die Gegenleistung für den Leistungserbringer einen Wert hat (weil sie eben knapp ist). Für die Kartellrechtsdurchsetzung ist es daher sehr hilfreich, die ökonomische Perspektive hier zu übernehmen, um eine Kartellrechtsdurchsetzung nicht schon daran scheitern zu lassen, dass mit den Nutzern nicht direkt, sondern eben nur indirekt Umsätze generiert werden.[4]

Die zweite Neuerung ist die Einführung einer neuen transaktionswertabhängigen Schwelle für die Fusionskontrolle, die ab einem Transaktionswert von 400 Mio. Euro greift. Zusätzlich zu den bisher bestehenden Schwellenwerten sind nun auch Transaktionen anmeldepflichtig, die eine Zusammenschlusstatbestand des § 37 GWB darstellen, wenn (1) die beteiligten Unternehmen insgesamt weltweite Umsatzerlöse von mehr als 500 Mio. Euro im letzten Geschäftsjahr vor dem Zusammenschluss erzielt haben, (2) im Inland im letzten Geschäftsjahr vor dem Zusammenschluss (a) ein beteiligtes Unternehmen Umsatzerlöse von mehr als 25 Millionen Euro erzielt hat und (b) weder das zu erwerbende Unternehmen noch ein anderes beteiligtes Unternehmen Umsatzerlöse von jeweils mehr als 5 Millionen Euro erzielt haben, (3) der Wert der Gegenleistung für den Zusammenschluss mehr als 400 Mio. Euro beträgt und (4) das zu erwerbende Unternehmen nach Nr. 2 in erheblichem Umfang im Inland tätig ist.

Die transaktionswertabhängige Schwelle von 400 Mio. Euro ist somit eine Alternative zur zweiten Inlandsumsatzschwelle und führt zu einer Ausdehnung des deutschen Fusionskontrollregimes. Hintergrund der Einführung dieser neuen wertorientierten Aufgreifschwelle war die Übernahme von WhatsApp durch Facebook im Jahr 2014, die in vielen Ländern einer fusionskontrollrechtlichen Prüfung entzogen war, da die Umsätze der beteiligten Unternehmen die existierenden Umsatzschwellenwerte nicht erreichten.

Während der Ansatz zweifelsohne aus ökonomischer Sicht richtig ist, da sich das Potenzial eines Unternehmens gerade bei jungen, innovativen Firmen eher im Kaufpreis als in den Umsätzen des letzten Jahres zeigt, ist die gewählte Schwelle von 400 Millionen Euro ist vergleichsweise hoch. In den USA etwa besteht eine Notifizierungspflicht in jedem Fall ab einem Transaktionswert von 312 Mio. US$ und bei Erwerbern mit einem Umsatz oder eigenem Unternehmenswert von mehr als 156 Mio. US$ eine Notifizierungspflicht ab einem Transaktionswert von 84,4 Mio. US$[5]. Diese deutlich geringeren Werte gelten, obgleich der US-Markt viel größer ist als der deutsche Markt. Daher sollte die Schwelle in Deutschland, wenn überhaupt, unter der amerikanischen liegen, nicht aber bei einem mehr als fünffachen Wert.

2.4 Mehr Datenschutz durch Kartellrecht?

Eine nach wie vor offen diskutierte Frage ist, ob kartellrechtliche Kontrollinstrumente auch dazu genutzt werden sollten, den Datenschutz zu unterstützen. Eine Möglichkeit etwa wäre, bei der kartellrechtlichen Kontrolle von Fusionen und Kooperationen auch die Gefährdungen in den Blick zu nehmen, die sich aus einer Kombination von Datenbeständen ergeben könnten. Sollte etwa bei einer völlig hypothetischen Fusion von EON, BMW, Facebook und einer Bank das etwaige, ggf. auch missbräuchliche Poolen von Daten eine Rolle spielen? Sollten Datenschützer gar ein eigenes Mitspracherecht bei Unternehmensfusionen bekommen?

Die beiden Vorschläge mögen vordergründig sinnvoll erscheinen, sind aber letztlich doch eher kritisch zu bewerten. Die Fusionskontrolle ist ein Instrument der Gefahrenabwehr, bei der präventiv die Entstehung von Marktkonstellationen verhindert werden soll, die besonders anfällig für (a) den unilateralen Missbrauch von marktbeherrschenden Stellungen, (b) eine Kartellierung oder kollusives Verhalten und/oder (c) eine andersartige erhebliche Minderung wirksamen

Wettbewerbs sind. Diese Ex-ante-Kontrolle wird vor allem deswegen bevorzugt, weil sich die Ex-post -Kontrolle des Missbrauchs marktbeherrschender Stellungen oder kollusiven Verhaltens als sehr schwierig und oftmals fast unmöglich erweist. Die Fusionskontrolle ist somit ein imperfektes institutionelles Substitut angesichts der Unvollkommenheit der nachträglichen Missbrauchsaufsicht und der Kontrolle kollusiven Verhaltens.

Für die Verletzung datenschutzrechtlicher Bestimmungen dürfte dies jedoch nicht gelten. Eine Verletzung datenschutzrechtlicher Vorschriften sollte auch ex post entdeckt und abgestellt werden können, ohne dass dazu eine – sehr kostspielige – Entflechtung des fusionierten Unternehmens notwendig wäre.

Während in der Fusionskontrolle datenschutzrechtliche Aspekte keine Berücksichtigung finden, spielen sie in der kartellrechtlichen Missbrauchsaufsicht eine gewisse Rolle. Aktuell untersucht das Bundeskartellamt etwa, ob Facebook gegenüber seinen Nutzern zu sehr in die Privatsphäre eingreift und zu viele individuelle Nutzerdaten kombiniert und so den Nutzern schadet. Allerdings ist dies der weltweit erste Fall dieser Art, bei dem die Wahl des Datenschutzstandards kartellrechtlich untersucht wird. Schwierig ist die Untersuchung auch deshalb, weil die Kombination von Daten tendenziell zu Produktverbesserungen führt, wie etwa einen Newsstream, die näher an den individuellen Nutzerinteressen ist. Zugleich suggeriert die bisherige empirische und experimentelle Evidenz, dass ein Großteil der Verbraucher zwar öffentlich behauptet, sorgsam mit persönlichen Daten umzugehen und dafür auch Mühen in Kauf zu nehmen, dieselben Individuen jedoch gegen kleinste Anreize bereit sind, persönliche Informationen preiszugeben. In der Literatur wird dieses Phänomen auch als „Privacy Paradox" bezeichnet (vgl. auch Norberg, Horne und Horne 2007; Acquisti, Taylor und Wagman 2016, Benndorf und Normann 2017).

3. Big Data und Preisbildung

3.1 Personalisierte Preise

Verwandte, aber doch andere wettbewerbspolitische Fragen ergeben sich aus der Möglichkeit, durch die Analyse von Kundendaten gezielte Preisdifferenzierung zu betreiben (vgl. dazu schon Acquisti und Varian 2005 sowie Genth 2016, Schleusener 2016, Kenning und Pohst 2016 sowie Reinartz et al. 2017). Traditionell haben etwa im Supermarkt und im Kaufhaus die Kunden – in aller Regel – denselben Preis bezahlt, wenngleich auch über zeitlich begrenzte Sonderaktionen („Super Samstag" etc.) sowie Coupons schon lange eine gewisse Preisdifferenzierung erfolgt. Beim Autokauf war die Preisdifferenzierung durch individuelle Preisverhandlungen immer schon der Standard, hier hängt und hing der tatsächlich gezahlte Preis auch stark vom Verhandlungsgeschick der Akteure ab. Im Supermarkt jedoch galt dies nicht, personalisierte Preise sind hier im Grunde, anders als etwa auf dem Basar, unbekannt.

Oftmals wird vermutet, dass insbesondere im Online-Bereich von einer Zunahme der intertemporalen Preisdifferenzierung („dynamic pricing") als auch einer stärker auf persönlichen Merkmalen (wie etwa der Such- und Kaufhistorie) beruhenden Preisdifferenzierung („personalised pricing") auszugehen ist.[6] Durch Big Data getrieben würden bald allen Kunden maßgeschneiderte Preis abverlangt, das Lehrbuchideal der perfekten Preisdifferenzierung könne bald umgesetzt werden, bei der jeder Kunde genau das zahlt, was er gerade noch maximal zu zahlen bereit ist, so die Prognose. Jedoch scheint das Verhältnis von Spekulation und selbst unter Wissenschaftlern verfestigten urbanen Mythen einerseits[7] zu belastbaren empirischen Fakten andererseits bei diesem Thema fast gegen unendlich zu laufen, womöglich erste Anzeichen für eine postfaktische Wissenschaft.

Während die intertemporale Preisdifferenzierung („dynamic pricing") in der Tat zuzunehmen scheint (vgl. Zander-Hayat, Dormurath und Groß 2016; Schleusener 2016; Reinartz et al. 2017), gibt es für eine Zunahme der personalisier ten Preissetzung bisher kaum belastbare Evidenz. Die Expertise von Schleusener und Hosell (2015) für den Sachverständigenrat für Verbraucherfragen beim Bundesminister für Justiz und Verbraucherschutz zum Thema „Personalisierte Preisdifferenzierung im Online-Handel" jedenfalls kam zu dem Ergebnis, dass lediglich bei hochpreisigen Pauschalreisen eine Differenzierung nach Nutzermerkmalen sowie nach Betriebssystem ersichtlich wurde. Für niedrigpreisige Pauschalreisen konnte dieser Unterschied ebenso wenig nachgewiesen werden wie für die anderen experimentell getesteten Branchen (Tourismus-Flugreise, Consumer Electronics, Sportartikel, Mode, Versicherungen, Spielwaren, Medien/Tonträger, Food/Pet Food, Drogerie, Gartenmöbel). Gleichwohl wird von der Politik[8] wie von Verbraucherschützern (vgl. Zander-Hayat, Domurath und Groß, 2016) schon ein Verbot erwogen.

Warum aber findet sich online (noch) nicht mehr individuelle Preisdifferenzierung, wo doch Big Data Analytics dies nahelegt? Schleusener und Hosell (2015) nennen drei Gründe: Erstens sei es ökonomisch betrachtet unwahrscheinlich, „dass Unternehmen kundenindividuelle Preise erfolgreich einsetzen können, und zwar aufgrund fehlender Professionalität im Pricing, fehlendem Wissen über Preisbereitschaften der Konsumenten und der Herausforderungen, die die Preisbildung über mehrere Vertriebskanäle und Preissuchmaschinen mit sich bringen." Anders ausgedrückt, waren also trotz Big Data 2015 die Algorithmen noch nicht so gut, dass die tatsächliche Zahlungsbereitschaft der Kunden tatsächlich ermittelt werden kann. Dies sollte sich aber bald ändern, wenn immer bessere Algorithmen entstehen. Zweitens könnten Verbraucher jedoch „über eigene Maßnahmen, angefangen über Boykott über den Einsatz von Agenten bis hin zur Nutzung von manipulierten Daten, eine aus Unternehmenssicht erfolgreiche Umsetzung kundenindividueller Preise schwierig bis unmöglich machen." Und drittens mache der Wettbewerb die Preisdifferenzierung schwierig, da „ein Abschöpfen individueller Preisbereitschaften bei geringen Suchkosten im Internet bei aktivem Suchverhalten der Konsumenten unmöglich" sei. Ein vierter

Grund, den Schleusener und Hosell (2015) nicht explizit aufführen, kann darin liegen, dass (zu) starke Preisdifferenzierungen von Kunden als unfair empfunden werden können und dies wiederum beim Unternehmen einen Reputationsschaden verursachen kann. Eine experimentelle Studie von Richards, Liaukonyte und Streletskaya (2016) lässt das nicht unplausibel erscheinen. Wie Sie zeigen, ist für die Kunden in ihrem „Experiment" die Preisdifferenzierung umso weniger akzeptabel, je größer der beobachtbare Spread der Preise ist. Die Kaufwahrscheinlichkeit wird im Experiment signifikant negativ beeinflusst. Haben Kunden jedoch selbst ein Vorschlagsrecht für Preise, sind sie durchaus bereit, ein wesentlich größeres Ausmaß an Preisdifferenzierung zu akzeptieren. Richards, Liaukonyte und Streletskaya (2016) belegen im Übrigen auch, dass Kunden keine allgemeine Aversion gegen Ungleichheit haben. Sie empfinden Richards, Liaukonyte und Streletskaya (2016) zufolge Preise nur dann als unfair, wenn sie selbst mehr als andere bezahlen sollen. Von zentraler Bedeutung sind die sog. Referenzpreise, von welchen die Kunden bei ihrer Beurteilung der verlangten Preise ausgehen.

Für Deutschland belegen Reinartz et al. (2017), dass eine personalisierte Preissetzung oftmals das Fairness-Empfinden der Kunden stört und mit Reputationsschäden für die Unternehmen verbunden sein kann. Somit setzt auch das Fairness-Empfinden der Verbraucher der Preisdifferenzierung Grenzen, auch wenn sie dadurch nicht unmöglich wird.

Während im Internet die Konkurrenz meistens wirklich nur „einen Klick entfernt" ist, gilt dies im stationären Handel weniger. Vor allem bei relativ geringwertigen Gütern des täglichen Bedarfs wie Lebensmittel und Drogerieartikel spielt der Online-Handel noch eine sehr untergeordnete Rolle. Dies könnte aus verschiedenen Gründen auch durchaus so bleiben, da der noch immer vorhandene (wenn auch kleine) Lieferverzug und die mangelnde Bequemlichkeit der Lieferung (etwa aufgrund der Notwendigkeit, zuhause zu sein), den Online-Einkauf hier *relativ* unattraktiv machen (etwa im Vergleich zu dauerhaften Gütern, die nicht täglich genutzt werden). Es ist zu erwarten, dass auch in absehbarer Zukunft der größte Teil der Verbraucher Lebensmittel und Drogerieartikel weitgehend im stationären Handel erwerben wird.

Im stationären Lebensmitteleinzelhandel (LEH) sind aktuell zwei interessante Tendenzen auszumachen: Zum einen werden zunehmend elektronische Preisschilder eingeführt, welche – prinzipiell wie an Tankstellen – eine schnelle Preisänderung ohne hohe Transaktionskosten („dynamic pricing") ermöglichen. Zum anderen arbeiten diverse Unternehmen wie etwa Kaiser's Tengelmann (bis zur endgültigen Übernahme durch Edeka und Rewe), Penny, Rossmann und in der Schweiz Migros mit individualisierten Rabatt-Coupons, welche den Kunden auf ihr Smartphone gesendet werden oder welche nach Einlesen einer Kundenkarte, auf der die Einkaufshistorie gespeichert wird, durch Ausdruck am Automaten in der Filiale erhalten können („personalised pricing"). In der Schweiz sollen etwa 80% der Kunden die Migros-Kundenkarte nutzen (vgl. Lebensmittelzeitung 2016). Sind die Kunden jedoch erst einmal in einer Filiale, sind die Wechselkosten ungleich höher als beim Online-Handel, sodass eine differenzierte, individualisierte Preisbildung sich einfacher durchsetzen lässt, auch weil der Preisvergleich so tendenziell schwieriger wird, da die Coupons vor Betreten der Filiale nicht abrufbar sind.

Perspektivisch ist denkbar, dass wir so in die Nähe individualisierter Preise kommen, auch wenn aktuell die entsprechenden Algorithmen die Kunden immer noch einer relativ überschaubaren Anzahl von Gruppen zuordnen dürften. Gleichwohl bedeutet dies, dass im Supermarkt bzw. in der Drogerie dann im Grunde nur noch Höchstpreise ausgezeichnet werden, die nur für diejenigen gelten, die keine Coupons besitzen. Studien zum Umgang mit privaten Daten zeigen zugleich (vgl. etwa Acquisti, Taylor und Wagman 2016; Benndorf und Normann 2017), dass der Großteil der Individuen zwar vorgibt, dass Privatheit und Datenschutz einen hohen Wert für sie hätten, zugleich aber bereit ist, für (sehr) kleine Geldbeträge sehr viel über sich preiszugeben. Diese offenbar recht weit verbreitete Haltung wird auch als Privacy Paradox bezeichnet. Relevant ist dies, weil sich absehen lässt, dass – wenn etwa 80% der Schweizer die Migros-Kundenkarte nutzen – lediglich die 20% der Nicht-Nutzer die ausgezeichneten (Höchst-)Preise zahlen.

Dies hätte zum einen Implikationen für die Vorgehensweise bei der kartellrechtlichen Marktabgrenzung. Es wäre zu überlegen ob nicht separate Märkte abzugrenzen wären, so wie das Bundeskartellamt dies im deutschen Stromendkundenmarkt tut (vgl. Bundeskartellamt 2009; Monopolkommission, 2011, Tz. 172 ff.). Vor allem aber wurden die etwas faulen und trägen Verbraucher bisher indirekt durch die sog. Schnäppchenjäger geschützt. Weil letztere nur bei günstigen Preisen kaufen, haben die etwas phlegmatischen Verbraucherinnen und Verbraucher indirekt davon profitiert. Zwar haben Einzelhändler durch temporäre Sonderangebote und Schlussverkäufe versucht, auch die Schnäppchenjäger anzuziehen (vgl. Varian 1980). Dies könnte in Zukunft anders sein, wenn viele Kunden – ausgerüstet mit ihrer Kundenkarte, auf der die Einkaufshistorie gespeichert wird – maßgeschneiderte Rabattcoupons erhalten und damit auch individuelle Preise zahlen. Die Preisdifferenzierung zwischen Kundengruppen wird daher erheblich zunehmen.

Im Einzelhandel mit Elektronikprodukten oder auch Lebensmitteln mag das – rein ökonomisch gesehen – nicht tragisch sein. Ein gesamtwirtschaftlicher Wohlfahrtsverlust wird dadurch nicht direkt ausgelöst, es kommt lediglich zu einer Umverteilung von Renten, sowohl zwischen Herstellern (Produzentenrente) und Verbrauchern (Konsumentenrente) als auch zwischen verschiedenen Typen von Verbrauchern (träge Konsumenten vs. „Schnäppchenjäger"). Allerdings stellen sich für die Kartellrechtspraxis nun diffizilere Fragen bei der Marktabgrenzung.

Schwieriger wird die Beurteilung bei Versicherungen. Auch bei Autoversicherungen, deren Tarif hypothetisch an die freiwillige Übermittlung von Fahrdaten geknüpft wird, mag dies gesellschaftlich nicht nur akzeptabel sein, sondern sogar gewünschte Anreize zu einem vorsichtigen Fahren bieten. Wer vorsichtig fährt, zahlt dann zurecht weniger. Dies wiederum erhöht die Anreize, vernünftig zu fahren und dürfte die Effizienz der Marktergebnisse tendenziell eher steigern als schmälern.

Problematisch könnte es – zumindest theoretisch – bei Krankenversicherungen sein, die – mit Ausnahme der privaten Krankenversicherungen – dezidiert solidarisch angelegt sein sollen. Nehmen wir an, ein Versicherer bietet Rabatte für die Kunden an, die sich durch Armbänder, Uhren und sog. Wearables überwachen lassen (vgl. dazu Budzinski und Schneider 2017). Leicht ist vorstellbar, dass es zu einer Sogwirkung kommt, an deren Ende 80% der Versicherten Rabatte bekommen und nur 20% nicht, weil sie entweder – elektronisch überwacht – zu wenig Sport treiben, zu wenig schlafen oder zu viel trinken oder weil sie nicht in die Überwachung einwilligen. In der Tat zeigen experimentelle Untersuchungen, wie z. B. von Benndorf und Normann (2017), dass lediglich 10 bis 20% der Probanden nicht bereit waren, ihre eigenen persönlichen Daten zu verkaufen bzw. gegen einen geldwerten Vorteil preiszugeben. Benndorf, Kübler und Normann (2015) belegen experimentell, dass eine solche Sogwirkung entstehen kann.

Auf Märkten für Krankenversicherungen etwa könnte dies schnell zu einer Entsolidarisierung führen, welche bisher politisch gerade nicht erwünscht war. Die freiwillige Informationspreisgabe zu untersagen, berührt jedoch womöglich das Recht auf informationelle Selbstbestimmung – wieder läge dann ein schwieriger Balanceakt im Umgang mit individuellen Rechten vor uns.

Allerdings sollte dieses (theoretische) Problem auch nicht überstrapaziert werden. Durch die Pflicht der gesetzlichen Krankenversicherungen, jeden in die Grundversorgung aufzunehmen, gibt es keine Möglichkeit, schlechte Risiken ganz auszusortieren. Dies kann auch deswegen nicht gelingen, weil nicht nur eine Aufnahmepflicht besteht, sondern auch der Mindestleistungskatalog in der Grundversorgung vorgeben wird. Insofern sind der Entsolidarisierung Grenzen gesetzt. Die Zusatzversicherungen oder privaten Krankenversicherungen, welche sich diese Big Data getriebenen Möglichkeiten zu Nutze machen können und dies auch tun, sind wiederum ohnehin nicht vom Solidaritätsgedanken getragen, sondern ganz bewusst vom Solidaritätsprinzip ausgenommen, welches eben nur für die Mindestabsicherung gilt.

Obwohl bisher die individualisierte Preisbildung kaum systematisch – jenseits anekdotischer Evidenz – zu beobachten ist, hat sich jüngst der Petitionsausschuss des Deutschen Bundestages dafür ausgesprochen, die individualisierte Preisgestaltung im Online-Handel in den Fokus verbraucherrechtlicher Untersuchungen zu stellen.[9] Die praktische Relevanz des vermeintlichen Problems scheint jedoch deutlich überschätzt zu werden (vgl. auch Reinartz et al. 2017).

3.2 Dynamische Preisbildung[10]

Wie oben bereits erwähnt, ist die dynamische Preisbildung von der personalisierten Preissetzung zu unterscheiden. Während zwar insbesondere die oben beschriebenen individuellen Preise im Fokus einiger Kritiker stehen, wird auch die dynamische Preisdifferenzierung, bei der Preise im Zeitablauf variieren, teilweise mit großer Skepsis betrachtet. Neben einzelnen Politikern haben sich insbesondere Verbraucherschützer, aber auch der Präsident des Bundeskartellamtes in der Vergangenheit kritisch zu dem Thema geäußert[11]. „Dynamische Preisbildung muss Verbraucherinnen und Verbrauchern nach klaren Regeln transparent dargestellt werden", heißt es nun im Koalitionsvertrag. Was das genau impliziert, ist noch unklar. Klar ist aber, dass das Thema auf der politischen Agenda steht.

Ökonomisch betrachtet können differenzierte Preise nicht nur Vorteile für Unternehmen-, sondern auch auf der Konsumentenseite bringen. Schließlich kann ein höherer Preis für den einen Kunden gleichzeitig als „Rabatt" für den anderen interpretiert werden. Diese „Schizophrenie der Preisdiskriminierung" spiegelt sich auch in deren Bewertung durch den Kunden wider: Fragt man Kunden nach ihrer Meinung zur Preisdiskriminierung, stößt man in der Regel auf breite Ablehnung. Fragt man jedoch nach Schlussverkäufen und Rabattaktionen, dreht sich das Bild fast vollständig. Auch aufgrund dieser Ambivalenz stellt sich nun die Frage, ob Preisdifferenzierung insgesamt mehr schadet oder mehr nützt? Wäre es unter dem Strich gesamtgesellschaftlich vorteilhafter, Einheitspreise zu verlangen und somit Personen und Kaufsituationen nachhaltig gleich zu behandeln? Die ökonomische Theorie gibt darauf eine klare Antwort: Im Vergleich zu Einheitspreisen erzeugt die Preisdiskriminierung regelmäßig positive Wohlfahrtseffekte und zwar zum einen für Unternehmen, zum anderen aber auch für einen Teil der Nachfrager. Einerseits können Unternehmen bei erfolgreicher Preisdifferenzierung höhere Margen bei zahlungskräftigen Kunden durchsetzen. Andererseits würden Unternehmen den Einheitspreis aus ökonomischen Überlegungen heraus in der Regel über der maximalen Zahlungsbereitschaft eines Teils der Konsumenten ansetzen, sodass dieses Segment vom Kauf ausgeschlossen wird. Dieser zweite Effekt induziert konsumentenseitig positive Wohlfahrtseffekte im Vergleich zu Einheitspreisen gerade für weniger zahlungskräftige bzw. -willige Nachfrager.

Trotz der potenziell positiven Auswirkungen differenzierter Preise für den Kunden, bleiben häufig Vorbehalte gegenüber solchen Maßnahmen aufgrund ihrer mangelnden wahrgenommenen Fairness bestehen. Als unfair bewertete Praktiken können sich dabei schnell auf die Kundenloyalität und das Markenimage auswirken. Um genauer zu verstehen, welche Formen von Preisdiskriminierung als besonders (un-)fair bewertet werden, haben wir gemeinsam mit dem Kölner Institut für Handelsforschung (IFH) eine repräsentative Studie durchgeführt, in der wir vier Formen zzgl. einer Situation der Differenzierung ohne ersichtlichen Grund untersucht haben (vgl. Reinartz et al. 2017).

Grundsätzlich lässt sich feststellen, dass Kunden differenzierte Preise fast durchweg als unfair empfinden. Im Gegensatz zu Richards, Liaukonyte und Streletykaya (2016) hat sich dies in unserer Untersuchung selbst dann ergeben, wenn die betroffenen Kunden einen *niedrigeren* Preis gezahlt hätten, durch die Diskriminierung also bevorteilt worden wären. Zwar waren die Studienteilnehmer in diesem Fall mit dem von ihnen gezahlten Preis zufrieden, attribuierten diesen Vorteil jedoch eher dem Zufall. Dabei erkannten sie das unmittelbare Risiko, beim nächsten Kauf vor höheren Preisen nicht geschützt zu sein. Die fehlende Kontrolle darüber, auf welcher Seite des Preisunterschiedes man sich als Kunde wiederfindet, führt letztlich zu einem Gefühl der unfairen Preispraxis.

Darüber hinaus konnten wir erhebliche Unterschiede zwischen den verschiedenen Formen der Preisdifferenzierung identifizieren. Am fairsten wird eine Bevorteilung von Mitgliedern in einem Loyalitätsprogramm (Besitzer von Kundenkarten) wahrgenommen. Der Grund dafür ist, dass die Teilnahme an einem Loyalitätsprogramm über eine sog. Selbstselektion („self selection") herbeigeführt, d.h. Kunden entscheiden eigenmächtig über seine Mitgliedschaft. Somit unterliegt hat der Kunde einen hohen Grad an Kontrolle. Je nach Ausgestaltung ist auch die klassisch dynamische Preisdifferenzierung für Konsumenten vergleichsweise weniger inakzeptabel – zumindest, wenn Preise nicht kurzfristig geändert werden. Unsere Studie gibt Hinweise darauf, dass es durchaus Unterschiede in der Bewertung und somit auch der Durchsetzungsfähigkeit von Maßnahmen der Preisdiskriminierung gibt. Für Unternehmen, die differenzierte Preise anwenden, ist es unabdingbar, die Folgen ihrer Preispraktiken für die langfristige Kundenbeziehung einzuschätzen und nach Möglichkeit relativ ‚faire' Mechanismen anzuwenden, um diese nicht zu beschädigen.

Vor dem Hintergrund dieser Erkenntnisse, haben wir uns anschließend der Frage gewidmet, wie Preissetzung und -differenzierung in der Unternehmenspraxis ausgestaltet werden. Über einen Zeitraum von vier Wochen haben wir dazu Preise im stationären und digitalen Handel beobachtet. Erfasst wurden die Produktkategorien Parfüm, Schuhe und Consumer Electronics. Insgesamt konnten wir 3.446 Preise stationärer Händler und 299.513 Online-Preise analysieren.

Die Preisbeobachtungen ergaben, dass zwar erhebliche Unterschiede *zwischen* Händlern, also in der wettbewerbsbezogenen Preis*setzung*, jedoch wesentlich geringere *innerhalb* der betrachteten Händler existieren (d.h. unterschiedliche Preise in den Kanälen oder für verschiedene Zeitpunkte). Bei der Preis*diskriminierung* sind die Unternehmen folglich zurückhaltend. Zwar findet dynamisches Pricing statt, doch liegt die Bandbreite der Preisanpassungen deutlich hinter der Bandbreite der Preisschwankungen im Wettbewerb. So änderten fast 90% aller stationären Händler und 57% der Online-Händler ihre Produktpreise kein einziges Mal in dem vierwöchigen Beobachtungszeitraum. Bei knapp 6% der Händler wurden Abweichungen der Preise von über 15% (bezogen auf den Durchschnittspreis) festgestellt und nur sehr wenige passten Preise wirklich regelmäßig an. Demgegenüber stehen je nach Produktkategorie erhebliche Preisabweichungen zwischen Händlern (> 30% des Durchschnittspreises) in mehr als 20% aller Fälle. Kunden profitieren somit abhängig von der Produktkategorie eher von einer intensiven Preissuche, als dass sie durch mögliche dynamische Preisdiskriminierung potenziell benachteiligt werden.

Bezogen auf Kanalunterschiede (online vs. offline) zeigt sich, dass das Preisniveau im Internet überwiegend unter dem stationären Niveau liegt. So sind über die drei Kategorien hinweg 80 % der produktspezifischen Durchschnittspreise online günstiger als stationär. Für Elektronikprodukte ist das Verhältnis, vermutlich aufgrund der ausgeprägten Preistransparenz und -sensitivität der Kunden, ausgewogener. Auch wird deutlich, dass viele Händler online und offline noch immer unterschiedliche Preise für dieselbe Leistung verlangen, wenn diese Unterschiede auch häufig nicht groß sind.

Zusammenfassend lässt sich feststellen, dass die technischen Möglichkeiten für den Einsatz differenzierter Preise und der hierdurch entstandene öffentliche Diskurs der unternehmerischen Praxis weit voraus sind. Grund ist nicht nur die mögliche Trägheit auf Unternehmensseite. Vielmehr sprechen kundenseitige Barrieren der Akzeptanz „unfairer" Preisdiskriminierung gegen eine flächendeckende Einführung bestimmter Diskriminierungsmechanismen.

3.3 Preisfindung durch Algorithmen und Kartellierung

Das dritte große Thema zur Preisfindung mit Hilfe von Big Data sind sogenannte Preisalgorithmen. Unternehmen verwenden zunehmend Preisanpassungssoftware, denn dynamische Preisanpassungsalgorithmen versprechen Händlern eine verbesserte, d.h. gewinnsteigernde Preissetzung. Allerdings kann die Verwendung entsprechender Software auch wettbewerbliche Probleme mit sich bringen und damit auch kartellrechtliche Risiken für die Unternehmen.[12]

Typischerweise sammelt eine Preisfindungssoftware diverse Markt- und Kundendaten (Konkurrenzpreise, Verbraucherverhalten, Saisoneinflüsse, etc.) und empfiehlt dem Händler einen Preis oder legt diesen sogar selbst fest. Durch den Einsatz solcher Softwaretools kann es dann zu einer Kartellbildung kommen, wenn selbstlernende Algorithmen bei hinreichend vielen Händlern eingesetzt werden und diese lernen, dass Kartellpreise die höchsten Gewinne bringen.

Ein erster Fall der Kartellierung mit Hilfe von Algorithmen ist in den USA vor Gericht („USA vs. Topkins") behandelt worden, wenngleich der Mechanismus wesentlich plumper war als der oben vermutete Lernalgorithmus. Wie das amerikanische Department of Justice (DOJ) und die britische Competition and Markets Authority (CMA) ermittelt haben, hatten sich mehrere Händler von Postern zunächst über ein bestimmtes Preisniveau für ihre Produkte bei Amazon Marketplace verständigt. Die Einhaltung dieses Preisniveaus wurde anschließend durch eine Programmierung einer allgemein erhältlichen Preisanpassungssoftware erreicht.[13]

Kartellrechtlich schwieriger wird es jedoch, wenn es gar nicht zu einem direkten Kontakt zwischen den Wettbewerbern kommt und der Kartellpreis allein auf der Nutzung von – ggf. sogar denselben – Preisanpassungsalgorithmen beruht.

Eine kartellrechtlich problematische Abstimmung muss nicht unbedingt direkt zwischen den konkurrierenden Unternehmen erfolgen, um einen Kartelleffekt zu erzeugen. Wenn etwa ein Dritter, der nicht unmittelbar im Wettbewerb mit den anderen Beteiligten steht, den Beteiligten einen Preisvorschlag unterbreitet und die betroffenen Anbieter wissen, dass ihre Wettbewerber den Preisvorschlag auch erhalten haben, ist dies kartellrechtlich heikel. Die 2016 ergangene „E-Turas"-Entscheidung (C-74/14) des Europäischen Gerichtshofs (EuGH) basiert auf genau einem solchen Fall. E-Turas ist der Betreiber eines Online-Reisebuchungssystems in Litauen. Angeschlossene Reisebüros bieten über eine einheitliche von E-Turas festgelegte Buchungsform, Reisen über ihre Website an. E-Turas forderte angeschlossene Reisebüros über den systeminternen Messenger auf, den Rabatt für Onlinebuchungen auf höchstens 3% zu begrenzen. Den Reisebüros war es zwar theoretisch weiterhin möglich, ihren Kunden auch einen höheren Rabatt als 3% einzuräumen. Allerdings hätte dies zusätzlicher technischer Formalitäten bedurft. Faktisch räumten die beteiligten Reisebüros daher einen einheitlichen Rabattsatz von 3% ein. Der EuGH wertete dies als Verstoß gegen das Kartellverbot.

Die beiden bisher beschriebenen Fälle benötigen keine Big Data Analytics zur Kartellierung. Jedoch kann auch die bloße Nutzung von Preisanpassungssoftware kartellrechtlich problematisch sein, selbst bei jeglichem Fehlen direkter oder indirekter Kommunikation zwischen Wettbewerbern, da die Preisalgorithmen wettbewerblich sensible Informationen sammeln und für die Preissetzung verwerten. Bekommt die Software solche Informationen unmittelbar von einem ebenfalls angeschlossenen Wettbewerber, ist das in jedem Fall kartellrechtlich heikel. Aus ökonomischer Sicht kann selbst das unilaterale Einsammeln der Preisdaten von Wettbewerbern und die Nutzung für die algorithmische Preisfindung problematisch sein (vgl. dazu auch Schmidt 2016), wenn dies zu kartellanalogen Preisen führt. Leicht vorstellbar ist, dass eine selbst lernende Software erkennt, dass Kartellpreise zu höheren Gewinnen führen als Wettbewerbspreise, sofern auch andere Händler Kartellpreise setzen. Gleichwohl gibt es bei dieser Art der automatisierten und ggf. sogar völlig unbewussten Abstimmung kartellrechtlich momentan kaum eine Eingriffsmöglichkeit, sodass für Verbraucher durchaus Risiken in der Preisbildung durch Algorithmen bestehen.

4. Die Sharing Economy: Besseres Matching und mehr Vertrauen

In der Nutzung umfangreicher Daten können aber nicht nur Risiken, sondern vor allem auch große Vorteile für Verbraucher und Unternehmen liegen, indem neue Geschäftsmodelle entstehen. Zahlreiche Modelle der sog. „Sharing Economy“[14], für welche Ride-Sharing Dienste wie Lyft, Uber und BlaBlaCar, Carsharing-Angebote oder AirBnB prominente Beispiele sind, basieren auf der intelligenten Nutzung von Daten.

Das Teilen von Ressourcen ist prinzipiell nichts Neues: Mitfahrzentralen, Wohngemeinschaften und Mitwohnzentralen sind schon immer der Idee gefolgt, Ressourcen und Fixkosten zu teilen (Haucap 2015; Peitz und Schwalbe 2016). Vor dem Aufkommen professioneller Online-Vermittlungen war die Konkurrenz durch Mitfahr- und Mitwohnzentralen für die Bahn und Taxis bzw. Hotels und Pensionen jedoch überschaubar, erst durch die Digitalisierung und die damit einhergehenden technischen Möglichkeiten ist das rasante Wachstum der sogenannten Sharing Economy ausgelöst worden.

Zwei Gründe sind dafür im Wesentlichen maßgeblich: Erstens reduziert das Internet die Suchkosten in ganz erheblicher Weise, das „Matching“ von Anbietern und Nachfragern auch für kleine Transaktionen (wie eine kurze Stadtfahrt oder eine Übernachtung) wird durch Online-Plattformen wesentlich einfacher (vgl. z. B. Benjafaar et al. 2015). Und zweitens löst das Internet das Problem fehlenden Vertrauens zwischen ehemals weitgehend anonymen Anbietern und Nachfragern. In der Vergangenheit war es aufgrund zahlreicher Informationsprobleme riskant, die eigene Wohnung Fremden zu überlassen oder diese im Auto mitzunehmen bzw. bei diesen mitzufahren, sodass zahlreiche Transaktionen einfach unterblieben. Über Bewertungs- und Reputationsmechanismen kann die Anonymität des Marktes überwunden werden, indem Vertrauen durch Reputationsmechanismen induziert wird. Nicht zufällig ist etwa bei Uber oder AirBnB wie schon bei eBay das gegenseitige Bewerten nach einer Transaktion ein zentraler Punkt für das Funktionieren der Plattformen (vgl. etwa Horton und Zeckhauser 2016; Bolton, Greiner und Ockenfels 2013; Einav, Farronato und Levin 2016; Tadelis 2016).

Da somit erstens die Suchkosten reduziert (vgl. bereits Bakos, 1997) und das Matching von Anbietern und Nachfragern erheblich vereinfacht wird und zweitens die Problematik fehlenden Vertrauens überwunden werden kann, können nun private Transaktionen realisiert werden, die in der Vergangenheit an eben diesen Transaktionskosten regelmäßig gescheitert sind (vgl. Allen und Berg 2014; Codagnone und Martens 2016). Zwischen Unternehmen ist das Teilen von Ressourcen hingegen schon lange üblich. Das prominenteste Beispiel mag der Maschinenring in der Landwirtschaft sein, ein moderneres sind Cloud Computing-Angebote (vgl. dazu Bräuninger et al. 2012).

Durch das vermehrte Teilen von Ressourcen zwischen Privatpersonen ergeben sich jedoch auch wirtschaftspolitisch bedeutsame Fragen (vgl. etwa Edelman und Geradin 2016; Dittmann, 2016; Codagnone und Martens 2016): Werden etwa soziale Standards und gesetzliche Regulierungen umgangen und wird so ein unfairer Wettbewerb zwischen gewerblichen und privaten Anbietern von Autofahrten ausgelöst, der gewerbliche Anbieter künstlich benachteiligt? Ist die aktuelle Regulierung angesichts des technischen Fortschritts noch zeitgemäß und sachgerecht? Und: Was bedeuten die neuen Angebote für Verbraucher?

Ganz allgemein lässt sich prognostizieren, dass auf langfristigen Geschäftsbeziehungen oder aber auf Regulierung basierendes Vertrauen weniger wichtig wird, da über Datenauswertungen und Reputationssysteme Substitute bereitstehen, die auch einen kurzfristigen Aufbau von Vertrauen ermöglichen.

Das Teilen knapper Ressourcen, das so einfacher möglich wird, ist ökonomisch gesehen effizient, da die Ausnutzung von ansonsten ungenutzten Ressourcen so gesteigert werden kann. Hier liegen auch im sog. P2P-Bereich deutliche Effizienzpotenziale, die nicht zu leichtfertig durch eine zu strikte Regulierung vergeben werden sollten. Der Ansatz mit Umsatzschwellen und Grenzwerten zu arbeiten, wie eben bei Mini-Jobs oder im Umsatzsteuerrecht, erscheint hier vielversprechend. Sinnvoll erscheint eine Regulierung, bei der ab gewissen Schwellenwerten Anbieter als gewerblich eingestuft werden, solange sie nicht das Gegenteil belegen können, während umgekehrt Anbieter unterhalb dieser

Schwellenwerte als private Anbieter gelten (vgl. auch Haucap und Kehder 2018).

Die Stadt Amsterdam etwa hat mit AirBnB eine Vereinbarung getroffen, dass Vermieter nicht als gewerblich eingestuft werden, sofern sie ihre Wohnung an weniger als 60 Tagen im Jahr vermieten. AirBnB kümmert sich zugleich um die Erhebung der City Tax. Ähnliche Regulierungen wären auch für Ride Sharing-Modelle wie Uber denkbar: Bietet jemand an weniger als X Tagen im Monat oder im Jahr seine Dienste an oder verdient jemand weniger als Y Euro, so könnte dies als nicht gewerbliche Tätigkeit klassifiziert werden, ähnlich wie dies implizit immer bei Mitfahrgelegenheiten der Fall war. Die Werte für X und/oder Y wären politisch zu diskutieren. Im Gegensatz zum Komplettverbot von Uber und AirBnB könnten so Effizienzpotenziale gehoben und sinnvolle Transaktionen ermöglicht werden.

5. Breitbandausbau und digitales Unternehmertum

Um die veränderten Geschäftsmodelle und das stärkere Teilen zu ermöglichen, wird die notwenige digitale Infrastruktur benötigt. Der Breitbandausbau ist eines der politisch stark priorisierten Ziele der Bundesregierung. Im aktuellen Koalitionsvertrag findet sich der Breitbandausbau als eines der ersten Themen unter dem Stichpunkt „Digitalisierung“. Konkret heißt es dort: „Wir bringen die Gigabit-Netze in alle Regionen: 10 bis 12 Mrd. Euro für flächendeckende Glasfaser-Netze, möglichst direkt bis zum Haus. Beseitigung bestehender Funklöcher. Vorreiterrolle beim Aufbau des Echtzeit-Mobilfunkstandards 5G. Freies WLAN an allen öffentlichen Einrichtungen, Zügen und Bahnhöfen der Deutschen Bahn.“ (CDU, CSU und SPD, 2018, S. 12).

In der Tat ist eine moderne Telekommunikationsinfrastruktur für die wirtschaftliche Entwicklung von hoher Bedeutung, wie zahlreiche Studien immer wieder demonstriert haben, seitdem Röller und Waverman (2001) die prinzipielle Bedeutung von Kommunikationsinfrastrukturen für die wirtschaftliche Entwicklung belegt haben (vgl. etwa Koutroumpis 2009; Czernich et al. 2011; Kolko 2012; Falck, Haucap und Kühling 2014; Gruber, Hätönen und Koutroumpis 2014; OECD 2016; Minges 2015). Auch die OECD (2016, S. 43) führt in ihrem Economic Outlook aus: „Investment spending has a high-multiplier and good-quality infrastructure projects, including additional spending on clean energy projects, education, skills and telecommunication, would help to support future growth and the capacity of the economy to deliver higher living standards. (…) Options for telecommunication include investment in high-speed broadband networks and deeper fibre deployment." Und weiter heißt es dort: „More specifically, increasing investment in public infrastructure that effectively raises growth potential in the medium term (e.g. high-speed broadband networks) and can stimulate private investment in the short term" (OECD 2016, S. 46). Die Bedeutung effizienter Investitionen in eine moderne Kommunikationsinfrastruktur ist erheblich und daher auch als eines der Ziele im Telekommunikationsgesetz (TKG) angelegt.

Dem Digital Scoreboard der Europäischen Kommission (2017) zufolge ist die Breitbandversorgung in Deutschland im europäischen Vergleich – entgegen anderer Meinungen – überdurchschnittlich, wenn auch nicht in der Spitzenklasse.[15] So ist ein fester Breitbandanschluss in Deutschland für 98% aller Haushalte verfügbar, und auch sogenannte NGA („Next Generation Access") Anschlüsse stehen 84% aller deutschen Haushalte (76% im EU-Durchschnitt) zur Verfügung. Auch in ländlichen Gegenden können 89% der Haushalte einen Breitbandanschluss erhalten. Nachholbedarf besteht in Deutschland allerdings bei *schnellen* Breitbandanschlüssen mit mehr als 30 Mbit/s Download-Geschwindigkeit sowie bei mobilem Breitband. Nur 28% der deutschen Haushalte beziehen einen schnellen Festnetzzugang zum Internet; hier liegt Deutschland in der EU auf Platz 13. Und auch bei mobilem Breitband ist Deutschland mit 79 Anschlüssen auf 100 Einwohner (90 in der EU) unterdurchschnittlich.

Gleichwohl muss angemerkt werden, dass der Breitbandausbau allein nur ein *notwendiger* Baustein ist, um die

Digitalisierung in Deutschland voranzutreiben. Zum einen hat Deutschland ohnehin gewisse natürliche Standortnachteile für solche Innovationen, die Verbraucher direkt betreffen wie etwa Amazon, Google, Facebook, AirBnB, Uber, Ebay etc. Im Gegensatz zu den USA und anderen Märkten ist Englisch nicht unsere Muttersprache, zudem ist der deutsche Markt ohnehin schon kleiner als die USA oder auch China. Innovationen für Verbraucher werden daher sicher nur selten zuerst in Deutschland entwickelt und getestet.

Zum anderen sind aber auch die Rahmenbedingungen in Deutschland für Gründer und Innovatoren oftmals wenig gut, da beispielsweise die Regulierung vieler Bereiche sehr strikt ist wie etwa der tendenziell unternehmensfeindliche Datenschutz. In der Kombination können natürliche und institutionelle Standortnachteile eine toxische Mischung für den Standort ergeben. In der Tat ist heute unter den 20 größten Internetunternehmen der Welt kein einziges europäisches. Unter den 20 größten Tech-Unternehmen der Welt ist immerhin SAP, allerdings auch seit langem das einzige deutsche Unternehmen. Deutschland droht den Anschluss in diesem wichtigen Zukunftsfeld zu verlieren. Es wird daher auch nicht ausreichen, noch mehr und schnelleres Breitband zu vergraben, wenn die Rahmenbedingungen nicht stimmen, um interessante Dienste und Inhalte zu entwickeln.[16] Die Entwicklung interessanter Angebote und Plattformen scheitert vielmehr an anderen Dingen, wie z. B. die Rückständigkeit von Behörden und öffentlichen Institutionen im Bereich der Digitalisierung. Die Expertenkommission für Forschung und Innovation (EFI) der Bundesregierung hat von einer „digitalen Service-Wüste in deutschen Amtsstuben" gesprochen (vgl. EFI 2016). Die Europäische Kommission (2017) hat Deutschland in ihrem jährlichen European Digital Progress Report im Bereich E-Government unter den 28 EU-Staaten gerade auf Platz 20 gerankt.[17] Auch bei der Verfügbarkeit öffentlicher Daten (Open Data) liegt Deutschland zurück.[18] Da aber gerade in der digitalen Welt viele neue Dienste auf der Verarbeitung und intelligenten Nutzung von Daten basieren, ist ein Knausern mit öffentlichen Daten eher innovationshemmend. Der strikte Datenschutz sowie die regelmäßig

Untersagung oder mindestens strikte Regulierung neuer Geschäftsmodelle tut ihr übriges.

Vor diesem Hintergrund ist es zu begrüßen, wenn die Bundesregierung sich dem Abbau regulatorischer Hemmnisse widmet. Im Koalitionsvertrag heißt es dazu: „Unser Ziel sind starke deutsche und europäische Akteure der Plattformökonomie, deshalb wollen wir vorhandene Hemmnisse abbauen. Wir setzen uns für ein level playing field ein, dazu gehören auch die Rechte von Beschäftigten und Verbrauchern. Dazu werden wir die Mitwirkung der Plattformen einfordern." (CDU, CSU und SPD 2018, S. 44). Der Nachholbedarf beim Thema E-Government scheint auch erkannt worden zu sein, denn im Koalitionsvertrag verspricht die Bundesregierung, eine bürgernahe, digitale Verwaltung zu schaffen: „Digitales Bürgerportal für Bürger und Unternehmen, das praktisch alle Verwaltungs-dienstleistungen elektronisch verfügbar macht. Prinzip „Digital First": Vorrang digitaler Verwaltungsleistungen vor Notwendigkeit zu persönlichem Erscheinen oder Schriftform" (CDU, CSU und SPD 2018, S.12). Und auch beim Datenschutz erscheint die Problematik zumindest erkannt worden zu sein, wenn im Koalitionsvertrag steht: „Wir setzen uns für eine innovationsfreundliche Anwendung der Datenschutzgrundverordnung ein. Verbraucher müssen ihre persönlichen Daten einfach und unkompliziert von einer Plattform zu einer anderen Plattform transferieren können. Daher wollen wir die Datenportabilität und Interoperabilität sowie die Rechte der Nutzer stärken" (CDU, CSU und SPD 2018, S. 47). Diese Versprechen geben zumindest Anlass zur Hoffnung.

6. Ausgesuchte Beispiele des datengetriebenen, digitalen Wandels

6.1 Der Wandel der urbanen Mobilität: Car-und Ride-Sharing

Starke Veränderungen werden im Zuge der Digitalisierung für den Verkehrsbereich erwartet. Langfristig wird das autonome Fahren Taxen vermutlich überflüssig machen und auch für die Bahn eine starke Konkurrenz werden. Sollten sich zudem mehr und mehr Bürger für das Teilen des Autos, also Car Sharing (vgl. dazu Shaheen und Cohen 2013), entscheiden, wird auch der Autohandel zunehmend unwichtiger. Ob dann bisherige Autovermieter, die ja im Grunde bereits seit langer Zeit Car Sharing betreiben, das Geschäft machen, die Automobilhersteller selbst, Unternehmen wie Google oder auch ganz neue Anbieter, ist heute schwer abzusehen. Ebenso ist heute unklar, ob die Bürgerinnen und Bürger weniger oder doch sogar mehr Autos nachfragen und besitzen werden, da Rebound-Effekte eintreten könnten, wenn durch Peer-to-Peer Car Sharing die Nettokosten der Haltung eines Automobils sinken sollten (vgl. auch Peitz und Schwalbe 2016). Eine ökologische Gesamtbewertung ist daher keineswegs trivial (dazu auch Heinrichs 2013).

Ein in vielen Jurisdiktionen kontrovers diskutiertes Beispiel ist zudem das oben schon angesprochene Beispiel der Plattform Uber, welche Fahrten im urbanen Nahverkehr vermittelt. Trotz dieser Kontroverse – oder vielleicht gerade wegen ihr – wird heute wohl fast jeder konzedieren, dass die Regulierung des Taximarktes völlig überholt und antiquiert ist (vgl. etwa Monopolkommission 2012, 2014; Pape und Wein 2015). Forderungen nach einer Ortskundeprüfung im Zeitalter von Smartphones und Stadtplandiensten erinnern stark an den Heizer auf der E-Lok, der vermutlich demnächst vom Lokführer im selbstfahrenden Zug begleitet wird. Vor allem aber werden weder Taxifahrer noch Fahrgäste durch die Regulierung von Mindestpreisen in Verbindung mit einer künstlichen Lizenzverknappung (mit Ausnahme von Hamburg und Berlin) geschützt, sondern ausgebeutet. In der Folge blüht nicht nur der Handel mit den Lizenzen zu fünfstelligen Euro-Beträgen[19], sondern auch Schwarzarbeit und Steuerhinterziehung sind im Taxigewerbe ganz besonders verbreitet (vgl. Linne + Krause 2016) – die Folge eines dramatischen Politikversagens.

Eine Studie des Berliner Taxigewerbes im Auftrag des Berliner Senats etwa kam zu folgenden Ergebnissen: „Die übergroße Mehrheit der Berliner Taxis (ca. 77%) werden von irregulär arbeitenden Unternehmen betrieben. (…) Die wenigen noch regulär arbeitenden Taxibetriebe sind einem dramatischen Verdrängungswettbewerb ausgesetzt, der in erster Linie um die Ressource „Fahrpersonal" ausgetragen wird. Zugang zu Fahrpersonal hat derjenige Unternehmer, der seinen Fahrern Zugriff auf Schwarzeinnahmen und – mit Hilfe unzutreffender Lohnnachweise – Zugriff auf staatliche Transferleistungen verschafft. (...) Aus der u. a. personell bedingten unzulänglichen Aufsicht konnte sich flächendeckend ein Milieu entwickeln, das mittels Steuerhinterziehung und Sozialbetrug die öffentlichen Kassen in hohem Maße schädigt und eine beispiellose Wettbewerbsverzerrung hervorgebracht hat." (Linne + Krause 2016, S. 99 f.). Die Vorstellung, im Taxigewerbe würden sozialversicherte Angestellte zu Mindestlöhnen oder höherer Entlohnung geregelter Arbeit nachgehen, muss ins Reich der romantischen Träumereien verbannt werden. Gleichwohl unterliegen selbst Ökonomen diesem Trugschluss, wenn sie etwa die Realität der Uber-Fahrer mit einem hypothetischen, vom Gesetzgeber erträumten Taxigewerbe vergleichen, das jedoch in der Realität nicht existiert. Diese Art der Analyse ist von Demsetz (1969) vor fast 50 Jahren als Nirwana-Ansatz gebrandmarkt worden. Was also läuft falsch auf dem Taxi-Markt?

Auf dem Markt für wenig qualifizierte Arbeitskräfte herrscht intensiver Wettbewerb. Neben der Gastronomie sowie Reinigungs- und Sicherheitsdiensten ist das Taxigewerbe ein wichtiger Arbeitgeber für wenig qualifizierte Arbeitnehmer mit ungewöhnlichen Berufswegen. Die künstliche Verknappung der Lizenzen führt nun dazu, dass viele Arbeitnehmer um wenige Jobs konkurrieren, da jede Taxi-Lizenz nur 24 Stunden am Tag im Einsatz sein kann und nicht mehr als ein Fahrer pro Taxi simultan benötig wird. Die Folge: Die potenziellen Fahrer konkurrieren sich im Lohn massiv nach unten. Durch den Mindestlohn ist dies vorerst scheinbar gestoppt, aber der Konkurrenzdruck bleibt. Die Folge dürfte sein, dass die Fahrer sich durchsetzen, die die wenigstens Skrupel haben, Regeln zu umgehen. Die Erfahrungen aus Berlin (vgl. Linne + Krause 2016) lassen andere Schlüsse jedenfalls als naiv erscheinen.

Mit der Digitalisierung hat dies im Übrigen jedoch rein

gar nichts zu tun – im Gegenteil: Die Digitalisierung bringt plötzlich Konkurrenz in das Geschäft der oft monopolistisch organisierten Funkzentralen. Taxifahrer sind viel weniger von einer einzigen Funkzentrale abhängig, wenn sie auf MyTaxi, Uber etc. ausweichen können. Durch den Markteintritt von Uber Taxi, die angeblich etwa 5% Kommission verlangen, hat MyTaxi die Kommission von zuvor maximal 12% auf 7% gesenkt. Der Wettbewerb wirkt also – und zwar zugunsten der Fahrer! Dass den ehemals monopolistischen Funkzentralen sowie den großen Taxiunternehmen, die oft an den Funkzentralen beteiligt sind, dies nicht gefällt, ist klar. Mit der Sorge um die Verbraucher haben die Proteste jedoch nichts zu tun.

Durchaus sinnvoll können hingegen Vorschriften zu Versicherungspflichten sowie Anforderungen an Fahrer und Fahrzeug sein (vgl. Monopolkommission 2016, Peitz und Schwalbe 2016; Dittmann 2016), zumindest ab gewissen Umsatzschwellen. Hier mag man sich etwa an den Grenzwerten bei der Umsatzsteuerpflicht oder für sog. Mini-Jobs orientieren. Nicht jede Mitfahrgelegenheit sollte sofort von der Bürokratie erdrosselt werden, denn das Teilen von Ressourcen – die Sharing Economy – ist nicht nur ökonomisch, sondern oft auch ökologisch vorteilhaft. Es gilt nicht, neue Geschäftsmodelle unter altes Recht zu zwängen, sondern das Recht so anzupassen, dass ökonomisch und ökologisch sinnvolle Aktivitäten nicht verhindert werden.[20] Bei Überschreiten der Schwellenwerte – welche sich auf den Verdienst in Euro, die gefahrenen Kilometer, die als Fahrer zugebrachte Zeit oder auch eine Kombination aus allem ergeben können – sollten dann die Regelungen für professionelle Taxifahrer gelten. Diese Regulierung ist jedoch zuvor selbst zu entrümpeln, etwa gemäß den Vorschlägen der Monopolkommission (2014, 2016). Auf Ortskundeprüfungen kann sicher ebenso verzichtet werden wie auf Mindest- und Festpreise. Langfristig könnten auch Höchstpreise abgeschafft werden, da durch mobile Apps der Preisvergleich selbst für Ortsfremde einfach möglich ist. Ebenfalls zu streichen ist die quantitative Begrenzung der Taxilizenzen, welche die Lizenzpreise auf dem Graumarkt nach oben treibt. Qualitative Vorgaben hinsichtlich Fahrzeug und Fahrer sind als Regulierungsmaßnahmen auf jeden Fall ausreichend. Bei funktionsfähigem Wettbewerb kann ggf. selbst darauf verzichtet werden, da über die heutigen Apps Fahrer und Fahrzeuge bewertet werden können und so Interesse an einem guten Ruf besteht.

Im Übrigen: Die ultimative Bedrohung für Taxiunternehmen und auch die Taxifahrer sind nicht Uber & Co., sondern – wie eingangs erwähnt – die Entwicklung des selbstfahrenden Autos. Bis es soweit ist, kann jedoch ein sinnvoller Regulierungsrahmen mit Schwellenwerten und Mindeststandards dafür sorgen, dass die durch Ride Sharing möglichen Effizienzgewinne nicht leichtfertig vergeben werden. Dass solche Effizienzgewinne durch eine bessere Auslastung von PKW und Fahrern möglich sind, haben etwa Cramer und Krueger (2016) für die USA und Haucap et al. (2017) für Deutschland gezeigt. Während Taxifahrer rund 30% ihrer Arbeitszeit mit Fahrgästen verbringen (und somit 70% der Zeit auf Gäste warten), haben Uber-Fahrer – aufgrund der Kombination von moderner Software und einer nachfrageorientierten Preissetzung – eine nahezu doppelt so hohe Auslastungsrate und somit erhebliche Effizienzgewinne.

6.2 Der Wandel des Literaturbetriebs: Amazon

Noch werden nicht einmal 20% der Bücher in Deutschland über den Online-Buchhandel vertrieben, die weit überwiegende Mehrheit der Literatur wird durch den stationären Buchhandel (knapp 50%) oder die Verlage selbst (rund 21%) verkauft.[21] Doch auch dies wird sich ändern. Der stationäre Buchhandel dürfte langfristig deutlich schrumpfen, trotz Buchpreisbindung. Die Buchpreisbindung verhindert zwar den Preiswettbewerb, nicht aber den Wettbewerb an sich. Der Wettbewerb verlagert sich lediglich auf Parameter wie Beratung, Sortimentsbreite, Zahlungsmöglichkeiten, Verfügbarkeit, Lieferzeiten, und andere Parameter. Bei den meisten dieser Parameter sind Online-Händler wie Amazon nicht zu schlagen. Aufgrund von Big Data ist die Beratung fast zwangsläufig besser: Amazon weiß besser, was die Kunden wollen, als der durchschnittliche Buchhändler das wissen kann. Die Sortimentsbreite ist online ohnehin kaum zu schlagen. Für den stationären Handel sprechen heute vor allem noch die kurzen Lieferzeiten – man kann das Buch direkt mitnehmen. So ist es kein Wunder, dass gerade Amazon stark in Drohnen und moderne Logistik investiert. Vor allem aber die zunehmende Verbreitung von Ebooks wird dem stationären Buchhandel langfristig das Leben schwermachen (vorher sterben jedoch noch die Videotheken aus). Dann hat Amazon auch in der Lieferzeit eher noch einen Vorteil gegenüber dem stationären Handel. Niemand wird Ebooks im stationären Buchhandel kaufen. Auch wenn es heute für viele noch ungewohnt ist, ein Ebook statt einem gedruckten Exemplar zu lesen, sind die Vorteile der Ebooks langfristig deutlich: Geringe Kosten bei Herstellung und Distribution (zudem ökologische Vorteile), ein Platzbedarf und ein Gewicht von (fast) null sowie neue Möglichkeiten wie einfache Querverweise (Links) werden dem Ebook langfristig (mit der möglichen Ausnahme von Bildbänden) zum Durchbruch verhelfen. Die Leser können dann im Grunde die gesamte Weltliteratur in der Jackentasche mit sich herumtragen.

In der Folge dürfte auch die Buchpreisbindung bald Makulatur sein, wenn Bücher in Zukunft nicht mehr verkauft werden, sondern nur noch Zugang zum Ebook geschaffen wird, so wie dies heute schon bei Netflix (für Filme) oder Spotify (für Musik) der Fall ist. Statt einmaligen Kaufpreisen werden dann periodische Abonnement-Gebühren fällig. Denn Bücher bieten sich – vor allem in digitaler Form – ideal zum Teilen an. Ein Ebook ist im Grunde grenzkostenlos mehrnutzbar, es rivalisiert nicht im Konsum. Von daher ist die Entwicklung zugangsbasierter Geschäftsmodelle wie bei im audiovisuellen Medienbereich (Netflix, Spotify) zumindest mittelfristig wahrscheinlich. Denn viele Individuen sind ultimativ nicht an Büchern per se interessiert, sondern an deren Inhalten, also an Literatur, Kochrezepten, Reisetipps etc.

Ist diese Entwicklung ein Drama? Für Nostalgiker sicherlich – nüchtern betrachtet jedoch nicht. Produktions- und Distributionskosten werden erheblich sinken und damit auch die Fixkosten der Buchproduktion (und auch der Verbrauch natürlicher Ressourcen und die Umweltbelastung). Der Zugang zu Literatur wird somit günstiger und für noch mehr Individuen erschwinglich. Bei sinkenden Kosten wird auch die Vorauswahl dessen, was gedruckt werden kann, durch die Verlage weniger wichtig. Im Grunde lassen sich auch alle Nischenprodukte – der sog. Rattenschwanz oder „Long Tail" – nun produzieren. Buchempfehlungen durch die Aufnahme eines Autors in ein Verlagsprogramm werden weniger wichtig. Die Signalling-Funktion durch die Aufnahme in ein Verlagsprogramm oder eine Edition (etwa Suhrkamp versus Bastei Lübbe) verliert an Bedeutung, da zahlreiche Plattformen eine Unzahl von Rezensionen und Bewertungen anbieten.

Durch diese Entwicklung wird auch für die Verlage das Leben schwer. Welche Rolle spielen sie noch, wenn die Vorauswahl von Autoren und Werken sowie die Produktion und Distribution gedruckter Werke weniger bedeutsam werden? Der Zugang zu Literatur dürfte jedoch wie gesagt für viele Menschen erheblich günstiger werden. Und ebenso dürften mehr Autoren (der o.g. „Long Tail") Zugang zu Lesern finden – für die publizistische Vielfalt eher eine schöne Entwicklung. Das Verlagswesen wird jedoch tendenziell schrumpfen und an Bedeutung verlieren, während Literaturplattformen wie Amazon an Bedeutung gewinnen.

Wichtig wird es daher sein, Verbrauchern und Autoren den Wechsel der Anbieter weiter zu ermöglichen und ggf. für Interoperabilität zu sorgen. Dies gilt insbesondere, falls eine starke Konzentration zu beobachten sein wird. Denn Multihoming scheint hier bei den Lesern aufgrund der unterschiedlichen inkompatiblen Endgeräte weniger wahrscheinlich. Zugleich sind auch Exklusivvereinbarungen zwischen Plattformen und Autoren kritischer zu betrachten als die bisherige Exklusivvermarktung durch den jeweiligen Verlag. Die kartellrechtliche Aufsicht über marktbeherrschende Literaturplattformen wie Amazon wird somit tendenziell an Bedeutung gewinnen (vgl. zu Amazon auch Budzinski und Köhler 2015; Köhler 2016). Gleichwohl ist davon auszugehen, dass der Zugang zu Literatur günstiger wird und die publizistische Vielfalt im Literaturbetrieb aufgrund der sinkenden Herstellungs- und Distributionskosten zunehmen wird.

6.3 Der Wandel der Medienlandschaft

Auch die Medienlandschaft hat sich durch die Digitalisierung erheblich verändert. Insbesondere in der Tagespresse ist es aus zweierlei Gründen zu einem erheblichen Einbruch der Erlöse gekommen. Zum einen ist das Anzeigengeschäft in zahlreichen Rubriken in das Internet abgewandert, vor allem Stellenanzeigen, Immobilieninserate und Anzeigen für gebrauchte Kfz. Allein Todesanzeigen scheinen der Presse aktuell noch zu bleiben, wenngleich auch hier schon Online-Angebote existieren. Der Komfort des Suchens, die fehlenden Platzbeschränkungen und die geringen Kosten sprechen dafür, dass die meisten Anzeigen auch im Internet bleiben werden.

Zugleich hat sich das Mediennutzungsverhalten geändert. In der Vergangenheit haben viele Leser die regionale Tageszeitung vor allem wegen der regionalen und lokalen Inhalte abonniert. Politik- und Wirtschaftsnachrichten sowie die Sportberichterstattung sowie Neuigkeiten aus aller Welt, das tägliche TV-Programm und die regionale Wetterprognose wurden im Bündel gleich mitgeliefert, auch wenn dieser Mehrwert nicht ausschlaggebend für den Kauf gewesen sein mag. Durch das Internet ist es nun zu einer Entbündelung dieser Inhalte gekommen. Aktuelle Nachrichten, Wetterprognosen, Wirtschaftsnachrichten und Sportergebnisse erhalten die Leser im Internet unentgeltlich. Hier greift die Logik des Wettbewerbs bei hochgradig austauschbaren Produkten bzw. Inhalten: Die Konkurrenz drückt den Preis auf die Grenzkosten und der ist bei Informationsprodukten im Internet gleich null. Stattdessen versuchen viele Zeitungen über die Vermarktung von Anzeigen Erlöse zu generieren.

Der Mehrwert der Politik- und Wirtschaftsnachrichten, der Sportberichterstattung sowie der Neuigkeiten aus aller Welt, des täglichen TV-Programms und der regionalen Wetterprognose in der Tageszeitung sind für die Leser drastisch gesunken. Für die Leser stellt sich daher nun die Frage, ob der Kauf der Tageszeitung allein aufgrund der Lokalnachrichten noch lohnt oder doch darauf verzichtet wird. Somit sind auch die Erlöse auf dem Lesermarkt unter Druck, zumindest für die Zeitungen, die keine unverwechselbaren Inhalte haben, die es nicht gratis im Internet gibt. Zugleich wird durch die ungebremste Ausdehnung der öffentlich-rechtlichen Telemedienangebote der Presse das Leben auch abgabenfinanziert noch schwer gemacht.[22]

Viele Presseerzeugnisse werden daher in der heutigen Form als Druckerzeugnisse verschwinden. Ist das tragisch? Für die Gesellschaft als Ganzes nicht unbedingt. Qualitätsjournalismus wird sich halten, denn es gibt keinen Grund, warum intelligente Menschen dafür nicht auch in Zukunft bezahlen würden. Individuen sind ultimativ nicht an Zeitungen interessiert, sondern an deren Inhalten. Die Markteintrittsbarrieren, um eigene Einsichten und Ansichten zu verbreiten, sind aber heute so niedrig wie nie zuvor. Die rezipierbare Meinungsvielfalt wird durch das Internet weiter drastisch zunehmen. Zugleich werden Falschmeldungen viel einfacher aufzuspüren sein als bisher, d.h. auch die Kontrolle der Medien durch die Öffentlichkeit steigt.

Wettbewerbspolitisch bedeutet dies in der Tat, dass über die Pressefusionskontrolle etwas entspannter nachgedacht werden kann. Die bisher stets hochgehaltene Vermutung, dass es zu Markteintritten in bzw. aus benachbarten Kreisen kommen könnte, um aus einem sog. Ein-Zeitungskreis einen Zwei-Zeitungskreis werden zu lassen, erscheint in einem schrumpfenden Markt ziemlich unwahrscheinlich.

Zu überdenken wäre in diesem Kontext aber auch die Rolle des öffentlich-rechtlichen Fernsehens. Traditionell wurde die Notwendigkeit des öffentlich-rechtlichen Rundfunks mit verschiedenen Marktversagenstheorien begründet, die heute nicht mehr anwendbar sind. Insbesondere die raschen technologischen Veränderungen der vergangenen Jahre lassen traditionelle Begründungen für ein so umfassendes öffentlich-rechtliches Rundfunkangebot auf wackeligen Beinen stehen. War die Zahl möglicher Fernsehkanäle früher technologisch begrenzt und damit auch die Möglichkeit der Erstellung eines umfangreichen und anspruchsvollen Fernsehprogramms, so besteht diese Beschränkung heute nicht mehr. Zudem sind die finanziellen Anforderungen zum Betreiben eines Fernsehkanals stark gesunken und heute relativ niedrig, sodass besonders hohe Eintrittskosten kaum noch als Argument für die Existenz eines öffentlich-rechtlichen Rundfunkangebotes Gültigkeit besitzen. Zusätzlich schwächt die immer stärker werdende Nutzung des Internets als Hauptinformationsmedium die Sonderstellung der öffentlich-rechtlichen Rundfunkanstalten in der Sicherung der Meinungsvielfalt.

Neue technologische Möglichkeiten stellen heute ein äußerst umfangreiches Programmangebot bereit mit etwa 400 TV-Programmen in Deutschland, zahlreichen Video-on-Demand-Angeboten und neuen Kommunikationskanälen. Diese Angebotsvielfalt sorgt für eine Meinungsvielfalt, die insbesondere durch das Internet ein zuvor nicht dagewesenes Ausmaß erreicht.

Paradoxerweise hat das weitgehende Verschwinden früher womöglich einmal existierender Marktversagenstatbestände jedoch nicht zu einer Rückführung öffentlich-rechtlicher Programmangebote geführt, sondern – ganz im Gegenteil – zu einer noch weiteren Expansion und aktiven Verdrängung privater Inhalte, insbesondere im Internet.

So können die öffentlich-rechtlichen Sender innerhalb des dualen Rundfunksystems mittlerweile ein beachtliches Produktionsvolumen mit 21 Fernsehkanälen, 63 Radiosendern sowie neuerdings auch eigenen Internetformaten aufweisen.

Diese stetige Expansion der öffentlichen-rechtlichen Rundfunkanstalten hat dazu geführt, dass der öffentlich-rechtliche Rundfunk in Deutschland mittlerweile zu den größten und teuersten in der Welt gehört (vgl. Haucap, Kehder und Loebert, 2015). Insbesondere die Gebührenhöhe muss unter Berücksichtigung der besonderen Kostenstrukturen von Rundfunksendern beurteilt werden, die eine deutliche Degression der Durchschnittskosten mit steigenden Zuschauerzahlen erwarten lassen: Bei gleicher Versorgungsqualität sollte der Finanzierungsbeitrag pro Haushalt oder Einwohner tendenziell mit der Bevölkerungszahl sinken, da auch die Durchschnittskosten pro Zuschauer sinken. Unter diesem Aspekt ist es besonders bemerkenswert, dass Deutschland als eines der bevölkerungsreichsten und recht dicht besiedelten Länder eine Spitzenposition beim Rundfunkbeitrag einnimmt. Dies kann als Indikator für eine weit überdurchschnittliche Versorgung der Bevölkerung gewertet werden.[23]

Das ultimative Schreckensszenario für den öffentlich-rechtlichen Rundfunk ist ein hochqualitatives und anspruchsvolles privates Fernsehprogramm. Sobald dieses entsteht, wird die Legitimation eines mit Zwangsbeiträgen finanzierten Rundfunks noch dürftiger. Daher tut der öffentlich-rechtliche Rundfunk einiges dafür, genau dies zu verhindern. Langfristig wird es jedoch schwer sein, eine solche Entwicklung aufzuhalten.

6.4 Andere Branchen

Die bisherigen Erörterungen können nur exemplarisch und illustrativ sein, denn die Digitalisierung erfasst alle Branchen, über Landwirtschaft 4.0 und Industrie 4.0 über die Logistik, Finanzdienstleistungen und Handel bis hin zu Gesundheit, Bildung und Unterhaltung sind alle Wirtschaftszweige von der Digitalisierung erfasst. Während in manchen Bereichen die Digitalisierung schon zu vollständigen Umwälzungen geführt hat (wie etwa in der Musikindustrie) stehen diese Entwicklungen anderen Branchen – wenn auch vermutlich nicht mit gleicher Wucht – bevor. Über Machine-to-Machine-Kommunikation im Bereich Industrie 4.0 und Landwirtschaft 4.0, den Einsatz von Big Data zu Analysezwecken, neue Produktionsprozesse, andere Preisstrategien, autonomes Fahren (besonders im Bereich Logistik) oder neue Diagnose- und Behandlungsmöglichkeiten im Bereich der Gesundheit – die Herausforderungen sind vielfältig und oftmals eine Änderung des Rechtsrahmens notwendig, um die Chancen nicht verstreichen zu lassen. Hier ist die Bundesregierung und auch die Europäische Kommission gefordert, für entsprechende Rahmenbedingungen zu sorgen. Dies wird nicht immer einfach sein, da jede Innovation und jeder Strukturwandel Gewinner und Verlierer erzeugt, die potenziellen Verlierer aber einfacher zu identifizieren und politisch meistens besser vernetzt sind als noch wenig bekannte Newcomer (vgl. auch Haucap 2016). Das politische Gleichgewicht ist gerade in einer alternden Geselschaft oftmals so, dass der Status Quo tendenziell beibehalten wird, um etablierte Anbieter – auf Kosten von Verbrauchern und neuen Unternehmen – zu schützen (Haucap 2016).

7. Fazit

Zusammenfassend ist eines klar: Die Digitalisierung und Big Data werden unser Leben in vielen Bereichen – viel mehr als in diesem Beitrag angesprochen werden kann – erheblich verändern. Es bieten sich dadurch erhebliche Chancen für die Individuen und somit auch die Gesellschaft als Ganzes. Wichtig ist aber, nicht starr an Rechtsnormen festzuhalten, sondern diese immer wieder ob ihrer Sinnhaftigkeit zu überprüfen, so wie dies etwa im Rahmen der 9. GWB-Novelle für das Kartellrecht erfolgt ist.[24] Dies sollte Teil einer wirklich umfassenden „Digitalen Agenda" sein. Aktuell wird auf viele Veränderungen mit Verboten und Regulierung reagiert, ganz gleich ob es die Verbote von Uber und AirBnB, die Preisbindung für E-Books, das Leistungsschutzrecht für Presseverlage oder das Versandhandelsverbot für rezeptpflichtige Arzneimittel. Zugleich hängt Deutschland im Bereich E-Government und Open Data dem Digital Scoreboard der Europäischen Kommission (2017) zufolge international hinterher. Die Expertenkommission Forschung und Innovation (2016) spricht von einer digitalen „Service-Wüste in deutschen Amtsstuben".

Da aktuell jedoch zahlreiche Einzelmaßnahmen aus verschiedenen Ressorts unkoordiniert verfolgt werden, fehlt offenbar der Blick für das große Ganze. Zudem wird es Interessengruppen einfach gemacht, mit politischen Maßnahmen gegen die Digitalisierung zu stemmen. Manchmal entsteht der Eindruck, Deutschland solle in ein analoges Museum verwandelt werden. Dies zu verhindern wird Aufgabe der neuen Staatsministerin für Digitalisierung bei der Bundeskanzlerin sein.

Unterstützen könnte diese eine Digitalisierungskommission nach dem Vorbild der Deregulierungskommission der frühen 1990er-Jahre. Eine solche Kommission sollte Maßnahmen*bündel* vorschlagen, die weniger leicht von einzelnen Interessengruppen (Apothekern, Taxiunternehmen, Verleger, Hoteliers etc.) sabotiert werden können.

Als Alternative bliebe das, was Ronald Reagan einst wie folgt beschrieben hat: „Government's view of the economy could be summed up in a few short phrases: If it moves, tax it. If it keeps moving, regulate it. And if it stops moving, subsidize it." Eine solche Entwicklung gilt es zu verhindern.

Literatur

Acquisti, A. und H.R. Varian (2005), Conditioning Prices on Purchase History, *Marketing Science*, 24, S. 367-381.

Acquisti, A., C. R. Taylor und L. Wagman (2016), The Economics of Privacy, *Journal of Economic Literature*, 54, S. 442-492.

Allen, D. und C. Berg (2014), The Sharing Economy: How Over-regulation Could Destroy an Economic Revolution, Institute of Public Affairs.

Ammori, M. und L. Pelican (2012), Competitors` Proposed Remedies for Search Bias: Search „Neutrality" and Other Proposals, *Journal of Internet Law*, 15 (11), S. 8-31.

Argenton, C. und J. Prüfer (2012), Search Engine Competition with Network Externalities, *Journal of Competition Law and Economics* 8 (1), 73-105.

Bakos, J. Y. (1997), Reducing Buyer Search Costs: Implications for Electronic Marketplaces, *Management Science* 43, S. 1676-1692.

Bardhi, F. und G.M. Eckhardt (2012), Access-Based Consumption: The Case for Car Sharing, *Journal of Consumer Research* 39, S. 881-898.

Belk, R. (2014), You Are What You Can Access: Sharing and Collaborative Consumption Online, *Journal of Business Research* 67, S. 1595-1600.

Benjafaar, S., D. Kong, X. Li und C. Courcoubetis (2015), *Peer-to-Peer Product Sharing: Implications for Ownership, Usage and Social Welfare in the Sharing Economy*, online verfügbar unter: http://dx.doi.org/10.2139/ssrn.2669823

Benkler, Y. (2004), Sharing Nicely: On Shareable Goods and the Emergence of Sharing as a Modality of Economic Production, *Yale Law Journal* 114, S. 273-358.

Benndorf, V., D. Kübler und H.-T. Normann (2015), Privacy Concerns, Voluntary Disclosure of Information, and Unraveling: An Experiment, *European Economic Review* 75 (1), S.43–59.

Benndorf, V. und H.-T. Normann (2017), The Willingness to Sell Personal Data, erscheint in *Scandinavian Journal of Economics*.

Bolton, G., B. Greiner und A. Ockenfels (2013), Engineering Trust: Reciprocity in the Production of Reputation Information, *Management Science* 59, S. 265-285.

Bracha, O. und F. Pasquale (2008), Federal Search Commission? Access, Fairness, and Accountability in the Law of Search, *Cornell Law Review*, 93, S. 1149-1209.

Bräuninger, M., J. Haucap, K. Stepping und T. Stühmeier (2012), Cloud Computing als Instrument für effiziente IT-Lösungen: Betriebs- und volkswirtschaftliche Potenziale und Hemmnisse, *List Forum für Wirtschafts- und Finanzpolitik* 38, S. 172-202.

Brynjolfsson, E. und A. McAfee (2014), *The Second Machine Age: Wie die nächste digitale Revolution unser aller Leben verändern wird.* Plassen-Verlag.

Budzinski, O. (2016), Wettbewerbsordnung online: Aktuelle Herausforderungen durch Marktplätze im Internet, *ORDO: Jahrbuch für die Ordnung von Wirtschaft und Gesellschaft*, 67, S. 385-409.

Budzinski, O. und K. H. Köhler (2015), Is Amazon the Next Google?, *ORDO: Jahrbuch für die Ordnung von Wirtschaft und Gesellschaft*, 66, S. 263-288.

Budzinski, O. und S. Schneider (2017), Smart Fitness: Ökonomische Effekte einer Digitalisierung der Selbstvermessung, *List Forum für Wirtschafts- und Finanzpolitik* 43, S. 89-124.

Bundeskartellamt (2009), Zusammenschlussverfahren Integra/Thüga, Beschluss vom 30. September 2009, B8-107/09, Bonn.

Bundeskartellamt (2015), Digitale Ökonomie – Internetplattformen zwischen Wettbewerbsrecht, Privatsphäre und Verbraucherschutz, Hintergrundpapier – Arbeitskreis Kartellrecht, Bundeskartellamt: Bonn.

CDU, CSU und SPD (2018), *Ein neuer Aufbruch für Europa. Eine neue Dynamik für Deutschland. Ein neuer Zusammenhalt für unser Land.* Koalitionsvertrag zwischen CDU, CSU und SPD.

Codagnone, C. und B. Martens (2016), Scoping the Sharing Economy: Origins, Definitions, Impact and Regulatory Issues, Institute for Prospective Technological Studies Digital Economy Working Paper 2016/01. JRC100369, Brüssel.

Cramer, J. und A.B. Krueger (2016), Disruptive Change in the Taxi Business: The Case of Uber, *American Economic Review*, 106, S. 177-182.

Czernich, N., O. Falck, T. Kretschmer und L. Woessmann (2011), Broadband Infrastructure and Economic Growth, *Economic Journal*, 121, S. 505-532.

Demary, V. (2015), Competition in the Sharing Economy, IW Policy Paper No. 19, Köln.

Demsetz, H. (1969), Information and Efficiency: Another Viewpoint, *Journal of Law and Economics* 12, S. 1-22.

Dewenter, R. und J. Haucap (2013), Ökonomische Auswirkungen der Einführung eines Leistungsschutzrechts für Presseinhalte im Internet (Leistungsschutzrecht für Presseverleger). Gutachten im Auftrag des Bundesverbandes der Deutschen Industrie e.V. (BDI), DICE Ordnungspolitische Perspektiven 36, Düsseldorf.

Dewenter, R. und H. Lüth (2016), Big Data aus wettbewerblicher Sicht, *Wirtschaftsdienst* 96. 648-654.

Dewenter, R. und H. Lüth (2017), Big Data: Eine ökonomische Perspektive, in: U. Immenga und T. Körber (Hrsg.), *Daten und Wettbewerb in der digitalen Ökonomie*, Nomos Verlag: Baden-Baden, S. 9-30.

Dittmann, H. (2016), Der Streitfall Uber: Eine ökonomische Analyse der Probleme und Lösungsansätze, *Wirtschaft und Wettbewerb*, 66, 466-472.

Dittmann, H. und B. Kuchinke (2015), Ordnungsökonomische Aspekte der Sharing Economy, *ORDO: Jahrbuch für die Ordnung von Wirtschaft und Gesellschaft*, 66, S. 243-262.

Dolata, U. (2015), Volatile Monopole. Konzentration, Konkurrenz und Innovationsstrategien der Internetkonzerne, *Berliner Journal für Soziologie* 24, S. 505-529.

Dolata, U. (2018), Internetkonzerne: Konzentration, Konkurrenz und Macht, in: U. Dolata und J.-F. Schrape (Hrsg.), *Kollektivität und Macht im Internet: Soziale Bewegungen, Open Source Communities, Internetkonzerne*, Springer Verlag: Berlin et al., S. 101-130.

Edelman, B.G. und D. Geradin (2016), Efficiencies and Regulatory Shortcuts: How Should We Regulate Companies like Airbnb and Uber?, *Stanford Technology Law Review* 19, 293-328.

Einav, L., C. Farronato und J. Levin (2016), Peer-to-Peer Markets, *Annual Review of Economics* 8, 615-635.

Europäische Kommission (2017), Digital Scoreboard 2017: Strengthening the European Digital Economy and Society. Europäische Kommission: Brüssel.

Evans, D. S. und R. Schmalensee (2008), Markets with Two-Sided Platforms, *Issues in Competition Law and Policy* 1, S. 667-693.

Evans, D. S. und R. Schmalensee (2015), The Antitrust Analysis of Multi-Sided-Platform Businesses, in: R. Blair and D. Sokol (Hrsg.), *Oxford Handbook on International Antitrust Economics*, Vol. 1, Oxford University Press, S. 404-449.

Expertenkommission für Forschung und Innovation (2016): Digitale Service-Wüste in deutschen Amtsstuben, online verfügbar unter: http://www.e-fi.de/fileadmin/Pressemitteilungen/Pressemitteilungen_2016/EFI_Pressemitteilung_E-Government.pdf.

Ezrachi, A. und M. E. Stucke (2016), Virtual Competition: The Promise and Perils of the Algorithm-Driven Economy, Cambridge: Harvard University Press.

Falck, O., J. Haucap und J. Kühling (2014), *Wachstumsorientierte Telekommunikationspolitik, Handlungsbedarf und -optionen*, Nomos Verlag, Baden-Baden.

Genth, S. (2016), Dynamische Preise: ein Gewinn für Handel und Verbraucher, *Wirtschaftsdienst* 96, S. 863-868.

Graef, I. (2016), *EU Competition Law, Data Protection and Online Platforms: Data as Essential Facility*, Kluwer: Alphen aan den Rijn.

Gruber, H., J. Hätönen und P. Koutroumpis (2014), Broadband Access in the EU: An Assessment of Future Economic Benefits, *Telecommunications Policy* 38, S. 1046-1058.

Hamelmann, L. und J. Haucap (2016), Wettbewerb und Kartellrecht auf Online-Plattformmärkten, *ORDO: Jahrbuch für die Ordnung von Wirtschaft und Gesellschaft* 67, S. 269-298.

Haucap, J. (2015), Ökonomie des Teilens – nachhaltig und innovativ? Die Chancen der Sharing Economy und ihre möglichen Risiken und Nebenwirkungen, *Wirtschaftsdienst* 95, S. 91-95.

Haucap, J. (2016), Warum erlahmt die Innovationsdynamik in Deutschland? Was ist zu tun?, in: Walter-Raymond-Stiftung (Hrsg.), *Digitalisierung von Wirtschaft und Gesellschaft: Die technologische Zukunftsfähigkeit Deutschlands auf dem Prüfstand*, GDA Verlag: Berlin, S. 7-18.

Haucap, J. und U. Heimeshoff (2014), Google, Facebook, Amazon, eBay: Is the Internet Driving Competition or Market Monopolization?, *International Economics and Economic Policy* 11, S. 49-61.

Haucap, J. und C. Kehder (2013), Suchmaschinen zwischen Wettbewerb und Monopol: Der Fall Google, in: R. Dewenter, J. Haucap und C. Kehder (Hrsg.), *Wettbewerb und Regulierung in Medien, Politik und Märkten: Festschrift für Jörn Kruse zum 65. Geburtstag*, Nomos-Verlag: Baden-Baden, S. 115-154.

Haucap, J. und C. Kehder (2018), Welchen Ordnungsrahmen braucht die Sharing Economy? erscheint in J. Dörr, N. Goldschmidt und F. Schorkopf (Hrsg.), *Share Economy: Institutionelle Grundlagen und gesellschaftspolitische Rahmenbedingungen*, Mohr Siebeck: Tübingen.

Haucap, J., C. Kehder und I. Loebert (2015), Eine liberale Rundfunkordnung für die Zukunft, Gutachten im Auftrag von Prometheus – Das Freiheitsinstitut, Berlin.

Haucap, J., F. Pavel, R. Aigner, M. Arnold, M. Hottenrott und C. Kehder (2017), Chancen der Digitalisierung auf Märkten für urbane Mobilität: Das Beispiel Uber, *List Forum für Wirtschafts- und Finanzpolitik* 43, S. 139-183.

Haucap, J. und T. Stühmeier (2016), Competition and Antitrust in Internet Markets, in: J. Bauer und M. Latzer (Hrsg.), *Handbook on the Economics of the Internet*, Edward Elgar: Cheltenham, S. 183-210.

Heinrichs, H. (2013), Sharing Economy: A Potential New Pathway to Sustainability, *GAIA: Ecological Perspectives for Science & Society* 22, 228-231.

Horton, J.J. und R.J. Zeckhauser (2016), Owning, Using and Renting: Some Simple Economics of the ‚Sharing Economy', NBER Working Paper No. 22029.

Kenning, P., und M. Pohst (2016), Von der Customer Confusion zur Price Confusion? – Die verbraucherwissenschaftliche Perspektive, *Wirtschaftsdienst* 96, S. 871-874.

Kersting, C. und R. Podszun (Hrsg.) (2017), *Die 9. GWB-Novelle*, Verlag C.H. Beck: München.

Kolko, J. (2012), Broadband and Local Growth, *Journal of Urban Economics* 71, S. 100-113.

Köhler, K. H. (2016), *Wettbewerbspolitische Aspekte des „Amazon-Falls"*, Peter Lang: Frankfurt am Main.

Körber, T. (2017), Ist Wissen Marktmacht? Überlegungen zum Verhältnis Datenschutz, „Datenmacht“ und Kartellrecht, in: U. Immenga und T. Körber (Hrsg.), *Daten und Wettbewerb in der digitalen Ökonomie*, Nomos Verlag: Baden-Baden, S. 81-122.

Koutroumpis, P. (2009), The Economic Impact of Broadband on Growth: A Simultaneous Approach, *Telecommunications Policy* 33, S. 471-485.

Levin, J. (2013), The Economics of Internet Markets, in: D. Acemoglu, M. Arellano und E. Dekel (Hrsg.), Advances in Economics and Econometrics

Linne + Krause (2016), Untersuchung zur Wirtschaftlichkeit des Taxigewerbes in der Bundeshauptstadt Berlin, Studie erstellt für die Berliner Senatsverwaltung für Stadtentwicklung und Umwelt.

Manne, G.A. und J.D. Wright (2011), Google and the Limits of Antitrust: The Case against the Antitrust Case against Google, *Harvard Journal of Law and Public Policy* 34 (1), S. 171-244.

Manne, G.A. und J.D. Wright (2012), If Search Neutrality is the Answer, What's the Question?, *Columbia Business Law Review* 2, S. 151-239.

Minges, M. (2015), Exploring the Relationship between Broadband and Economic Growth, Background Paper prepared for the World Development Report 2016: Digital Dividends, Weltbank: Washington, D.C.

Monopolkommission (2011), *Energie 2011: Wettbewerbsentwicklung mit Licht und Schatten*, Sondergutachten 59, Bonn.

Monopolkommission (2012), *Stärkung des Wettbewerbs bei Handel und Dienstleistungen*, 19. Hauptgutachten, Bonn.

Monopolkommission (2014), *Eine Wettbewerbsordnung für die Finanzmärkte, 20. Hauptgutachten, Bonn.*

Monopolkommission (2015), *Wettbewerbspolitik: Herausforderung digitale Märkte*, 68. Sondergutachten, Bonn.

Monopolkommission (2016), *Wettbewerb 2016, 21. Hauptgutachten, Bonn.*

Norberg P. A., D. R. Horne und D. A. Horne (2007), The Privacy Paradox: Personal Information Disclosure Intentions versus Behaviors, *Journal of Consumer Affairs*, 41, S. 100-126.

Nosko, C. und S. Tadelis (2015), The Limits of Reputation in Platform Markets: An Empirical Analysis and Field Experiment, NBER Working Paper No. 20830.

OECD (2016), *OECD Economic Outlook*, Volume 2016, OECD: Paris.

Pape, A. und T. Wein (2015), Der deutsche Taximarkt: Das letzte (Kollektiv-)Monopol im Sturm der ‚neuen Zeit', *Zeitschrift für Wirtschaftspolitik* 64, 362-389.

Peitz, M. und U. Schwalbe (2016), Zwischen Sozialromantik und Neoliberalismus: Zur Ökonomie der Sharing-Economy, ZEW Discussion Paper No. 16-033.

Pollock, R (2010), Is Google the Next Microsoft? Competition, Regulation in Internet Search, *Review of Network Economics* 9 (4).

Reinartz, W., J. Haucap, N. Wiegand und M. Hunold (2017), *Preisdifferenzierung und -dispersion im Handel*, Ausgewählte Schriften der IFH-Förderer, Band 6, Köln.

Reinartz, W., J. Haucap & N. Wiegand (2018), Die Grenzen der Preisdifferenzierung, *Markenartikel – Magazin für Markenführung* 4/2018, S. 100-103.

Remmel, J. (2016), Die verbraucherpolitische Perspektive: aktuelle Entwicklungen im Online-Handel, *Wirtschaftsdienst* 96, S. 875-877.

Richards, T.J., J. Liaukonyte und N. A. Streletskaya (2016), Personalized Pricing and Price Fairness, *International Journal of Industrial Organization,* 44, S. 138-153.

Röller, L.-H. und L. Waverman (2001), Telecommunications Infrastructure and Economic Development: A Simultaneous Approach, *American Economic Review* 91, S. 909-923.

Santi P., G. Resta, M. Szell, S. Sobolevsky, S.H. Strogatz und C. Ratti (2014), Quantifying the Benefits of Vehicle Pooling with Shareability Networks, *Proceedings of the National Academy of Sciences (PNAS)* 111(37), 13290-13294.

Schleusener, M. (2016), Dynamisch und personalisiert: Wie entwickelt sich die Preissetzung im Online-Handel?, *Wirtschaftsdienst* 96, S. 868-872.

Schleusener, M. und S. Hosell, S. (2015), Personalisierte Preisdifferenzierung im Online-Handel, Untersuchung und Ausarbeitung im Auftrag des Sachverständigenrats für Verbraucherfragen beim Bundesminister der Justiz und für Verbraucherschutz, Berlin.

Schmidt, S. (2016), Webtracker und Kartellrecht, *Wirtschaft und Wettbewerb,* S. 572-580.

Shaheen, S.A. und A. P. Cohen (2013), Carsharing and Personal Vehicle Services: Worldwide Market Developments and Emerging Trends, *International Journal of Sustainable Transportation* 7, S. 5-34.

Tadelis, S. (2016), Reputation and Feedback Systems in Online Platform Markets, *Annual Review of Economics* 8, S. 321-340.

Varian, H. (1980), A Model of Sales, *American Economic Review* 70, S. 651-659.

Vulkan, N. und Y. Shem-Tovb (2015), A Note on Fairness and Personalised Pricing, *Economics Letters,* 136, 179-183.

Zander-Hayat, H., I. Domurath und C. Groß (2016), Personalisierte Preise, SVRV Working Paper Nr. 1, Sachverständigenrat für Verbraucherfragen beim Bundesministerium der Justiz und für

Anmerkungen

1 Erstmalig soll Clive Humby, britischer Mathematiker und Entwickler der Kundenkarte von Tesco, diese Analogie 2006 benutzte haben: http://ana.blogs.com/maestros/2006/11/data_is_the_new.html

2 Ausführliche Analysen des Google-Falls bieten neben den oben zitierten Quellen Haucap und Kehder (2013), Manne und Wright (2011, 2012), Pollock (2010) sowie Ammori und Pelican (2012).

3 Zur 9. GWB-Novelle vgl. detailliert Kersting und Podszun (2017).

4 Gleichwohl ist auch darauf hinzuweisen, dass von einem „Zahlen" mit Daten, der Aufgabe von Privatsphäre oder Aufmerksamkeit nur dann gesprochen werden sollte, wenn die Nutzer dadurch auch eine Nutzeneinbuße erleiden (wie eben durch die Herausgabe von Geld), ihnen also die Abgabe von Daten nicht etwa völlig egal ist.

5 Vgl. https://www.ftc.gov/enforcement/premerger-notification-program/current-thresholds

6 Anekdotische Evidenz dazu findet sich zuhauf in den Medien, vgl. nur beispielhaft: http://www.businessinsider.de/dynamic-pricing-so-sollen-amazon-and-co-bei-den-preisen-tricksen-2017-5, http://www.nw.de/nachrichten/wirtschaft/20908613_Warum-Kunden-online-unterschiedliche-Preise-zahlen.html, http://www.deutschlandfunk.de/personalisierte-preise-es-steht-zu-befuerchten-dass-kunden.697.de.html?dram:article_id=369405

7 Ein solcher Mythos scheint auch die immer wieder berichtete Story zu sein, dass die amerikanische Supermarktkette Target von der Schwangerschaft eines Teenagers wusste, bevor (a) ihre Familie (https://www.forbes.com/sites/kashmirhill/2012/02/16/how-target-figured-out-a-teen-girl-was-pregnant-before-her-father-did/#640192366668) davon wusste oder – je nach Variation – sogar sie selbst (http://www.heute.at/digital/multimedia/story/Algorithmus-wusste—dass-16-Jaehrige-schwanger-ist-12917847). Vermutlich ist die Geschichte jedoch entweder frei erfunden oder aber maßlos übertrieben. Vgl. auch https://www.kdnuggets.com/2014/05/target-predict-teen-pregnancy-inside-story.html

8 https://www.nrz.de/wirtschaft/nrw-minister-remmel-will-personalisierte-preise-im-online-handel-bekaempfen-id11511876.html sowie Remmel (2016).

9 Vgl. https://www.bundestag.de/presse/hib/2018_01/-/537768

10 Der folgende Abschnitt beruht auf Reinartz, Haucap und Wiegand (2018).

11 Vgl. https://www.golem.de/news/kartellamt-mundt-kritisiert-individuelle-preise-im-onlinehandel-1707-128937.html

12 Zum Thema Preis- und Kartellbildung mit Hilfe von Algorithmen siehe insbesondere Ezrachi und Stucke (2016).

13 Vgl. dazu https://www.justice.gov/atr/case-document/file/513586/download

14 Zum Begriff und zur Entwicklung vgl. Benkler (2004), Bardhi und Eckhardt (2012), Allen und Berg (2014), Belk (2014), Haucap (2015), Demary (2015), Codagnone und Martens (2016) sowie Dittmann und Kuchinke (2016).

15 Vgl. für die folgenden Zahlen: https://ec.europa.eu/digital-single-market/en/digital-scoreboard.

16 Zur Interdependenz von Breitbandausbau und -regulierung einerseits und der Entwicklung innovativer Dienste andererseits vgl. Haucap und Klein (2012).

17 https://ec.europa.eu/digital-single-market/en/digital-scoreboard

18 Vgl. etwa https://okfn.de/blog/2016/01/statements_open_data_vorsaetze/.

19 In Düsseldorf etwa kostet eine Taxi-Lizenz auf dem grauen Markt aktuell laut Branchenkennern etwa 30.000 Euro, in anderen Städten wie Frankfurt sogar mehr.

20 Für eine detaillierte Studie der möglichen Verbrauchervorteile durch den Eintritt neuer Anbieter im Markt für urbane Mobilität vgl. Haucap et al. (2017), Santi et al. (2014) sowie Cramer und Krueger (2016).

21 https://www.boersenverein.de/de/portal/Presse/158382?presse_id=1321703

22 Für Details zum Strukturwandel in der Medienlandschaft siehe auch Dewenter und Haucap (2013).

23 Eine detaillierte Analyse des Änderungsbedarfs für die Förderung gesellschaftlich erwünschter Fernsehinhalte (weg von der Förderung der Anstalten, hin zu einer Förderung von Programminhalten) bieten Haucap, Kehder und Loebert (2015).

24 Für eine generelle Einschätzung zum wettbewerbspolitischen Handlungsbedarf aus Plattform-Märkten siehe Budzinski (2016), Haucap und Stühmeier (2016) sowie Hamelmann und Haucap (2016).

ÖKONOMIE DES WANDELS

Die Rolle von IKTs und Big Data für wirtschaftliche Transformation und Entwicklung

Joachim von Braun und Vicki Abresch

1. Einleitung

Die Digitalisierung transformiert Arbeits- und Lebenswelten und Produktionsprozesse. Sie schafft neue Angebote von und Nachfrage nach Diensten. Daten und deren zielorientierte Analyse spielen dabei eine Schlüsselrolle. Dieser Artikel behandelt die Rollen von IKT und Big Data für ausgewählte Bereiche wirtschaftlicher Entwicklung. Die Bedeutung für Gesundheitsdienste, Finanzsysteme, humanitäre Hilfe, Kleinbauern und Bodendegradation werden behandelt und Schlussfolgerungen für Forschung und Politik gezogen.

2. IKT und Big Data – Theorie und ökonomische Potentiale

Unter Informations- und Kommunikationstechnologien (IKT) werden technische Geräte und Infrastruktur sowie Software verstanden, die Informationen aller Art digital umsetzen, verarbeiten, speichern und übertragen. Big Data wird in diesem Artikel als Sammelbegriff für meist große und komplexe Datensets verstanden sowie die verwendeten Techniken zu ihrer zielorientierten, systematischen Analyse. Charakteristisch für diese Datensets ist einerseits die Menge an Daten und andererseits deren oft komplexe Struktur, das Verhalten und die Interaktionen/Permutationen innerhalb der Daten (Ward und Baker 2013). Es sind gerade diese Charakteristika, die es gestatten, aus den Daten mittels Algorithmen neuartige Informationen zu ermitteln.

Konzeptionelle und theoretische Aspekte

Bei der Nutzung moderner Informations- und Kommunikationstechnologien durch Menschen oder in der Kommunikation von Maschine zu Maschine im Internet of Things (IoT) entstehen in Echtzeit riesige Mengen an Daten, die Big Data Wolke (Abb. 1). Diese Daten können für bestimmte Fragestellungen nutzbar gemacht werden, aber erst durch Aufbereitung, Bereinigung, Speicherung, Indexierung, Aggregation und Analyse kann aus Daten Wissen generiert werden[1]. Die daraus entstehenden Erkenntnisse gehen in einen Wissenspool ein, der die Entwicklung von Diensten und Produkten speist, die bestimmte Probleme lösen, Prozesse einfacher gestalten und dergleichen. Bei der Nutzung solcher Dienste fallen einerseits wieder eine Menge neuer Daten an, die erneut durch Analysen zur Verbesserung der Dienste selbst beitragen können (Data-Network Effekt) oder auch für ganz andere neue Dienste und Erkenntnisgewinne genutzt werden können. Innovationen werden somit endogen und teilweise von den Daten und deren Auswertung abhängig. Andererseits regen diese die Entwicklung neuer, innovativer IKT-Dienstleistungen an. An mehreren Punkten dieses Zyklus entsteht ein Mehrwert für die Volkswirtschaft:

1) bei der Generierung und dem Poolen von Wissen und wissenschaftlichen Erkenntnissen,
2) bei der Weiterentwicklung von Analyse-Tools durch die Informatik, insbesondere in den Bereichen Künstliche Intelligenzen (KI) und Maschinelles Lernen, die die technologische Entwicklung maßgeblich vorantreiben,
3) bei der Entwicklung und Bereitstellung spezifischer Dienstleistungen, und
4) bei der Entwicklung neuer IKTs.

Innovative Prozesse finden ebenfalls an verschiedenenen Punkten innerhalb des Datenzyklus statt, nämlich immer dann, wenn unkonventionelle und neuartige Wege beschritten werden, und zwar bei der Datensammlung und -auswertung, der Transformation neuer Erkenntnisse in Dienste, sowie bei der Entwicklung neuer Technologien.

Durch die stetige Neuentwicklung und Verbesserung, sowie die zunehmende Verbreitung und steigende Nachfrage, werden IKTs und die zugehörigen Dienste interessant für mehr und mehr Nutzer. Somit wächst der Nutzerpool und mit ihm die Menge an Daten, die in das System zurückfließen und den Kreislauf speisen. Dies beinhaltet, dass IKT und Big Data als Netzwerk mit steigenden Skaleneffekten, also Größenvorteilen, und Netzwerkexternalitäten verbun-

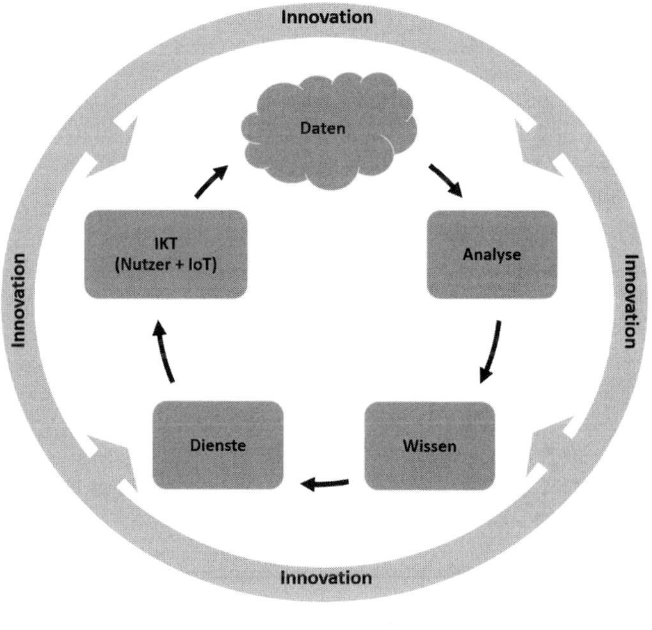

Abb.1: Big Data, IKT und Innovation in Wirtschaft und Gesellschaft
Quelle: eigene Darstellung

den sind (Torero und von Braun 2006). Die positiven externen Effekte eines wachsenden Netzes sorgen dafür, dass Nutzer, die bereits Teil des Netzwerks sind, von der Ausweitung und der steigenden Anzahl neuer Nutzer profitieren. Zudem generieren sie auch mehr an Big Data und die wiederum erlauben umfassendere Dienste für Viele, aber auch für spezifische Segmente potentieller Nutzer, die möglicherweise erst mit steigender Zahl an Netzwerkteilnehmern sichtbar und ggf. marktrelevant werden.

Digitale Innovationen, die oft disruptiver Natur sind, durchdringen Volkswirtschaften und beschränken sich daher nicht auf einzelne Sektoren. Vernetzung selbst ist entscheidend und überwindet traditionelles Verständnis von klar umgrenzten Industrien und Sektoren. Wir beobachten, dass Daten zunehmend zugleich Ressource und Investitionsgegenstand werden, und sich zu einer zentralen Quelle von Innovationen in vielen Bereichen der Wirtschaft und Gesellschaft entwickelt haben. Allerdings unterscheiden sich Daten in Verhalten und Natur erheblich von anderen (natürlichen) Ressourcen (Economist 2017). Trotz des steigenden Wertes ist deshalb der Markt noch sehr wenig entwickelt, auf dem Daten gehandelt und Preise bestimmt würden. Auch fehlen Standards für einen solchen Datenmarkt. Statt Datenhandel beobachten wir Firmenkäufe, die stark vom Wert der Daten innerhalb der Firmen getrieben scheinen. Beispiele hierfür sind die Übernahme des Messaging-Dienstes Whatsapp durch Facebook in 2014 oder der Netzwerkplattform LinkedIn durch Microsoft in 2016. Die gezahlten Summen (22 bzw. 26,2 Milliarden Dollar) schaffen einen Eindruck über den möglichen Wert von Daten (Economist 2017). In welchem Maße die Daten selbst oder die Algorithmen und Köpfe, die die Daten bearbeiten, Wert schaffen, bleibt bisher allerdings unbeantwortet. Es sollte aber auch angemerkt werden, dass Märkte für natürliche Ressourcen generell erst nach langwierigen institutionellen Entwicklungen – wenn überhaupt – effiziente Strukturen bekommen, wie z.B. Landmärkte, Wasser, Carbon, und selbst Öl und Gas. Eine rasche Klärung von Eigentumsrechten und Plattformen für globalen Datenhandel ist kaum zu erwarten.

Bedeutung von IKT und Big Data für den Innovationsprozess
Als Innovation bezeichnen wir die Einführung eines neuen oder erheblich verbesserten Verarbeitungsprozesses, Produkts, Guts oder einer Dienstleistung, einer neuen Vermarktungsmethode sowie Neuerungen organisationeller Art (OECD 2005). Die zunehmende Verbreitung digitaler Technologien, die dabei anfallende Generierung riesiger Datenmengen und der Fortschritt der Informatik in der Analyse und Wissensschaffung, verändern die Innovationslandschaft in vielfältiger Weise. Der Austausch von Informationen und Wissen wird erheblich vereinfacht und neue Kooperationen möglich gemacht. Innovationen können sich schnell und kostengünstig verbreiten. Von sinkenden Transaktions- und Produktionskosten sowie gesteigerter Produktivität profitieren Unternehmen und Konsumenten. Die standortunabhängige Erschließung neuer Märkte und damit das Absinken von Marktzutrittsbarrieren verändert Wettbewerbsstrukturen. Innovative Konzepte wie Cloud Computing ermöglichen Unternehmen einen flexiblen und direkten Zugang zu IKT-Infrastruktur ohne große Investionen im Vorfeld zu tätigen. Doch moderne IKTs und Big Data verändern den Innovationsprozess nicht nur, sondern werden selbst Gegenstand des Innovationstreibens.

Die Analyse großer Datenmengen, die teilweise in Echtzeit aus den unterschiedlichsten Quellen anfallen, schafft neue Industrien, Prozesse und Produkte und kann mit einem erheblichen kompetitiven Vorteil verbunden sein. Die optimale Gestaltung von Lieferketten, der effiziente Einsatz von Arbeit oder maßgeschneiderte Werbung und Kundenbeziehungen sind nur einige der vielen Anwendugen von Big Data und Beispiele für das Wirken auf den Innovationsprozess. Auch im öffentlichen Bereich werden nicht nur Massen von Daten generiert, sondern finden einen großen Abnehmer. Das Potential scheint riesig mithilfe der neuen Möglichkeiten der Datensammlung und –auswertung innovative Lösungen für die großen Probleme unserer Zeit zu finden. Innovation ist Motor für Wachstum und Entwicklung und spielt in allen Volkswirtschaften unabhängig von deren Entwicklungsstand eine fundamentale Rolle. Die Entwicklung und Verbreitung innovativer Technologien sichern langfristig wirtschaftliches Wachstum und menschlichen Wohlstand. Dass in industrialisierten und sich zunehmend digitalisierenden Volkswirtschaften ein stetiger Investititionsbedarf in neue Technologien besteht, um zukunfts- und wettbewerbsfähig zu bleiben, verdeutlicht eine Studie zum Ausbau von Breitbandnetzen in Europa von Beckert et al. (2017). Eine flächendeckende Versorgung mit leistungsstarkem Internet für die Wirtschaft und private Nutzer ist eine Grundvoraussetzung, den wachsenden und sich schnell verändernen Anforderungen einer digitalisierten Gesellschaft gerecht zu werden. Auch ist dies Voraussetzung dafür, das besondere Potenzial der Digitalisierung in Hinblick auf gesellschaftliche Veränderungen z.B. demografische Entwicklungen abzuschöpfen und alle Bevölkerungsgruppen daran partizipieren zu lassen. Allerdings zeigt sich, dass Deutschland im Vergleich zum europäischen Ausland deutlich hinterherhinkt beim Ausbau von leistungsfähigen Breitbandnetzen (Glasfasertechnologie), insbesondere in ländlichen Räumen, und somit ein erheblicher Investitionsbedarf in moderne IKTs besteht (Beckert et al. 2017). Die Notwendigkeit, Innovationen und Digitalisierung strategisch zu fördern, greift das Anfang 2015 einberufene Hightech-Forum in seinen Umsetzungsimpulsen zur Hightech-Strategie der Bundesregierung auf und präsentiert eine integrierte Perspektive von Wissenschaft, Wirtschaft und Zivilgesellschaft (Hightech-Forum 2017a).

Die Entwicklung und Verbreitung von Innovationen ist nicht nur in bereits industrialisierten Volkswirtschaften ein Muss. Die Bedeutung für Entwicklungs- und Schwellenländer darf keineswegs unterschätzt werden. Auch darf der Innovationsbegriff nicht zu eng gefasst und auf Hightech-Innovationen alleine beschränkt werden. So haben sich beispielsweise Innovationen aus und für die Landwirtschaft in teilweise technologie-armen Sektoren als wichtige Entwicklungsfaktoren erwiesen. Modernste Technologien bergen ein großes Potential, auch für die Ärmsten der Armen. Längst sind moderne IKTs in weiten Teilen der Welt angekommen und eröffnen grundsätzlich neue Möglichkeiten für wirtschaftliches Wachstum, Arbeitsmärkte, und landwirtschaftliche sowie industrielle Produktivtät; Migrationsdruck aus ländlichen in urbane Räume wird abgeschwächt und Serviceleistungen sowie der Zugang dazu verbessert; Innovationen können sich schneller verbreiten und die Effizienz öffentlicher Verwaltung kann gesteigert werden; Armut kann reduziert werden (von Braun 2010). Dieses Potential ist nicht unbeachtet geblieben und große Hoffnungen werden in die Nutzung von Big Data für globale und nationale Entwicklungsziele gesetzt. Dies spiegelt sich in den Nachhaltigen Entwicklungszielen (SDGs) wider, die 2015 als Nachfolger der Milleniumsziele (MDG) von der UNO formuliert wurden. Einige der SDGs haben einen direkten Bezug zu modernen IKTs, insbesondere Ziel 9, das einen erweiterten Zugang zu IKTs mit universellem und bezahlbarem Zugang zum Internet anstrebt. Zusätzlich wurden verschiedene Indikatoren mit IKT Bezug identifiziert und in das Monitoring mehrerer Ziele aufgenommen. Neue Datenquellen wie Sensorennetzwerke, Handy- und Social Media-Daten oder Satellitenbilder werden zunehmend genutzt. Durch die Auswertung dieser neuen, großen und schnellen Daten sollen Programme an Effektivität gewinnen, Ressourcen effizienter verteilt und Ergebnisse besser gemessen werden. Insbesondere ein verlässliches und kostengünstiges Monitoring ist dabei wichtig, und durch neue digitale Technologien zunehmend ermöglicht. Die Digitalisierung hat nicht nur einen Einfluss auf Innovation und Entwicklung, sondern auch auf Verteilungsaspekte auf globaler und nationaler Ebene. Als „Digital Gap" oder „Digital Divide" wird die Informationslücke zwischen reichen und armen Ländern oder innerhalb eines Landes bezeichnet. Ziel der SDGs ist es unter anderem diese Lücke zu schließen. Die Penetrationsraten von digitalen Technologien, insbesondere der Mobiltelefonie, steigen stark in Entwicklungsländern (Abb. 2).

Allerdings bestehen trotz weltweiter teilweise rascher Fortschritte bei der Digitalisierung weiterhin große Ungleichheiten und das Schließen der Lücke bleibt eine Herausforderung. Der Digital Gap zwischen den am weitesten und am wenigsten entwickelten Ländern hat sich, gemessen

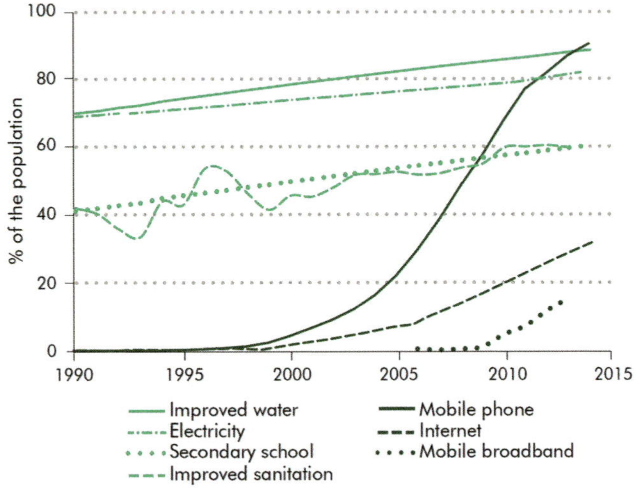

Abb. 2: Digitale Technologien verbreiten sich rasant in Entwicklungsländern – Quelle: World Bank (2016), World Development Report 2016 S. 6

mit dem ICT Development Index[2], vergrößert (ITU 2017). Allerdings ist nicht nur das Verhältnis von Ländern mit hohem Einkommen zu Ländern mit niedrigem Einkommen problematisch. Die größten Fortschritte haben sich im Mittelfeld der Verteilung, also bei Entwicklungsländern mit mittlerem Einkommen, ergeben. Innerhalb der Gruppe der Entwicklungsländer vergrößert sich somit die Lücke, denn besonders in den LCDs (Least Developed Countries) ist die IKT-Entwicklung unterproportional und die starke Assoziation von gesamtwirtschaftlichem und IKT-Wachstum bleibt bestehen (ITU 2017).

3. Big Data für Innovation in relevanten Bereichen wirtschaftlicher und sozialer Entwicklung

In diesem Abschnitt werden einige IKT- und Big Data-Innovationstrends in ausgewählten Bereichen beleuchtet. Die Bedeutung für Gesundheitsdienste, Finanzsysteme, humanitäre Hilfe, Kleinbauern und Bodendegradation werden behandelt und dann Schlussfolgerungen für Forschung und Politik gezogen. Innovationen in diesen Bereichen sind von besonderer Bedeutung für eine nachhaltige und sichere Zukunft, besonders in einkommenschwachen und vom Klimawandel bedrohten Ländern.

Über diese für die Überwindung von Armut wichtigen Bereiche hinweg sind einige übergreifende, grundlegende Trends im Auge zu behalten. Dazu zählt die Weiterentwicklung des Internet of Things, des Cloud Computing, der Big Data Analyse und der Künstlichen Intelligenzen. Insbesondere die Künstliche Intelligenz (KI) gilt als äußerst zukunftsträchtige Technologie, die Lebens- und Arbeitswelten nachhaltig und grundlegend verändern wird. KIs und maschinelles Lernen, sowie Visionen einer maschinengesteuerten Zukunft gründen sich wohl auf die schnellen Fortschritte auf dem Gebiet. Allerdings müssen auch Grenzen des technologischen Fortschritts auf diesem Gebiet, sowie damit verbundene ethische und soziale Fragen einbezogen werden (Pontifical Academy of Sciences 2017). Weiterhin gibt es Erwartungen, dass das Internet und eine wachsende aktive Internetgemeinde traditionelle Organisationsstrukturen und Vorgänge zunehmend verändern werden. Beispielsweise geschieht dies durch „Distributed Cocreation", also die Beteiligung der Internetgemeinde bei der Entwicklung, Unterstützung oder Vermarktung von Produkten und Dienstleistungen[3], oder durch Innovationen von unten (Bughin et al. 2010).

3.1. Gesundheitsmonitoring

Ein Bereich, in dem digitale Technologien längst Einzug gehalten haben, ist der Nexus Gesundheit und Ernährung. Big Data eröffnet hier revolutionäre Möglichkeiten und führt sogar zu einem Paradgimenwechsel in klassischen Fachdisziplinen wie der Medizin (Acatech 2014). Der Trend hin zu personalisierter oder individualisierter Medizin und Ernährung ist deutlich erkennbar. Hierbei können riesige, detaillierte Gesundheitsdatensets genutzt werden, grundsätzliche, neue Einsichten in die komplexen Zusammenhänge von Genetik, Umwelt, Lebensführung und Krankheiten zu erlangen. Die Erfassung und Analyse umfangreicher biometrischer und genetischer Daten soll es beispielweise erleichtern, individuelle Reaktionen auf bestimmte Diäten oder Arnzeimittel vorherzusagen und somit eine bestmögliche Therapie für das Individuum zu entwickeln statt sich auf klassische „One fits all"-Ansätze zu verlassen. Die computergestütze Echtzeit-Analyse komplexer und großer Patientendaten, beispielsweise bei intensivmedizinischer Überwachung, dient als Frühwarnsystem und ermöglicht es, Veränderungen und Trends erheblich schneller zu erkennen als dies bisher möglich gewesen wäre. Ein derartiges Pilotprojekt läuft seit 2009 in einem Kinderkrankenhaus in Toronto, in dem das System Artemis bei der intensivmedizinischen Überwachung von Säuglingen hilft. Artemis ist ein Beispiel für eine innovative Kooperation zwischen Industrie, der Firma IBM, und universitärer Forschung, dem technischen Institut der Universität von Ontario (Blount 2010). Doch auch Patienten, die zuhause gepflegt werden, können von einer Echtzeit-Überwachung und –Übermittlung ihrer Gesundheitsdaten profitieren, um schneller und gezielter Hilfe zu bekommen (Goforth Gregory 2016). Weiterhin können neue Technologien dazu beitragen, die Gesundheitsversorgung in infrastrukturarmen Gegenden zu verbessern. Ein Beispiel ist die Nutzung bestimmter Chip-Aufsätze, die ein Smart Phone in eine mobiles Diagnostikzentrum verwandeln (Laksanasopin et al. 2015). Zusätzlich kann Big Data dazu beitragen, die Planung und Durchführung von Gesundheitsprogrammen in solchen Regionen zu verbessern oder die Vorhersage und Prävention von Epidemien zu erleichtern. Erste Versuche, Daten aus sozialen Medien für diese Zwecke zu nutzen, waren die Google Flu Trends bzw. die Nutzung von Tweets (Kurznachrichten) auf der Microblogging-Plattform Twitter, um die Zahl von Grippeinfektionen in Echtzeit vorherzusagen. Trotz der viel diskutierten Schwierigkeiten von Big Data aus sozialen Netzwerken bergen diese Ansätze großes Potenzial für die Vorhersage von Grippeinfektionen und potenziell anderen Infektionskrankheiten, wenigstens auf lokaler Ebene (Lazer et al. 2014a; Lazer et al. 2014b; Broniatowski et al. 2014). In Epidemien haben soziale Medien eine Rolle bei der Erfassung und Dynamik des Problems gespielt, sowie Hilfe ermöglicht (Merchant 2011).

3.2. Zugang der Armen zu Finanzsystemen

Der innovative Einsatz moderner IKT und Dienstleistungen kommt auch den Armen in Entwicklungsländern zugute. Mobile Money, also mobile Finanzservices wie M-Pesa[4] in Kenia, haben in erheblicher Weise dazu beigetragen, dass auch arme Bevölkerungschichten in strukturarmen Regionen, die zuvor keinen Zugang zum formalen Bankensektor hatten, integriert werden. Lediglich der Zugang zu einem einfachen Mobiltelefon und ein lokaler Dealer (z.B. ein Kiosk oder eine Tankstelle) ist nötig, um Zahlungen tätigen und empfangen oder ein Konto führen zu können. Im Falle von M-Pesa war der Dienst so erfolgreich, dass weitere Serviceleistungen (wie z.B. ein Krediteservice) entwickelt wurden und der Dienst nun auch im Ausland nutzbar ist. Dem mobilen Finanzdienst wird ein großer Anteil an der erfolgreichen finanziellen Inklusion in Kenia gegeben; die Beteiligung der Erwachsenen stieg von etwa 26% in 2006 auf über 75% in 2016 (Ndung'u 2017).

Die Nutzung neuer Datenquellen und moderner Technologien ist auch für die Planung und Durchführung von Programmen zur Armutsbekämpfung relevant. IKT-basierte Cash Transfer Programme für Arme und von Ernährungsunsicherheit betroffene Bevölkerungsgruppen sind ein Weg, Programme effizienter und sicherer zu machen. Indien beispielsweise hat begonnen das riesige Nahrungsmittel-Subventionsprogramm des Landes zu modernisieren und zu digitalisieren, um damit Korruption und Ineffizienzen des Systems zu bekämpfen. Digitale Technologien helfen dabei z.B. in Indien, die gesamte Versorgungskette sicherer und effizienter zu gestalten, beispielsweise durch einfachere Identifikation der Bedürftigen, durch sicherere Verteilung an Programmteilnehmer durch biometrische Authentifizierung oder durch direkte Geldtransfers statt der „Auszahlung" in Naturalien (Saini et al. 2017). Sicherlich stehen dem großflächigen Ausbau von IKT-basierten Cash Transfer Programmen in Entwicklungsländern noch einige Hürden im Weg, insbesondere infrastruktureller, aber auch politischer Natur (Siani et al. 2017). Sicher ist allerdings, dass mit der digitalen Einbeziehung großer Zahlen armer Haushalte eine völlig neue Erfassung von Daten und deren Auswertung auch für Dienste für Arme ermöglicht werden wird.

Ein zunehmendes Augenmerk richtet sich auch auf Blockchain-Technologien[5], insbesondere auf Bitcoins und andere Kryptowährungen. Einige Analysten halten Bitcoins für eine sehr relevante Anwendung besonders in Entwicklungsländern, da dort der Bedarf aufgrund von instabiler Währungen oder fehlender Alternativen höher sei[6]. Allerdings ist fraglich, wie sich die Technologie neben Mobile Money-Technologien entwickeln wird. Möglich wäre eine Kombination aus den beiden, wie bei Bitsoko[7], einer kenianischen Innovation, die Blockchains und Mobile Money kombiniert, z.B. durch internationale Bitcoin-Transfers, die dann in nationaler Währung abgehoben werden können. Zurzeit liegt viel des Potentials noch in der Zukunft und die realen Anwendungen sind bisher sehr begrenzt. Noch sind die Kosten Blockchain-Netzwerke aufzubauen und zu betreiben sehr hoch. Insbesondere der extrem hohe Energieverbrauch für den Unterhalt der Netzwerke und das Schürfen der digitalen Währungen steht zunehmend in der Krititk[8]. Zusätzlich werden grundsätzliche rechtliche und politische Fragen geklärt werden müssen, insbesondere, wenn die Technologien länderübergreifend eingesetzt werden sollen. Zukünftig ergeben sich aber potentiell Möglichkeiten für Entwicklungskooperationen, beispielsweise bei Projektimplementierungen, z.B. wenn Bitcoins für international Transfers und Zahlungen genutzt werden, oder für das Management von internen Daten, Personal und Ausrüstung.

Längerfristig können Kooperationen zum Beispiel bei der Implementierung von Blockchain-Systemen in E-Governance entstehen, bei der Gestaltung von Richtlinien und Regulierungen oder bei der Stärkung nationaler Kompetenzen.

3.3. Humanitäre Hilfe

In humanitären Krisensituationen eröffnet der Einsatz von IKT und Big Data Analyse neue Möglichkeiten, schnelle und effiziente Hilfe zu leisten. Beispiele aus der Vergangenheit zeigen, wie unterschiedlich die Einsatzmöglichkeiten sind. Als Haiti 2010 von einem schweren Erdbeben erschüttert wurde und sich in Folge dessen eine schwere Choleraepidemie über das Land zog, wurden anonymisierte Handydaten von der schwedischen Flowminder Foundation genutzt, um Bewegungsprofile der Bevölkerung zu erstellen, die versuchten, eine Ausbreitung der Epidemie vorherzusagen[9]. Es zeigt sich, dass dieser Ansatz sehr hilfreich ist, um bereits sehr früh das geographische Ausbreitungsmuster einer Infektionskrankheit zu bestimmen (Bengtsson et al. 2015). Big Data wird auch für die Modellierung anderer Infektionskrankheiten genutzt, wie zum Beispiel im Fall der Ebolaepidemie in Westafrika[10]. In einer universitären Kooperation mit dem IT-Konzern IBM wurde ein open-source Modell zur Ausbreitung und Übertragung der Krankheit von Tieren auf Menschen entwickelt (Nieddu et al. 2017). Ziel solcher Ansätze ist es Vorhersagen über die Ausbreitung von Infektionskrankheiten zu treffen, präventive Maßnahmen zu ergreifen sowie Interventionen zielgenau planen und durchführen zu können.

Hilfseinsätze mithilfe digitaler Technologien einfacher und zielgerechter zu koordinieren, wurde auch in Nepal nach dem schweren Erdbeben 2015 versucht. Die nepalesischen non-for-profit Kathmandu Living Labs stellten unmittelbar nach dem Erdbeeben die Website QuakeMap.org zur Verfügung, auf der Hilfesuchende und Helfer zusammenkommen konnten, um Information darüber auszutauschen, wo welche Art von Hilfe gebraucht wird, und wer diese Hilfe leisten kann[11]. Die Informationen wurden dabei von Zivilisten und Organisationen vor Ort per Crowdsourcing bereitgestellt, vom Projektteam verifiziert und an Hilfsorganisationen weitergegeben. Neben der nepalesischen Armee und der UN haben auch viele kleine Freiwilligengruppen die Informationen für Rettungs- und Suchaktionen und zur Interventionsplanung genutzt.

Der Einsatz von moderner IKT in Flucht- oder Vertreibungssituationen für cash-basierte Interventionen ist eine weitere vielversprechende Anwendung. Der Transfer von Geld in Krisensituationen durch technologie-basierte Lösungen (Smart und Pre-Paid Cards oder Mobile Money)[12] ist potentiell effizienter und zuverlässiger als traditionelle Wege (Smith et al. 2011). Ein Beispiel für einen derartigen Einsatz von IKT ist das Flüchtlingscamp Kakuma im Nordwesten Kenias. Dort hat das World Food Programme (WFP) in 2015 angefangen, Lebensmittelrationen teilweise durch die Zahlung von Mobile Money zu ersetzen[13]. Dabei soll nicht nur die Effizienz und Effektivität der Hilfe gesteigert werden, sondern auch die Autonomie der Betroffenen. Zusätzlich kann eine derartiges System die lokale Wirtschaft und Märkte stärken. Ein weiteres Beispiel ist die Ausgabe von EC-Karten an syrische Flüchtlinge in der Türkei ebenfalls durch das WFP[14]. Mangelnde Konnektivität sowie Nutzeridentifikation, z.B. durch formale Ausweispapiere, sind allerdings immer noch eine Hürde für den stärkeren Einsatz digitaler Technologien in Krisensituationen.

3.4. Kleinbauern und Smart Farming

Smart Farming[15], also der Einsatz moderner digitaler Technologien in der Landwirtschaft, findet zunehmend neue Anwendungen und erzeugt laufend Big Data, die die „Smartness" weiter steigern. Beispielsweise haben agrartechnische Innovationen die Tierhaltung und -gesundheit deutlich verbessert. Moderne Ställe sind vielfach mit Hightech-Sensoren ausgestattet, die die Futter- und Trinkwassergabe nach Bedarf steuern sowie das automatische Melken anbieten. Im Ackerbau nutzt die Präzisionslandwirtschaft autonome Maschinen und intelligente Bodenbearbeitungs-, Düngungs-, Pflanzenschutz- und Erntesysteme, um boden- sowie ressourcenschonend und effizient zu arbeiten. Gleichzeitig werden Daten z.B. über die Bodenbeschaffenheit gesammelt, mit anderen Daten wie Geodaten kombiniert und das Verhalten der Systeme dementsprechend angepasst. Durch die Vernetzung von Maschinen untereinander und die automatische Weitergabe von Daten mittels M2M-Kommunikation (Machine-to-machine-communication) werden Prozesse effizienter und besser abgestimmt.

Doch auch in einkommens- und strukturschwachen Ländern profitieren Kleinbauern von digitalen Technologien, wenn auch von weniger hochtechnologisierten Lösungen (Ganguly et al. 2017). Besonders Mobiltelefone und entsprechende Apps und Services haben sich in vielen Teilen der Welt als vielversprechende Innovation für Landwirte herausgestellt, wenn auch noch viel des Potenzials in der Zukunft liegt. Die angebotenen Dienste informieren die Bauern über Preise und Wetter, liefern Tipps und landwirtschaftliches Wissen, bieten Zugang zu Input- und Outputmärkten oder gestalten Wertschöpfungsketten effizienter (Baumüller 2017). Als Vorreiter in der Entwicklung der sogenannten M-services in Afrika hat sich besonders Kenia hervorgetan. Das Agrimanagr System der kenianischen Firma Virtual City zum Beispiel nutzt Mobiltelefone, um Lieferketten effizienter und kostengünstiger zu gestalten und Kleinbauern Zugang zu landwirtschaftlichen Märkten zu verschaffen[16]. Zusätzlich können über die App bargeldlose Transaktionen durchgeführt werden. Ein weiteres Beispiel ist die kenianische M-Farm[17] App, die Bauern über Marktpreise informiert, ihnen Zugang zu Output- und Input-Märkten verschafft, und ebenfalls bargeldlose Zahlungen mit M-Pesa ermöglicht. Ähnliche Apps und Services wurden in weiteren Ländern Afrikas und Asiens entwickelt, um die Partizipation, Information, Organisation und Produktivität von Farmern zu steigern. Dienste, die Lieferketten effizienter gestalten und solche, die die Produktionsplanung und das Risikomanagement (vor allem wetterbedingt) verbessern, gehören zu den vielversprechendsten Anwendungen für Kleinbauen in Entwicklungsländern (Baumüller 2017).

Weitere interessante Anwendungen für landwirtschaftliche Zwecke in Entwicklungsländern sind die Nutzung von

Handydaten für die Evaluation der Ernährungssicherung in von Hunger bedrohten Ländern (z.B. Decuyper et al. 2014), oder das Monitoring und Management von natürlichen Ressourcen mithilfe moderner IKT. Anwendungsbeispiele sind die Erfassung von Grundwasserpegeln und Verfügbarkeit von Wasser in Brunnen, die Überwachung von Wasserqualität und Gesundheit von Wassersystemen oder der Einsatz von Sensoren in Pumpen, die Reparaturen voraussagen und damit lange Ausfälle verhindern können (z.B. REACH Programme der Universität Oxford[18]).

3.5. Landdegradation

Die Degradation von Land ist ein fortschreitendes globales Problem, das sowohl in Entwicklungs- als auch in Industrieländern auftritt. Landdegradation, z.B. in der Form von Nährstoffverlust, Bodenerosion oder Desertifikation, ist ein zentrales Thema für die Ernährungs- und Wohlstandsicherung. Dies gilt nicht nur, aber insbesondere für arme Haushalte in Entwicklungsländern. Diese sind in besonderem Maße von Land und dessen Erzeugnissen abhängig. Die Treiber von Landdegradation sind zahlreich, komplex und verflochten; Abholzung von Wäldern und nicht-nachhaltige landwirtschaftliche Praktiken spielen eine wichtige Rolle. Die geschätzten jährlichen Kosten von Landdegradation belaufen sich weltweit bereits auf 300 Mrd. US Dollar, der größte Anteil davon entsteht in Sub-Sahara Afrika (Nkonya et al. 2016). Die Erhaltung und nachhaltige Bewirtschaftung von Böden weltweit spielt also eine entscheidende Rolle für Entwicklung und die Erreichung der Nachhaltigen Entwicklungsziele. Hier kommt die Verknüpfung von Remote Sensing (Fernerkundung durch z.B. Satellitenaufnahmen oder Luftfotographie) mit Datenerfassungen in Haushalten zum Tragen. Dies bringt wichtige Fortschritte bei der Quantifizierung der globalen Degradation von Böden, und verbessert Modelle und Schätzungen. Wie bereits in 3.4 erwähnt, können digitale Technologien potentiell einen wichtigen Beitrag zur nachhaltigen Landwirtschaft und damit zur Erhaltung und Verbesserung von Böden leisten.

4. Folgerungen für Wissenschaft und Politik

4.1. Folgerungen für ökonomische Forschung

Die ökonomische Forschung wird sich zukünftig mit vielen neuen Themen beschäftigen, die sich aus Big Data und ihrer Auswertung ergibt. Externe Effekte, endogene Innovationen und Skaleneffekte sind dabei wichtige grundlegende Aspekte.

Die Frage, wem die Daten gehören, wird von zunehmender Relevanz. Monopolisierungsversuche von Daten sind zu erwarten und damit Wettbewerbsverzerrungen bei der Nutzung von Big Data. In Ländern, in denen staatliche Behörden Datenbesitz reklamieren oder Staatsunternehmen dominieren, werden andere Strukturen von Big Data zu erwarten sein, als dort, wo die global agierenden Plattform-Companies agieren und ihre Märkte ausweiten, wie in einigen Entwicklungs- und Schwellenländer-Regionen. Das Thema Open Science, also das Streben nach einer wissenschaftlichen Praxis mit offenerem Zugang zu Forschungsergebnissen und Daten, wird wichtig bleiben und damit das Schaffen von Innovationsanreizen. Solche Offenheit erfordert Kooperation möglichst auf globaler Ebene.

Neue Verhaltensforschung basierend auf Big Data gehört zu den interessanten Anwendungen für die Ökonomie. Big Data erschließt dabei neue Forschungspotentiale. Stephens-Davidowitz (2017) beschreibt, in welcher Weise die neuen Daten(arten) Forschung verändern. Kausalität ermittelnde, randomisierte Experimente in nie dagewesenen Dimensionen werden möglich gemacht, so wie das „Zoomen" zu Untergruppen. Außerdem sind die neuen Daten in einer Art und Weise „ehrlich", wie es konventionell ermittelte Daten (z.B. über Fragebögen) vermutlich nie sein werden.

4.2. Folgerungen für Politik

Das Setzen von Rahmenbedingungen ist die zentrale Aufgabe der Politik in Sachen IKT und Big Data. Bei der Regulierung sind einige wichtige Aspekte zu bedenken. Dazu zählen Machtkonzentration und selbstverständlich Sicherheit. Ein ökonomisch-sozialer Diskurs zu Personendaten ist nötig und die Zukunft der Statistischen Ämter mit ihren traditionellen Designs zur Datensammlung (z.B. Haushalts- und Mobilitätsstatistiken) sind zu überdenken.

In den Empfehlungen des Hightech-Forums (2017b) der Bundesregierung hat die Digitalisierung ein hohes Gewicht. Die für die Innovationspolitik wichtigen Zukunftsthemen sind 1) Cybersicherheit, 2) Digitale Plattformen und Industrie 4.0, 3) Bioökonomie, 4) Vernetzung mit kognitiven autonomen Systemen, 5) Individualisierte Medizin und synthetische Biologie, und 6) elektrische, vernetzte und automatisierte Mobilität. Es ist offensichtlich, dass in allen diesen sechs Bereichen Digitalisierung starken Einfluss hat und Big Data generiert werden.

Der Siegeszug digitaler Technologien ist unbestreitbar. In vielen Fällen haben digitale Technologien zu Wirtschaftswachstum beigetragen, neue Möglichkeiten eröffnet sowie Serviceleistungen verbessert. Weiterhin hat die digitale Revolution menschliche Kommunikation und Interaktion grundlegend verändert und viele Dinge des täglichen Lebens wie zum Beispiel Informationsbeschaffung erleichtert. Allerdings bleibt der aggregierte Effekt auf Entwicklung, die sogenannte Digitale Dividende, bisher in einigen Bereichen hinter den Erwartungen zurück und ist zudem sehr ungleich verteilt; so sind beispielsweise der Effekt auf die globale Produktivität, Good Governance oder die Schaffung von Möglichkeiten für Menschen mit niedrigen und mittleren Einkommen geringer als erwartet (World Bank 2016). Damit alle Menschen überall von den neuen Technologien profitieren können, muss die Informationslücke zwischen Arm und Reich, die Digital Gap, insbesondere in Hinblick auf Zugang zu Internet geschlossen werden. Jedoch ist die Adoption und Verbreitung digitaler Technologien allein nicht ausreichend. Zusätzlich müssen die „analogen Komplemente“ gestärkt und entwickelt werden, um adversen Effekten der neuen Technologien entgegenzuwirken. Beispielsweise können institutionelle Anpassungen sowie Capacity Building auf dem Arbeitsmarkt dazu beitragen, Digitale Dividenden abzuschöpfen und nutzbar zu machen für breitere Teile der Weltbevölkerung (World Bank 2016, Pontifical Academy of Science 2017).

Literaturverzeichnis

Acatech – Deutsche Akademie der Technikwissenschaften, Nationale Akademie der Wissenschaften Leopoldina, Union der deutschen Akademien der Wissenschaften (Hrsg) (2014), Individualisierte Medizin – Voraussetzungen und Konsequenzen, Halle (Saale).

Baumüller, H. (2017) The Little We Know: An Exploratory Literature Review on the Utility of Mobile Phone-Enabled Services for Smallholder Farmers. J. Int. Dev., doi: 10.1002/jid.3314.

Beckert, B., Schulz, W., und Lose, M. (2017), Ausbaustrategien für Breitbandnetze in Europa – Was kann Deutschland vom Ausland lernen? Gütersloh: Bertelsmannstiftung.

Bengtsson, Linus; Gaudart, Jean; Lu, Xin; Moore, Sandra; Wetter, Erik; Sallah, Kankoe et al. (2015): Using Mobile Phone Data to Predict the Spatial Spread of Cholera. In: Scientific Reports 5, 8923 EP -. DOI: 10.1038/srep08923.

Blount, M. et al. (2010), Real-Time Analysis for Intensive Care: Development and Deployment of the Artemis Analytic System, in IEEE Engineering in Medicine and Biology Magazine, Vol. 29, No. 2, pp. 110-118.

Broniatowski, D.A. et al. (2014), Twitter: Big data opportunities, Science, Vol. 345, Issue 6193, pp. 148.

Bughin, J., Chui, M. and Manyika, J. (2010), Clouds, big data, and smart assets: Ten tech-enabled business trends to watch, McKinsey Quarterly August 2010, Verfügbar unter https://www.mckinsey.com/industries/high-tech/our-insights/clouds-big-data-and-smart-assets-ten-tech-enabled-business-trends-to-watch.

Decuyper, A. et al. (2014), Estimating food consumption and poverty indices with mobile phone data, arXiv:1412.2595.

Ganguly, K., Gulati, A., von Braun, J. 2017. Innovations Spearheading the next Transformations in India's Agriculture. ZEF Working Paper No. 159. July 2017

Goforth Gregory, J. (2016, April 26), Patient health monitoring: Improving quality of care with real-time analytics [Web log post], Retrieved from http://www.ibmbigdatahub.com/blog/patient-health-monitoring-improving-quality-care-real-time-analytics

Hightech-Forum (Hrsg.) (2017a), Gute Ideen zur Wirkung bringen. Umsetzungsimpulse des Hightech-Forums zur Hightech-Strategie, Berlin.

Hightech-Forum (Hrsg.) (2017b), Gemeinsam besser: Nachhaltige Wertschöpfung, Wohlstand und Lebensqualität im digitalen Zeitalter – Innovationspolitische Leitlinien des Hightech-Forums, Berlin. http://www.hightech-forum.de/fileadmin/PDF/hightech-forum_leitlinien.pdf

ITU (2017), Measuring the Information Society Report 2017, Geneva (Switzerland), Verfügbar unter http://www.itu.int/en/ITU-D/Statistics/Pages/publications/mis2017.aspx.

Laksanasopin, T. et al. (2015), A smartphone dongle for diagnosis of infectious diseases at the point of care, Science Translational Medicine, Vol. 7, Issue 273, pp. 273.

Lazer, D. et al. (2014a), The Parable of Google Flu: Traps in Big Data Analysis, Science, Vol. 343, Issue 6176, pp. 1203-1205.
Lazer, D. et al. (2014b), Twitter: Big data opportunities—Response, Science, Vol. 345, Issue 6193, pp. 148-149.
Merchant, R.M., Elmer, S. Lurie, N. (2011) Integrating Social Media into Emergency-Preparedness Efforts. Perspective. July 28, 2011 N Engl J Med 2011; 365:289-291. DOI: 10.1056/NEJMp1103591
Ndung'u, Njuguna (2018): Chapter 3 – The M-Pesa Technological Revolution for Financial Services in Kenya: A Platform for Financial Inclusion, In Handbook of Blockchain, Digital Finance, and Inclusion, Volume 1, Academic Press, 2018, Pages 37-56, ISBN 9780128104415, https://doi.org/10.1016/B978-0-12-810441-5.00003-8.
Nieddu, Garrett T.; Billings, Lora; Kaufman, James H.; Forgoston, Eric; Bianco, Simone (2017): Extinction pathways and outbreak vulnerability in a stochastic Ebola model. In: Journal of the Royal Society, Interface 14 (127). DOI: 10.1098/rsif.2016.0847.
Nkonya, E., Anderson, W., Kato, E., Koo, J., Mirzabaev, A., von Braun, J. and Meyer, S. (2016), Global Cost of Land Degradation, In Nkonya, E., A. Mirzabaev, J. von Braun (ed.) 2016. Economics of land degradation and sustainable land management. Springer.
OECD/Eurostat (2005), The Measurement of Scientific and Technological Activities—Oslo Manual: Guidelines for Collecting and Interpreting Innovation Data, 3. Ed., OECD Publishing.
Pontifical Academy of Sciences (2017), The Proceedings of the Workshop on Power and Limits of Artificial Intelligence. Casina Pio IV, 30 Nov-1 Dez 2016. Vatican City (Scripta Varia, 132). Online verfügbar unter http://www.casinapioiv.va/content/dam/accademia/pdf/scripta_varia_132.pdf.
Smith, G., Macauslan, I., Butters, S. and Trommé, M. (2011): New technologies in cash transfer programming and humanitarian assistance. The Cash learning partnership (Calp). Verfügbar unter: http://www.cashlearning.org/resources/library/272-new-technologies-in-cash-transfer-programming-and-humanitarian-assistance.
Stephens-Davidowitz, S. (2017), Everybody Lies – Big Data, New Data, and What the Internet Can Tell Us About Who We Really Are, Dey Street Books.
Torero, M. und von Braun, J. (Eds.) (2006), Information and communication technologies for development and poverty reduction: the potential of telecommunications, Baltimore, MD: Johns Hopkins University Press.
UNHCR (2012): An Introduction to Cash-Based Interventions in UNHCR Operations, Geneva, Switzerland, Verfügbar unter: http://www.unhcr.org/515a959e9.pdf.
von Braun, J. (2010), ICT for the Poor at Large Scale: Innovative Connections to Markets and Services. In: Picot A., Lorenz J. (Eds.), ICT for the Next Five Billion People, Springer, Berlin, Heidelberg.
Saini, S., Sharma, S., Gulati, A., Hussain, S., von Braun, J. (2017) Indian food and welfare schemes: Scope for digitization towards cash transfers,

ZEF – Discussion Papers on Development Policy No. 241, Center for Development Research, Bonn, August 2017
The Economist (2017) Fuel of the future. Data is giving rise to a new economy. (2017, May 6).
Ward, J.S. und Barker, A. (2013), Undefined By Data: A Survey of Big Data Definitions, arXiv:1309.5821.
World Bank Group (2016), World Development Report 2016: Digital Dividends, Washington, DC: World Bank.

Anmerkungen

1 Einen informativen Überblick über die geschichtliche Entwicklung und den aktuellen Stand der Forschung und Anwendungsmöglichkeiten der Datenanalyse aus Sicht der Informatik bietet Katharina Morik in Kapitel.
2 http://www.itu.int/en/ITU-D/Statistics/Pages/publications/mis2017/methodology.aspx
3 Als Vorreiter dieser Entwicklung gilt z.B. die 2001 gegründete Online-Enzyklopädie Wikipedia
4 https://www.safaricom.co.ke/personal/m-pesa
5 Für eine Erklärung der Technologie siehe z.B. https://followmyvote.com/online-voting-technology/blockchain-technology/
6 z.B. Brian Forde vom MIT (http://www.wired.co.uk/article/brian-forde-mit-media-lab-wired-money-2015) oder Snapcard Gründer/CEO Michael Dunworth (https://bitcoinmagazine.com/articles/snapcard-ceo-developing-countries-care-about-bitcoin-not-blockchain-1452534146/)
7 https://bitsoko.wordpress.com/bitsoko-project/
8 Beispielweise berichtete die New York Times über den enormen Energieverbrauch von Bitcoin und anderen Kryptowährungen. (https://www.nytimes.com/2018/01/21/technology/bitcoin-mining-energy-consumption.html)
9 http://www.flowminder.org/case-studies/haiti-cholera-outbreak-2010
10 https://www.ibm.com/blogs/research/2017/03/how-big-data-is-making-scientists-smarter-about-ebola/
11 http://www.kathmandulivinglabs.org/projects/quakemaporg
12 Smart Cards (oder Chipkarten) sind Kunststoffkarten mit integriertem Computerchip, die über ein Lesegerät ansteuerbar sind und sowohl für Geldauszahlungen als auch für Einkäufe genutzt werden können. Pre-Paid Karten werden mit einem bestimmten Betrag aufgeladen und sind an Bankautomaten nutzbar. Bei Mobile Money Transaktionen können über einen SMS Code an designierten Stellen Geld oder auch Coupons abgerufen werden (UNHCR 2012).
13 https://www.wfp.org/stories/kenya-wfp-introduces-electronic-cash-transfers-refugees-kakuma-camps

14 https://www.wfp.org/news/news-release/eu-funded-cash-assistance-programme-reaches-1-million-refugees-turkey

15 Eine Übersicht der vielfältigen Möglichkeiten und bereits realen Anwendungen schafft https://biooekonomie.de/digitale-landwirtschaft-it-fuer-acker-und-stall

16 http://www.virtualcity.co.ke/solutions/colateral-management

17 http://www.mfarm.co.ke

18 http://reachwater.org.uk

NEUE SATELLITEN, NEUE MODELLE, NEUE INFORMATIONEN?

Die Big-Data-Problematik von Fernerkundungsdaten in der Wasserbewirtschaftung

Andreas Schumann

1. Einleitung

Wasser stellt eine der wichtigsten Ressourcen der Menschheit dar. Es ist Teil eines natürlichen Kreislaufes, erneuert sich somit ständig und ist doch seit Milliarden Jahren auf der Erde vorhanden. Seine zeitliche und räumliche Verteilung unterliegt starken Schwankungen und erfordert eine Anpassung an menschliche Nutzungsansprüche. Zusätzlich ist der Mensch vor Schädigungen durch das Wasser zu schützen. Zunehmend rückt auch der Erhalt wasserabhängiger Ökosysteme in den Fokus des öffentlichen Interesses. Aus diesen Anforderungen ergibt sich ein großer Bedarf an Umweltdaten. Generell kann dabei zwischen Daten, die direkte Informationen zu den Komponenten des hydrologischen Kreislaufes beinhalten (zum Beispiel zum Niederschlag oder dem Abfluss an einem Fließgewässerquerschnitt) und Bestimmungsgrößen, aus denen diese Komponenten ermittelt werden können, wie zum Beispiel Daten zu den klimatologischen Verhältnissen, zur Landnutzung, aber auch Informationen über anthropogene Eingriffe und Einwirkungen auf die Wasserressourcen, unterschieden werden.

Die Wasserbewirtschaftung basiert auf einer möglichst zuverlässigen Kenntnis der Verfügbarkeit der Wasserressourcen, d.h. zum Wasserdargebot. Für operationelle Zwecke, d.h. für die Steuerung und Regelung wasserwirtschaftlicher

Systeme, werden diese Daten in Echtzeit benötigt, für die Planung und den Entwurf von wasserwirtschaftlichen Anlagen dagegen in ihrer langzeitlichen Variabilität unter besonderer Berücksichtigung ihres stochastischen Charakters und der Wahrscheinlichkeit von Extremwerten. Da wasserwirtschaftliche Aktivitäten bestimmte anthropogene Nutzungen ermöglichen, zugleich aber oftmals andere Nutzungen erschweren oder gar unmöglich machen, sind Daten zum Status der hydrologischen Verhältnisse und zu den bestimmenden Einflussfaktoren von großer wirtschaftlicher, oftmals aber auch von politischer Bedeutung. Hierbei stellt sich meist auch die Frage, wie ausgeprägt die jeweiligen anthropogenen Eingriffe und Einflüsse sind. Da es sich insbesondere bei größeren Flussgebieten meist um wasserwirtschaftliche Systeme handelt, d.h. um verschiedene technische Komponenten, die gemeinsam, aber in unterschiedlicher Weise Einfluss auf Wassermenge und -beschaffenheit nehmen, werden hierfür vielfältige Informationen benötigt, die einerseits die anthropogenen Einwirkungen und andererseits die Variabilität der hydrometeorologischen Bedingungen charakterisieren sollen. Da es sich oftmals um langfristig wirksame Eingriffe handelt, stellt die Veränderung der hydrologischen Bedingungen, die sich meist aus der Überlagerung der klimatischen Variabilität mit Nutzungseinflüssen ergibt, ein besonderes Problem dar, da sich derzeitige und zukünftige Systemzustände nur bedingt aus den, in der Vergangenheit erhobenen Daten ableiten lassen. Ein Beispiel soll die Bedeutung von Fernerkundungsdaten erläutern. Betrachtet wird hierzu das Toshka-Projekt in Ägypten. Mit diesem Projekt, dessen veranschlagte Kosten etwa 60 Mrd. USD umfassen, sollte mit einer Wasserüberleitung aus dem Nasser-See, der durch den Assuan-Staudamm aufgestaut wird, ein neuer Lebensraum für 3 Millionen Menschen im der Wüste im Südwesten des Landes erschlossen werden. Allein 2,4 Mrd. USD wurden in die weltgrößte Pumpstation für Bewässerungszwecke investiert, deren 24 Pumpen täglich 25 Mio. m^3 Wasser des Nasser-Sees in den, an der Sohle 30 m und an der Oberkante 54 m breiten und 6 m tiefen 320 km langen Scheich-Said-Kanal fördern sollten und dabei einen Ni-

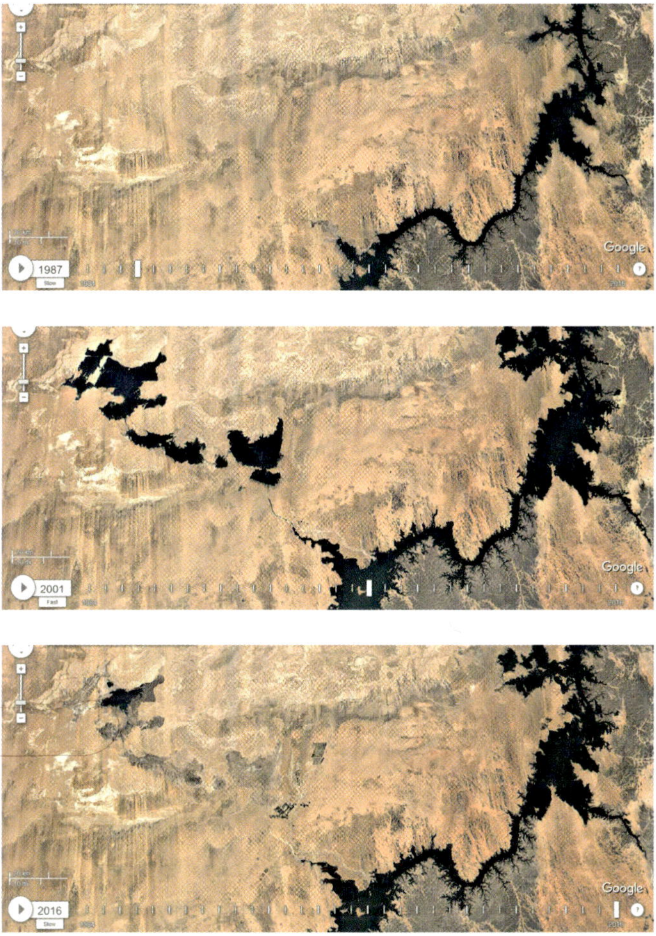

Abb. 1:Drei Satellitenaufnahmen des Toshka-Projektes in Ägypten. Oben (1987): vor Projektbeginn, Mitte (2001): gefüllte Speicher, unten (2016): ausgetrocknetes Speicherbecken (Quelle: Google Timelapse)

veauunterschied von 50 m zu überwinden haben. Die Entwicklung des Projektes kann anhand von drei Satellitenbildern, die in Google Timelapse enthalten sind (Abbildung 1), verdeutlich werden. Um das Jahr 2001 waren beträchtliche Wassermengen in den Bereich der Toshka-Senke übergeleitet worden, danach erwies sich der weitere Verlauf der Erschließung jedoch als problematisch. Es zeigte sich, dass die Bewässerung zu einer starken Versalzung der Wüstenböden führte und die geplanten Neuansiedelungen aus dem überbevölkerten Nildelta infolge des extremen Klimas schwierig waren. Somit wurde die Ausbaustufe des Projektes aufgrund technischer und wirtschaftlicher Problem zeitlich ausgedehnt. So zeigt die Aufnahme des Jahres 2016 neben einigen neu erschlossen Bewässerungsgebieten (Kreis) weitgehend ausgetrocknete Speicherbecken. Das Beispiel verdeutlicht die Möglichkeiten, großräumige Aussagen zu wasserwirtschaftlichen Veränderungen durch Satellitendaten zu erhalten und den Ausbaugrad und die Nutzung großräumiger wasserwirtschaftlicher Projekte zu bewerten.

Um die hydrologischen und wasserwirtschaftlichen Optionen der satellitengestützten Fernerkundung zu verdeutlichen werden nachfolgend zunächst die konventionellen Datengrundlagen für die Charakterisierung der natürlichen hydrologischen Systeme und damit für die Belange der Wasserbewirtschaftung dargestellt. Besonders wird das Skalenproblem diskutiert. Im Folgenden werden dann einige Möglichkeiten zur Bereitstellung und Verbesserung hydrologisch und wasserwirtschaftlich relevanter Informationen aus Fernerkundungsdaten diskutiert. Es wird gezeigt, dass es sich hierbei mittlerweile um ein „Big Data"- Problem handelt, das besondere Anforderungen an die Anwender dieser Daten stellt. Es besteht ein großes Potenzial für die Nutzung derartiger neuer Datenquellen, zugleich aber auch besondere Herausforderungen infolge eines bereits immensen und ständig schneller zunehmenden Datenvolumens, aus der hohen Geschwindigkeit, mit denen diese Daten generiert und transferiert werden müssen, und aus der großen Bandbreite unterschiedlicher Datentypen und -quellen. Diese Eigenschaften haben satellitengestützte Fernerkundungsdaten mit anderen Daten der Kategorie „Big Data" gemeinsam. Damit ergeben sich Gemeinsamkeiten im Bereich der automatischen Auswertung derartiger Daten, die eine Verwendung ähnlicher Algorithmen des „Machine Learning" erlaubt. Die globalen Informationsgiganten wie Google oder Amazon haben dieses Geschäftsfeld erkannt und bieten mittlerweile Fernerkundungsdaten und vielfältige Softwarelösungen zu deren Auswertung an. Dabei ergeben sich neue Konzepte für die Zusammenarbeit zwischen Produzenten und Anwendern dieser Daten, in denen diese Anbieter eine wesentliche Rolle spielen.

2. Skalenprobleme in der Hydrologie und Wasserwirtschaft

In der Hydrologie, der Wissenschaft vom Wasser, seinen Eigenschaften und seinen Erscheinungsformen auf und unter der Landoberfläche, die die Grundlage der Wasserwirtschaft darstellt, sind zwei Arten von Skalen zu unterscheiden, Raum- und Zeitskalen. Unter einer Skala wird hier eine charakteristische Zeit oder Länge (Entfernung) eines Prozesses, einer Beobachtung oder eines Modells verstanden. Oftmals können hydrologische Prozesse allerdings nur am Punkt oder auf kleinen Skalen beobachtet werden, obwohl die Anwendungen dann aber Aussagen auf großen Skalen erfordern. Zwei Beispiele für Skalenübergänge zwischen der Datenerfassung und der Datennutzung: Niederschlagsmessungen erfolgen an einem Punkt, werden dann aber auf eine Landfläche von vielen Quadratkilometern übertragen, die hydrologische Bemessung einer Talsperre für einen geplanten Betriebszeitraum von etwa 100 Jahren erfolgt auf der Grundlage einer Abflussreihe von nur wenigen Jahren. Abbildung 2 gibt einen Überblick über die relevanten Zeitskalen für wasserwirtschaftliche Fragestellungen, die einen weiten Bereich abdecken (Blöschl und Sivapalan 1995).

Viele hydrologische Prozesse laufen zudem auf sehr unterschiedlichen Skalen ab. So bildet sich z.B. Abfluss von einer ungesättigten oder versiegelten Fläche infolge hoher Niederschlagsintensitäten auf einer Längenskala von 1 Meter und einer Zeitskala von 1 Minute, Hochwasserereignisse in

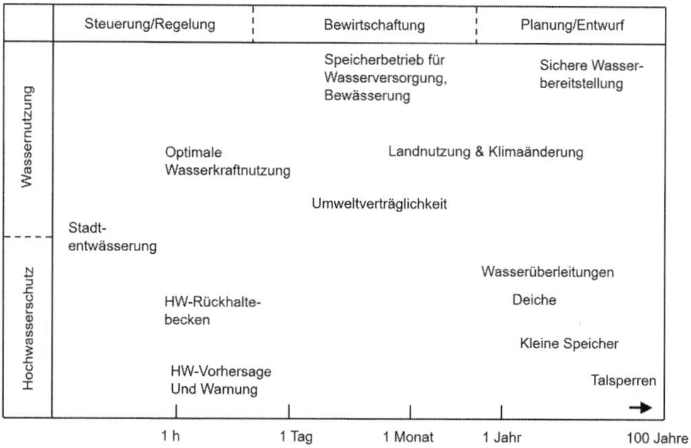

Abb. 2: Zeitskalen für wasserwirtschaftliche Fragestellungen (Blöschl und Sivapalan, 1995)

großen Flussgebieten, die derartige Abflüsse beinhalten, aber auf Flächen von 10.000 km^2 und über mehrere Tage. Sturzfluten dauern nur einige Minuten an, Grundwasserabflüsse erfolgen über Zeitskalen von Jahren oder Jahrzehnten. Auch Niederschlagsprozesse verlaufen auf unterschiedlichen Skalen. So sind in Niederschlagsfronten, die auf Skalen von 1000 km und 1 Tag ablaufen, oftmals konvektive Zellen mit einer Längenskala von 1 km und einer Zeitskala von 1 Stunde eingebettet. Typische Zeit- und Raumskalen sind in Abbildung 3 (Skoien et al. 2003) dargestellt, wobei Längen- und Zeitskalen zu charakteristischen Geschwindigkeiten verknüpft werden.

Unsere Kenntnisse über hydrologische Prozesse hängen von der jeweiligen Beobachtungs- bzw. Messskala ab. Diese Skala wird durch den räumlichen oder zeitlichen Bereich der Daten, die Auflösung dieser Daten und das jeweilige Integrationsvolumen charakterisiert werden. Beispielsweise beruht die bereits angesprochene Niederschlagsmessung auf der Auffangfläche eines Ombrometers, die in Deutschland 200 cm^2 beträgt. Geht man davon aus, dass etwa 3000

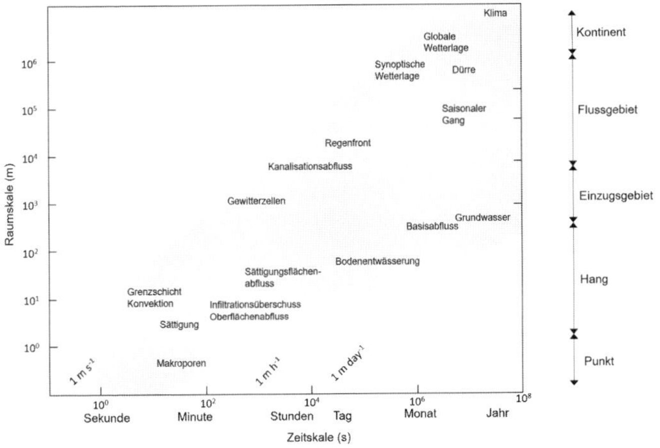

Abb. 3: Charakteristischer Geschwindigkeitsbereich hydrologischer Prozesse (Skolen et al., 2003)

derartige Geräte über Deutschland verteilt sind, so ist für etwa 120 km^2 Fläche eine, quasi punktförmige Niederschlagsmessung verfügbar. Dagegen bedingt die Erfassung von Abflüssen einen gänzlich anderen Raumbezug. Abflüsse werden an einem Fließgewässerquerschnitt mit einem Pegel integral für mehrere hunderte oder tausende Quadratkilometer Wassereinzugsgebiet erfasst, die über diesen Querschnitt entwässern. Je nach der betrachteten Messgröße und dem verwendeten Messverfahren variiert die zeitliche Auflösung von Minuten über Tage bis hin zu monatlichen Werten. Generell ist die zeitliche Auflösung der hydrologischen Messungen in der Regel wesentlich höher als die räumliche.

Das Skalenproblem der Datenerfassung pflanzt sich fort, wenn hydrologische Prozesse durch mathematische hydrologische Modelle beschrieben werden, die mittlerweile ein wesentliches Hilfsmittel der Wasserbewirtschaftung darstellen. In der Regel wird die Skala der Modellierung entsprechend der Zielsetzung und der Verwendung des Modellergebnisses gewählt. Typische Zeitskalen der Modelle sind Stunden (für Hochwasservorhersagen), Tage (für Abflussvorhersagen, zum Beispiel für schiffbare Flüsse), Monate (für Wasserhaushaltsberechnungen) oder Jahre (für Abschätzungen der Grundwasserneubildung). Die Raumskalen, charakterisiert durch Längeneinheiten, variieren zwischen 1m (Infiltration), 100m (Hänge), 10km (Einzugsgebiet) und 1000km (Regionen, Kontinente).

Messdaten von Komponenten des hydrologischen Kreislaufes werden in der Regel auf der Punktskale ermittelt. Hierzu zählen insbesondere Niederschlags- und Abflussdaten, die dann auf eine Fläche, in der Regel auf ein Wassereinzugsgebiet, bezogen werden. Weitere, ebenfalls punktförmig erfasste Daten charakterisieren Änderungen hydrologischer Zustandsgrößen wie zum Beispiel der Bodenfeuchte oder der Schneedecke. Aus den Besonderheiten der großräumigen Datenanforderungen der Wasserwirtschaft ergibt sich ein spezifisches Anforderungsprofil an Fernerkundungsdaten, das in immer stärkerem Maße durch neue Sensoren abgedeckt werden kann. Diese Daten gewinnen zusätzlich an Wert, da nunmehr längere Zeitreihen zur Verfügung stehen.

3. Fernerkundungsdaten in der Hydrologie und Wasserwirtschaft

3.1 Entwicklung der Erkundungstechnologie und der Datenverfügbarkeit

Satellitengestützte Sensoren bieten heute weitgehende Möglichkeiten zur globalen Umweltüberwachung. Die Wurzeln der Fernerkundung liegen in den Luftbildaufnahmen der Weltkriege, die zur militärischen Aufklärung genutzt wurden. Der Einsatz von Satelliten begann im Oktober 1957 mit dem sowjetischen Sputnik, dem 1958 der amerikanische Explorer folgte. In den Folgejahren wurden Spionagesatelliten von beiden Großmächten im kalten Krieg eingesetzt. Eine erste zivile Nutzung erfuhr die Satellitentechnik ab 1960 mit dem TIROS- Programm (Television and Infrared Observational Satellite) der USA. Diese Satelliten waren mit zwei Kamerasystemen (Vidicon-Weitwinkelkameras mit einer Auflösung von etwa 3 km und einer Schwadbreite von bis zu 1200 km sowie auf dem Absorptionsprinzip beruhenden Strahlungsmessgeräten mit einer Auflösung von 50 km) ausgerüstet. Mit ihnen begann die Ära der Wettersatelliten, die in den siebziger Jahren mit den geostationären Satelliten der Reihe GOES (Geostationary Operational Environmental Satellite) der US-amerikanischen Wetterbehörde NOAA und bis heute fortgesetzt wurde.

1972 begann die Erderkundung und Umweltüberwachung mit den Landsat-Satelliten. Erstmalig wurden im zivilen Bereich Multi-Spektral-Sensoren eingesetzt. Das Aufnahmesystem von Landsat-1 lieferte Daten für vier Spektralkanäle bei einer räumlichen Auflösung von 79 Metern und einer globalen Überdeckung innerhalb eines Zeitraumes von 16 Tagen. 1982 wurde Landsat-4 gestartet. Der dort eingesetzte Thematic Mapper (TM) hatte sieben Spektralbänder, sechs mit einer räumlichen Auflösung von 30 Metern und einem Sensor im thermischen Infrarotbereich mit einer 120 m Auflösung, mit dem die Oberflächentemperatur ermittelt werden konnte. Zwei neue Spektralbereiche (kurzwelliges Infrarot) wurden verwendet, um erstmalig Schnee von Wolken zu unterscheiden. Seit 2013 wird Landsat-8 eingesetzt, der zwei Sensoren mit neun Spektralbändern nutzt. Satelliten der Landsat- Reihe liefern damit kontinuierlich seit mehr als 40 Jahren Daten.

Das EOS-System (Earth Observing System) der NASA startete 1999 und erlaubt seitdem eine globale Erfassung von Daten in zeitlichen Abständen von 1 bis 2 Tagen, die heute vorprozessiert relativ einfach und zum Großteil kostenfrei bereitgestellt werden. Eine besonders große Verbreitung haben hierbei die mehr als 40 MODIS-Produkte (Moderate Resolution Imaging Spectroradiometer) gefunden. Standardmäßig werden hierbei Daten für die Atmosphäre (unter anderem zur Bewölkung und dem Wasser- bzw. Aerosolgehalt), zur Erdoberfläche (Status der Vegetation, Landnutzung, thermische Anomalien oder Daten zur Schnee- und Eisbedeckung) und zu den Ozeanen (u. a. zum

Schwebstoff- und Chlorophyll- Gehalt) aus Spektralinformationen abgeleitet und bereitgestellt.

Das Programm Copernicus (bis 2012 als GMES „Global Monitoring for Environment and Security" bezeichnet) wurde 1998 von der Europäischen Kommission mit dem Ziel eines unabhängigen und leistungsstarken europäischen Erdbeobachtungssystems begonnen. Copernicus beinhaltet die Erhebung, Verarbeitung und öffentliche Bereitstellung von Erdbeobachtungsdaten zum Status der Erde. Die Daten werden von einer Reihe von unterschiedlichen Systemen erhoben (terrestrische, marine und flugzeuggestützte Messnetzwerke), wobei jedoch Erdbeobachtungssatelliten die bedeutendste Rolle spielen. Das Kernstück der Satellitenfernerkundung unter Copernicus ist die Satellitenreihe „Sentinel". Sie umfasst insgesamt sechs Satellitenmissionen, die eine Reihe unterschiedlicher Fernerkundungstechnologien und Sensoren beinhalten und damit verschiedene Anwendungsbereiche abdecken. Einige Missionen stützen sich dabei auf zwei gleich ausgestattete Satelliten (A und B), um langfristig eine höhere zeitliche Wiederholungsrate der Satellitenaufnahmen sicherzustellen:

- Sentinel-1 (Start Sentinel-1A im April 2014, 1B im April 2016, 1C und 1D noch nicht bekannt) liefert Radar-Satellitenbilder für das Monitoring der Land- und Meeresoberfläche,
- Sentinel-2 (Start von 2A im Juni 2015, 2B im März 2017) liefert hochauflösende, multispektrale optische Satellitenbilder für das Monitoring der Land- und Meeresumwelt.
- Sentinel-3 (Start 3A Februar 2016, 3B November 2017) liefert optische Bilder in mittlerer Auflösung sowie altimetrische und radiometrische Daten für das Monitoring der Land- und Meeresoberfläche,
- Sentinel-4 soll die Zusammensetzung der Atmosphäre über Spektrometer überwachen und wird auf EUMETSAT Satelliten der Meteosat Third Generation (MTG) Reihe in geostationärem Orbit installiert. Die Sentinel-4 Mission soll 2021 gestartet werden und dient wie Sentinel-5 dem Copernicus Atmosphere Monitoring Service (CAMS).

- Sentinel-6 soll ab 2020 mit Hilfe von Radar-Altimetern Messungen des Meeresspiegels durchführen.

Neben den großen Raumfahrtagenturen etabliert sich seit 2003 ein neuer Bereich von Entwicklern und Betreibern von satellitengestützten Fernerkundungssystemen aus dem universitären und kommerziellen Sektor (McCabe et al. 2017). Kleinsatelliten standardisierter Dimensionen, sogenannte Cubes, werden mit kommerziellen Raketensystemen in ihre Umlaufbahn gebracht. Die Größe einer Unit (U) beträgt dabei 11,35 cm x 10 cm x 10 cm bei einer maximalen Masse von 1,33 kg. Durch den Einsatz mehrerer Replikatsensoren besteht nunmehr die Möglichkeit einer wesentlich höheren zeitlichen Aufnahmedichte. Gleichzeitig werden derartige Picosatelliten zur Erprobung von Technologien, die schon für größere Satelliten verfügbar sind (z.B. zur Lageregelung) in stark verkleinertem Maßstab genutzt. Mit diesen Systemen können neue Sensoren erprobt und neue Erfahrungen in vielfältigen Anwendungsbereichen gesammelt werden. Im Vergleich zu den großen Finanzmitteln der Weltraumagenturen sind hierfür wesentlich geringere Aufwendungen möglich, was aber durch die Vielzahl der eingesetzten Mikrosysteme ausgeglichen wird. Zum Beispiel beträgt das Budget von Copernicus für den Zeitraum 2014 bis 2020 z.B. 4,3 Milliarden €. Ein Mikrosatellit kann dagegen für einige zehntausend Euro gebaut und in seine Umlaufbahn gebracht werden. So hat die Firma Planet seit 2013 bereits 149 Satelliten gestartet (am 17.2.2017 allein 88 Einheiten) und betreibt damit nach eigenen Angaben das zahlenmäßig umfangreichste Satellitennetz. Die Aufnahmen im sichtbaren (RGB-) und Nah-Infrarot-Bereich haben eine Auflösung von 3 bis 5 Metern und bieten im Bereich von 52 Breitengraden um den Äquator eine nahezu tägliche globale Abdeckung. Ein wesentliches Geschäftsfeld derartiger kommerziellen Anbieter stellt der stark wachsende Bereich des „precision farming“ dar, aber auch das hydrologische Potential derartiger Systeme ist enorm (McCabe et al. 2017).

3.2 *Anwendungen für Fernerkundungsdaten für die Wasserbewirtschaftung*

Fernerkundungsverfahren basieren auf Sensoren, die mit unterschiedlichen zeitlichen und räumlichen Auflösungen die Reflexion (aktive Sensoren) und die Intensität der Ausstrahlung der Erdoberfläche und Atmosphäre (passive Sensoren) in unterschiedlichen Spektralbereichen erfassen. Einen Überblick über die gebräuchlichsten Spektralbereiche und

Spektralbereich	Bezeichnung	Nutzungsmöglichkeit
450-520 nm	Blau	Daten zur Atmosphäre, Wasserkörpern (bis zu 50 m Tiefe), Vegetation und Landnutzung
515..520 bis 590..600 nm	Grün	Reflektivität gesunder Vegetation
600..630 bis 680..690 nm	Rot	Diskriminanzanalyse verschiedener Vegetationstypen aufgrund der Rot-Absorption des Chlorophylls
750 bis 900 nm	Nahes Infrarot (NIR),	Biomasse, Ermittlung von Nutzpflanzenarten, Unterscheidung zwischen Nutzpflanzen und unbewachsenen Bodenoberfläche, Grenze zwischen Wasser- und Landflächen
1550 bis 1750 nm	Infrarot (MIR),	Erfassung der Vegetation, der Bodenfeuchte, von Waldbränden und geologische Formationen
2080 bis 2350 nm	Fernes Infrarot (FIR),	Erfassung der Bodenfeuchte
10400 bis 12500 nm	Langwelliges Infrarot,	thermische Unterschiede, geologische Strukturen, indirekte Erfassung von Wasserflüssen (Wolkenoberfläche)
300 mm bis 1 mm	Mikrowelle	Schneebedeckung und Höhe, Wassergehalt der Vegetation und der obersten Schicht der Erdoberfläche, Topographie

Tabelle 1: Anwendungsmöglichkeiten unterschiedlicher Spektralinformationen in der Hydrologie (Schultz und Engman, 2012)

die Nutzung der entsprechenden Daten in der Hydrologie gibt Tabelle 1 (Schultz und Engman, 2012).

Generell können in der Hydrologie zwei Anwendungsbereiche von Fernerkundungsdaten unterschieden werden:

1. Die Erfassung von Wasserhaushaltsgrößen. Durch Fernerkundungsdaten können indirekt Niederschläge und Abflussdaten, die Verdunstung (Evapotranspiration) und die verschiedensten Formen der Wasserspeicherung (als Bodenfeuchte, in der Schneedecke, in Talsperren und Seen, sowie als summarische Größe für große Regionen) erfasst werden.
2. Die Ermittlung von Landnutzungs- und Zustandsdaten der Erdoberfläche (z.B. der Wasserbedeckung oder der Vegetation) als Indikatoren für die jeweils von diesen Größen abhängigen hydrologischen Prozesse. In der Regel basieren derartige Daten aus der Fusion von Daten aus verschiedenen Spektralbereich in Indizes.

Einen Überblick über hydrologische Größen, die aus Fernerkundungsdaten abgeleitet werden können, geben Lettenmaier et al. (2015):

Niederschlag

Niederschlagsdaten sind die Grundlage für nahezu alle hydrologischen Analysen und Vorhersagen. Insbesondere in Entwicklungsländern sind die herkömmlichen Niederschlagsmessungen in der Regel in ihrer räumlichen Auflösung unzureichend. Seit der Mitte der 70er Jahre werden deshalb satellitengestützte Erfassungen von Niederschlägen erprobt. Die meisten derartiger Systeme basierten auf Infrarot-Beobachtungen der Temperatur an der Wolkenoberfläche durch geostationäre Satelliten. Für konvektive Niederschläge ist diese Temperatur invers proportional zur Niederschlagsintensität. Die Daten standen zunächst mit einer hohen zeitlichen Auflösung (15 bis 30 Minuten) bei einer räumlichen Auflösung von etwa 4 km zur Verfügung. Die Ableitung von Aussagen zu Niederschlagshöhen beschränkte sich jedoch auf konvektive Niederschlagsformen, die man meist in niedrigen Breitengraden und im Sommer beobachten kann, da die korrelative Beziehung zwischen der Temperatur an der Wolkenoberfläche und dem Niederschlag am Boden für eine stratiforme Bewölkung wesentlich schwächer ausgeprägt ist. Heute nutzt man deshalb meist passive Mikrowellensensoren, mit denen die natürlich emittierte Mikrowellenstrahlung der Erdoberfläche und deren Veränderung durch den atmosphärischen Wasserdampf erfasst werden kann. Frequenzen unter 37 GHz erfassen dabei indirekt den Wasserdampfgehalt und die Regentropfen in der Atmosphäre. Bei höheren Frequenzen werden die Emissionen durch die Eiskristalle zerstreut. Diese Nutzung der Mikrowellenstrahlung ist insbesondere für den Bereich der Ozeane gut geeignet, da deren Oberfläche als gleichmäßig kalt erscheint. Über Landflächen stellen die räumlich stark variierenden und im Allgemeinen hohen Emissionen ein Problem für die Transformation des Eingangssignals dar. Ein generelles Problem der Niederschlagsdatenerfassung besteht dabei in der fehlenden Berücksichtigung orografischer Effekte und heterogener Landflächen. Da die Anzahl der nutzbaren Spektralkanäle zudem relativ klein im Vergleich mit den Freiheitsgraden der Identifikation von Hydrometeoren ist, werden gute klimatologische Informationen, d.h. herkömmliche Niederschlagsmessungen, zur Ableitung von entsprechenden Transfer-Algorithmen benötigt. Derartige Algorithmen berücksichtigen heute die vertikalen Profile der Temperatur, der Luftfeuchtigkeit und des Gehaltes an Hydrometeoren auf der Grundlage von terrestrischen Zweiband-Niederschlagsradardaten und Radiosonden. Seit 1997 wird im Rahmen der Tropical Rainfall Measuring Mission (TRMM) ein weltraumgestütztes Niederschlagsradar eingesetzt. Dieses Radar liefert Informationen, die den passiven Mikrowellensystemen überlegen sind, hat aber einen relativ schmalen Aufnahmekorridor (Schwadbreite) von 245 km und liefert zudem nur Informationen für den Nadier, d.h. für den dem Zenit gegenüberliegenden Fußpunkt. Diese Einschränkung erlaubt es somit nur alle 2,5 bis 5 Tage einen Punkt auf der Erdoberfläche zu erfassen. Die passiven Mikrowellensensoren erfassen dagegen jeden Punkt der Erde etwa 2mal am Tag, wobei moderne Systeme auch eine Erfassung in 3-Stundenintervallen zulassen.

Neben Regen kann auch Schnee durch die Fernerkundung erfasst werden, es handelt sich hierbei aber noch um ein Forschungsobjekt. Sequenzen unter 100 GHz erfassen den Zustand der Oberfläche, können aber zwischen dem Eis in Wolken und dem Eis auf gefrorener Landoberfläche nicht unterscheiden. Damit haben die Erfassungstechniken insbesondere im Winter und in hohen Breitengraden Probleme, Schneefall zu charakterisieren. Auch stellen einzelne Schneeflecken und deren räumliche Ausbreitung ein besonderes Problem für die Datenerfassung dar. Trotz dieser Einschränkung sind satellitengestützte Niederschlagsdaten insbesondere für große Flussgebiete bereits heute ein wertvolles Hilfsmittel für die Hochwasservorhersage.

Durchflüsse in Fließgewässern

Die herkömmliche Abflusserfassung in Flüssen basiert auf der Ermittlung des Wasserstandes, der dann unter Beachtung der hydraulischen Gegebenheiten in Abflüsse transformiert wird. Höhendaten, die durch aktive Mikrowellensensoren, d.h. durch Laufzeitunterschiede und Phasenveränderungen erfasst werden, können derartige Wasserstandsdaten liefern. Dies gilt insbesondere für sehr große Flüsse, wie z. B. den Amazonas. Das Senden und Empfangen derartiger Daten erfordert eine hinreichende Überflugdauer, um die Fehler in den Höhendaten auszugleichen. Im Rahmen einer gemeinsamen US-amerikanischen und französischen Satellitenmission SWOT (Surface Water und Ocean-Topography), die 2020 gestartet werden soll, ist es geplant, die Wasserstandsdaten aus zweidimensionalen Bildern der Oberfläche zu ermitteln und dabei eine Genauigkeit von 1 cm für 1 km^2 Wasseroberfläche zu erhalten. Die Schwadbreite soll 120 km betragen. Im Gegensatz zu den bisherigen Messungen wird es dabei möglich sein, nicht nur die Nadir-Werte zu verwenden. Zusätzlich soll es zukünftig möglich werden, das Gefälle der Wasseroberfläche zu ermitteln und hierbei eine Genauigkeit von 1 cm pro 10 km Flusslänge zu erreichen. Auch die Breite der Wasseroberfläche des Fließgewässers kann genauer erfasst werden. Die globale Aufnahmerate dieser SWOT-Mission soll 21,86 Tage betragen, wobei die überlappenden Aufnahmestreifen mindestens zwei Messungen innerhalb dieses Intervalls erlauben sollen. Als Einsatzgebiet werden Flüsse mit Breiten ab mindestens 100 Metern angegeben. Aus der Oberfläche, der Breite und dem Gefälle sollen mit Hilfe der eindimensionalen Saint-Venant´schen-Gleichung Abflussdaten auf hydraulischem Wege abgeleitet werden, was allerdings insbesondere bei unbekannten Querschnitten mit starken Unsicherheiten verbunden ist.

Evapotranspiration

Die Evapotranspiration, die sich aus der Verdunstung von den vegetationsfreien Landflächen, von Wasser- und Vegetationsoberflächen sowie der Transpiration durch die Pflanzenbestände ergibt, ist sowohl Teil des Wasser- als auch des Energiehaushaltes. Die Evapotranspiration bedingt einen fortwährenden latenten Wärmestrom von der Erdoberfläche in die Atmosphäre. Die Verdunstung hängt stark von den Eigenschaften der Landoberfläche, der Bodenart, der Topografie, der Vegetationshöhe und der Struktur der Vegetation ab. Im Gegensatz zu anderen Wasserhaushaltsgrößen erfordert die Erfassung der Verdunstung stets eine Kombination der Daten verschiedener Messeinrichtungen bzw. Sensoren. Erschwerend kommt hinzu, dass die Evapotranspiration in herkömmlicher Art und Weise in Bodenhöhe nur indirekt und mit hohem Aufwand gemessen werden kann. Damit stehen für die Kalibrierung und Validierung der Algorithmen zur Verdunstungsermittlung aus Fernerkundungsdaten nur begrenzte Informationen zur Verfügung. Von den hierzu verfügbaren Fernerkundungsdaten sind die Temperaturwerte an der Landoberfläche am Wichtigsten. In den ersten Anwendungen kombinierten die Algorithmen diese Oberflächentemperatur mit der Temperatur der oberflächennahen Luftschicht, um auf diese Art und Weise den Temperaturgradienten und damit den fühlbaren Wärmeaustausch zu ermitteln. Damit konnte die latente Wärme als Residuum des Oberflächenenergiebudgets erfasst werden. Nach einer

Umrechnung mit der latenten Verdunstungswärme ergab sich daraus eine erste Schätzung der Evapotranspiration. Die Erfassung dieser Grundlagedaten erfolgte seit 1982 mit Landsat-4, der über einen thermischen Infrarotsensor mit 120 Meter Auflösung verfügte. Gegenwärtig wird ein ähnlicher Sensor in Landsat-8 geflogen. Die Aufnahmerate beträgt 16 Tage, wobei allerdings die zeitliche Erfassung aufgrund der Wolkenbedeckung deutlich geringer ist. Durch MODIS erfolgt eine räumliche Erfassung mit einer Auflösung von 1 km. Mittlerweile sind auch thermische Infrarotsensoren von geostationären Satelliten verfügbar, die eine Auflö-

Index	Spektralbereiche	Anwendung
Normalized Difference Vegetation Index (NDVI)	Rot: 0,63-0,69 µm/ NIR: 0,78-0,9 µm (L7)	Pflanzenaktivität
Enhanced Vegetation Index (EVI)	Rot: 0,63-0,69 µm/ NIR: 0,78-0,9 µm/ Blau: 0,45-0,52 µm (L7)	Verbesserte Betrachtung der Pflanzenaktivität in dicht-bestandenen Gebieten durch Hinzunahme des blauen Kanals.
Red Edge Normalized Difference Vegetation Index (NDVI705)	Rot: 0,705µm / B06: 0,740µm (Sentinel)	NDVI für hochauflösende Daten
Water Band Index (WBI)	B09: 0,945-0,97 µm/ NIR: 0,84-0,90µm	Index für Wassergehalt in den Blättern
Normalized Difference Water Index (NDWI)	NIR: 0,845-0,88 µm/ MIR: 1,56-1,66 µm (L8)	Index für Wassergehalt in Pixel (Boden, Pflanze, etc)
Normalized Difference Snow Index (NDSI)	Grün: 0,525-0,6µm/ MIR: 1,56 – 1,66 µm (L8)	Maß für Schneebe deckung
Combined Drought Index (CDI)	Rot: 0,63-0,69 µm/ NIR: 0,78 -0,9 µm (L7)/Hilfsdaten: Temperatur, Niederschlag,Bodenfeuchte	Kombinierter Index für Dürre und Trockenstress

Tabelle 2: Indizes zur Zustandsermittlung der Vergetation

sung von 4 bis 5 km erlauben. Der Zustand der Vegetation wird durch Indizes, die sich aus der Kombination verschiedener Spektralinformationen ergeben, ermittelt (Tabelle 2). Der gebräuchlichste Index ist der Normalized Difference Vegetation Index (NDVI), mit dem der vegetationsbestandene Teil der Oberfläche erfasst werden kann. Durch Klimaexperimente (z.B. GEWEX) wurden in den 80er und 90er Jahren großräumige Erfassungen der Verdunstung auf der Grundlage von Fernerkundungsdaten durchgeführt, die dazu genutzt wurden, um Energiebilanzen der Erdoberfläche aufzustellen, die dann wiederum zur Anpassung von Satellitenalgorithmen genutzt wurden. Generell ist es für operationelle Zwecke erforderlich, die zeitliche Auflösung der Datenerfassung zu verbessern. Die Fernerkundung sollte hierzu mit neuen Modellansätzen zur Datenassimilation verknüpft werden. Derzeit zeigen erdgestützte Strahlungsdaten allerdings noch deutliche Unterschiede zu den Ergebnissen dieser Algorithmen.

Wasserspeicherung

Eine relative neue Art der Erfassung von gespeicherten Wassermengen auf und unter der Erdoberfläche basiert auf der Ermittlung des Schwerefeldes der Erde. Hierzu dient die Gravity Recovery and Climate Experiment-Study (GRACE). Zwei Satelliten in der gleichen Umlaufbahn werden hinsichtlich ihres Abstandes voneinander ständig überwacht. Die durch die Veränderung des Gravitationsfeldes bedingte Beschleunigung wird anhand der Änderung dieser Abstandswerte indirekt ermittelt. Damit wird es möglich, z.B. die Veränderung der Grundwasserverhältnisse in großen Räumen zu erfassen (Voss et al. 2013). Derartige Anwendungen sind jedoch auf sehr große Skalenbereiche beschränkt, d.h. es sind nur sehr großräumige Veränderungen messbar.

Schnee

Schnee stellt den wichtigsten natürlichen Wasserspeicher dar. So werden z. B. 70% der Abflüsse des Colorado Rivers im mittleren Westen der USA durch die Schneeschmelze bedingt. Die hohe Reflektivität der Schneedecke erlaubt es, die Schneebedeckung großräumig zu erfassen. Neben der Erfassung der Ausdehnung der Schneedecke spielt in der Hydrologie aber insbesondere die Schneedichte zur Ermittlung der möglichen Wasserabgabe eine große Rolle. Hierzu können Mikrowellen genutzt werden, da Wasser im Vergleich zu Eis etwa 80mal mehr Energie absorbiert. Allerdings ist die Eindringtiefe aufgrund der Signal-Auslöschung sehr begrenzt. Um die Schneehöhe zu ermitteln, können auch Lidar-Daten (Light detection and ranging, eine laserbasierte Abtastung) genutzt werden, mit denen die Dicke der Schneedecke aus einem Vergleich der Höhen der Schneeoberfläche mit den Höhendaten der schneeunbedeckten Flächen zu ermitteln sind.

Bodenfeuchte

Die Erfassung der Bodenfeuchte stellt nach wie vor ein großes Problem dar. Obwohl zahlreiche Studien sich mit dieser Thematik befasst haben, ist aufgrund der geringen Eindringtiefe der Mikrowellen der Erfassungsbereich auf die oberen 5 cm des Bodens beschränkt.

Speicherung von Oberflächenwasser

Auf der Erde werden etwa 8000 km^3 Wasser in Talsperren gespeichert. Die Erfassung dieser Wassermengen ist mit Hilfe von altimetrischen Satellitendaten, mit denen die Höhe des Wasserspiegels ermittelt werden kann, möglich. Insbesondere für Bewässerungssysteme kann die Veränderung dieser Wasserspiegel bei Einbeziehung des Zustandes der umgebenden Vegetation ein wesentliches Hilfsmittel für die Beurteilung des Bewirtschaftungseinflusses und die Effektivität der Bewässerungssysteme sein.

Wasserqualität

Infolge der globalen Erwärmung und der Änderung der Landnutzung verschlechtert sich die Süßwasserqualität in vielen Teilen der Erde (Whitehead et al., 2009). Infolge der begrenzten Verfügbarkeit von in situ Wasserqualitätsmessungen stellen Fernerkundungsdaten hier ein wesentliches

Hilfsmittel für das Monitoring dar, um z.B. die Temperatur, suspendiertes Sediment, die gelöste organische Substanz oder den Chlorophyllgehalt zu erfassen.

3.3 Anforderungen der Aufbereitung von Fernerkundungsdaten

Die Nutzung der Fernerkundungsdaten erfordert verschiedene Arbeitsschritte (Abbildung 4). Nach der Datengewinnung sind diese Informationen zunächst zu korrigieren und zu verbessern. Hierzu zählen die Geo-Referenzierung und die Korrektur etwaiger Störgrößen (zum Beispiel infolge der topographischen Verhältnisse oder der Bewölkung). Um aus den Spektraldaten die gewünschten hydrologischen Informationen zu erhalten, werden Klassifikationsverfahren angewandt. Hierbei kann zwischen überwachten (supervised) und nichtüberwachten (non-supervised) Klassifikationsverfahren unterschieden werden. Bei der überwachten Klassifizierung erfolgt die Mustererkennung oder Diskriminierung unter Einbeziehung von Zusatzinformationen (z. B. mit Referenzflächen bekannter Eigenschaften). Es handelt sich um ein überwachtes Lernen, bei dem gewisse Klasseneinteilungen und -merkmale vorgegeben werden. Hierzu werden zusätzliche Daten wie zum Beispiel Trainingsgebiete, deren Zustand bekannt ist oder Zustandsgrößen, die dazu dienen, die Spektralinformationen anzulernen, verwendet. Die nichtüberwachte Klassifizierung beruht dagegen auf statistischen Verfahren, insbesondere auf der Clusteranalyse. Gebräuchliche Klassifizierungsalgorithmen sind hier Support Vector Machines oder das Random-Forests-Verfahren.

Ein wesentliches Merkmal der verschiedenen Fernerkundungssysteme ist die räumliche und zeitliche Auflösung der Daten. Diese hängt in erster Linie von der Umlaufbahn ab. So liefern geostationäre Satelliten Daten in hoher zeitlicher Auflösung (zum Beispiel alle 15 Minuten) aber mit geringerer räumlicher Auflösung, da ihre Umlaufbahn idealerweise im Abstand von 35.786 km über dem Äquator verläuft. Satelliten zur Erderkundung befinden sich in der Regel auf erdnahen Umlaufbahnen in einer Höhe von 200 – 2000 km. Es handelt sich dabei um die energieärmsten Umlaufbahnen,

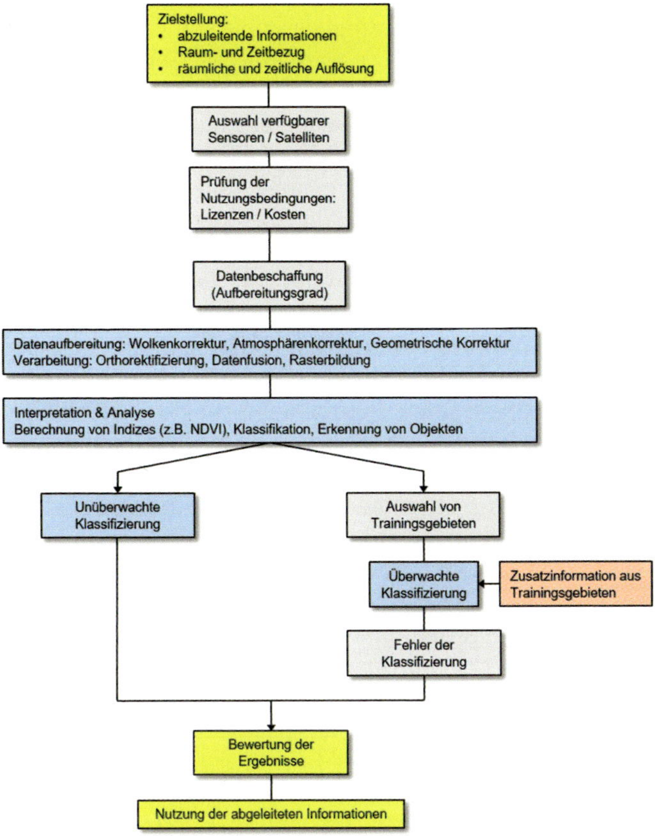

Abb. 4: Wesentliche Arbeitsschritte zur Nutzung von Satellitendaten

die am einfachsten zu erreichen sind. Sie benötigen für einen Erdumlauf nur etwa 100 Minuten, erfassen aber jeweils nur einen Aufnahmestreifen von 10 bis 20 km Breite („Schwadbreite"), wogegen geostationäre Satelliten meist die ganze Erdhalbkugel abdecken. Damit können diese erdnahen Satelliten neue Aufnahmen des gleichen Punktes der Erdoberfläche meist nur in Abständen von mehreren Tagen bereitstellen. Die zeitlichen und die räumlichen Auflösungen der Sensorsysteme verhalten sich somit umgekehrt proportional zueinander. Die vorhandenen Sensoren haben eine breite Spannweite von räumlichen Auflösungen zwischen 4 km (GEOS, Thermische Sensoren), 1 km (NOAA), 500 m (MODIS), 15 m (LANDSAT-7 ETM), 2,5 m (SPOT) bis hin zu 1 m (IKONOS). Die zeitliche Auflösung variiert zwischen einem Monat für erdnahe Satelliten und 15 Minuten für geostationäre Satelliten.

Durch die WMO werden derzeit 166 aktive Satelliten zur Erdbeobachtung aufgelistet (http://www.wmo-sat.info/oscar/satellites). Hiervon werden 30 durch die Europäische Weltraumorganisation ESA betrieben. Satellitendaten stellen damit eine wesentliche Komponente in einer komplexen Datenverarbeitungskette der Umweltüberwachung dar. Im Jahre 1998 hat die Europäische Union die Initiative „Global Monitoring for Environment und Monitoring (GMES)" gestartet. Im Rahmen dieser Initiative sollen auf der Grundlage von modernen Erdbeobachtungsdaten aktuelle Umweltdaten gewonnen werden. Ein besonderes Ziel besteht darin, die Unsicherheit derartige Daten, insbesondere die Wetterabhängigkeit der einzelnen Sensorsysteme, durch die Fusion von Informationen aus mehreren Quellen (verschiedene Satellitensensoren und verschiedene Trägersysteme) zu verringern und die Aktualität dieser Daten zu erhöhen. Das System der GMES bietet deshalb auch die Möglichkeit des Zugriffs auf Informationen von LANDSAT und SPOT. In Hinblick auf die Aktualität der Daten wird das Kernstück des Systems, die fünf Sentinel-Missionen, die mit Radar- und optischen Sensoren ausgestattete Satelliten für die Beobachtung der Erde, der Ozeane und der Atmosphäre umfassen mit jeweils mindestens zwei baugleichen Satelliten ausgerüstet. Um das Potenzial dieses Systems zu verdeutlichen wird hier die Mission Sentinel 1 kurz charakterisiert. Es handelt sich um zwei Radar-Satelliten, mit denen jeder Punkt der Erde im zeitlichen Abstand von 6 Tagen überflogen wird. Die Bodenauflösung beträgt maximal 5x5 m. Da sich die Umlaufbahnen in den höheren Breiten überschneiden sind dort wesentlich höhere Beobachtungsfrequenzen im Bereich von ein bis drei Tagen gegeben. Durch die Radardaten können

Waldgebiete, landwirtschaftliche Flächen und Stadtgebiete in ihrer zeitlichen Entwicklung analysiert werden (ESA, 2017). Durch die wolkenunabhängige Verwendung des C-Bandradars können Bewegungen und Veränderungen der Erdoberfläche im Zentimeterbereich zuverlässig festgestellt werden. Für das Notfallmanagement kann neben der Erfassung überfluteter Flächen im Hochwasserfall das Schadenspotential nach Erdbeben, Landrutschungen und Vulkanausbrüchen erfasst werden. Der Datenzugriff für Benutzer soll für ausgewählte Kernregionen innerhalb von 3 Stunden nach Erfassung des Bildes bzw. innerhalb von 24 Stunden für archivierte Fernerkundungsdaten gesichert werden. Die Datenbereitstellung ist kostenlos. Der Empfang der Satellitendaten wird durch vier Stationen (in Norwegen, Spanien, Italien und Nordamerika) gesichert, die jeweils eine Aufbereitung in quasi- Echtzeit (Near-Real Time (NRT) erlauben. Sieben Datenaufbereitungs- und Archivierungszentren (darunter die DLR in Oberpfaffenhofen) erhalten die Daten von diesen Basisstationen und speichern diese in drei Archiven (Kurzzeit, mittlere Dauer, Langzeit) über mindestens 7 Jahren. Jeweils zwei dieser Zentren halten aus Redundanzgründen die gleiche Datenbasis bereit. Sentinel 1 stellt täglich 1,8 TB Daten zur Verfügung. Geht man davon aus, dass ein Nutzer nur etwa 500 GB dieser Daten benötigt (eingeschränktes regionales Interesse, kein Bedarf an höchster Auflösung), entspricht dies bei einer Prozessorgeschwindigkeit von 5,4 Mbyte/s (Intel-7-Prozessor) einer Aufbereitungszeit von 3,2 Stunden. Geht man von der Notwendigkeit aus, stets mehrere Tage in Sequenzen gemeinsam zu bearbeiten und zu dem verschiedene Datenquellen (z.B. GOES-16, einen Wettersatelliten mit einer räumlichen Auflösung von 1 bis 2 km und einer zeitlichen Auflösung von 15 Minuten) zu verwenden so stoßen Einzelnutzer schnell an ihre rechentechnische Grenzen.

4. Fernerkundung als Big Data- Problem

Wie das letzte Beispiel zeigt, gelten für Fernerkundungsdaten heute die drei Kriterien, die für die Charakterisierung von Big Data angewandt werden: ein immenses Datenvolumen, ein hohes Tempo, mit denen diese Daten generiert und transferiert werden müssen und eine große Bandbreite unterschiedlicher Datentypen und -quellen. Diese Herausforderung wird sich noch verstärken, da seit Beginn des neuen Jahrtausends zunehmend Sensoren mit extrem hoher Auflösung eingesetzt werden. Diese „Very High Resolution- Systeme" haben Auflösungen im panchromatischen Bereich bis hin zu 0,3 m bei einer zeitlichen Wiederholungsrate von 97 Minuten (z.B. der Satellit Worldview-3). Viele Produkte ergeben sich erst aus der Fusion von unterschiedlichen Datenquellen (vgl. Tabelle 2). Zudem haben sich in den letzten 40 Jahren extreme Datenmengen in verschiedenen Archiven und unterschiedlichen Formaten angesammelt, die zur Ermittlung von großräumigen und langzeitlichen Veränderungen benötigt werden. Bereits die Erstellung von Metadatenbanken zur Verwaltung dieser Daten stellt somit eine große Herausforderung dar (Ma et al., 2015). In Abbildung 5 ist ein Beispiel für den erforderlichen Informationsgehalt von Metadateien für Fernerkundungsdaten am Beispiel der Metadatenbank der Google Earth Engine dargestellt.

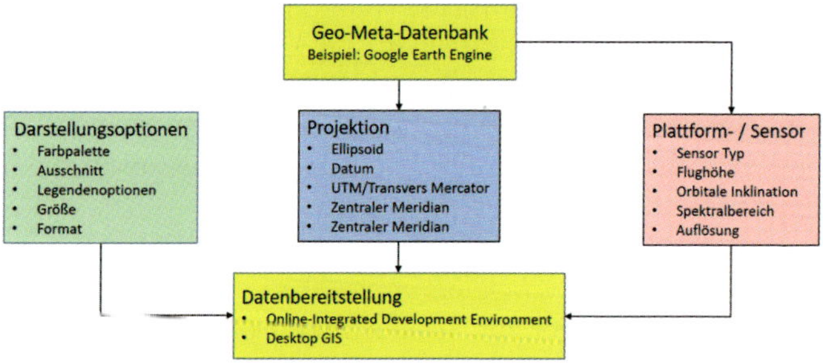

Abb. 5: Beispiel für Metadaten-Informationen für Fernerkundungsdaten

Somit bestehen in den drei Bereichen „Datenspeicherung", „Datenaufbereitung" und „Analyse" hohe informationstechnische Herausforderungen, um die immer umfangreicher werdenden Fernerkundungsdaten zu erschließen. Zu beachten sind hierbei insbesondere die unterschiedlichen zeitlichen und räumlichen Auflösungen dieser Daten, aber auch die Notwendigkeit von geeigneten Systemarchitekturen um die Input/Output-Prozesse zu optimieren. Die stark multidimensionalen Fernerkundungsdaten machen die Eingabe der Daten, die Speicherbelegung und die Abarbeitungsprozesse der Programme kompliziert und ineffizient. Auch bei der Nutzung von Parallelrechnern besteht das Problem des intensiven Datenaustausches und der Beschränkung der Bandbreite der Datennetze. Der hierfür derzeit verfügbare Message Passing Interfaces (MPI) (ein Standard, der den Nachrichtenaustausch zwischen Parallelprozessen regelt) unterstützt diese komplexen Datenstrukturen nicht hinreichend. Hierfür werden neustrukturierte Datenspeicher benötigt, die einen nicht-relationalen Ansatz (NoSQL *Not only SQL*) umsetzen und nicht mehr auf festgelegten Tabellenschemata beruhen. Die Datenaufbereitung erfordert die Abkehr von Dateien und den Übergang zu Datenströmen.

Bestand in der Vergangenheit die wesentliche Aufgabe darin, einzelne Fernerkundungsdaten zu klassifizieren und so die erforderlichen Geoinformationen zu erhalten, steht der Nutzer nunmehr vor dem Problem der Fusion verschiedener Datenquellen. Dies beinhaltet die Erfassung und Speicherung der Rohdaten, deren atmosphärische und geometrische Korrekturen, die Klassifikation, Fusion und Abstraktionen dieser Daten (zum Beispiel zur Ermittlung von Wassergehalts- oder Vegetationsindizes). Eine effiziente Bereitstellung der abgeleiteten Daten erfolgt in thematischen Informationssystemen, die neben Fernerkundungsdaten häufig auch geographische Informationen, thematische Karten, aktuelle hydrologische Daten (zum Beispiel Niederschlagswerte) und wirtschaftliche oder soziale statistische Daten (zum Beispiel zur Anbaustruktur oder der Nutzung von Bewässerungssysteme) beinhalten.

Mittlerweile werden z.B. durch die GMES- Initiative der

EU, eine Vielzahl von Satellitendaten kostenfrei angeboten und potentielle Nutzer eingeladen, diese Daten für ihre Anwendungsgebiete zu erschließen. Dies setzt jedoch bei den Anwendern beträchtliches Fachwissen und hochentwickelte Informatikkenntnisse voraus. Derzeit bestehen hierzu jedoch einige Alternativen:

Auf dem privaten Sektor bieten eine Reihe kommerzieller Anwender entsprechende, auf Fernerkundungsdaten beruhende Entwicklungsplattformen für thematische Informationssysteme an. Am bekanntesten ist hier die „Google Earth Engine“, eine Cloud-basierte Geo-Processing-Plattform, die Speicher- und Rechenleistung für hochinteraktive Algorithmenentwicklung mit großen Geodatensätze anbietet. Das umfangreiche Datenarchiv beinhaltet über 40 Jahre Erdbeobachtungen im Umfang von einigen Petabyte von Daten. Der Datenkatalog enthält ein komplettes Archiv von Szenen aus Landsat 4, 5, 7 und 8, die von der United States Geological Survey (USGS) verarbeitet wurden, eine Vielzahl von Moderate Resolution Imaging Spectro-Radiometer (MODIS)-Datenprodukten als globale Kompositbilder und zahlreiche ergänzende Bilddatenprodukte. Alle Daten sind vorverarbeitet und georeferenziert. Anwendungen von Earth Engine beinhalten die wolkenfreie Basiskarte der Erde mit einer Auflösung von 15 m, einer Reihe globaler Zeitrafferanimationen über den Zeitraum von mehreren Jahrzehnten sowie wissenschaftliche Analysen zum Beispiel bezüglich der Entwaldung, zu Klassifizierungsalgorithmen für Landnutzungen, zur Schätzung der globalen Biomasse oder zur urbanen Entwicklung. Das Earth Engine API unterstützt Java und Python. Code-Beispiele und eine Reihe von Standardalgorithmen werden angegeben.

Auch Amazon Web Services (AWS) bietet die Möglichkeit Big Data-Analyseanwendungen zu erstellen, in dem der Nutzer schnell Zugriff auf flexible und kostengünstige IT-Ressourcen erhält (https://aws.amazon.com/de/). Hierzu zählen Big Data-Anwendungen wie Data Warehouses, Clickstream-Analysen für ereignisgesteuertes Extrahieren, Transformieren und eine serverlose Datenverarbeitung. Besonders interessant für die Fernerkundung ist hier Amazon

Rekognition, ein Service, mit dem Bildanalysen durchgeführt werden können, um Objekte und Szenen zu vergleichen und Veränderungen zu erkennen. Über die Schnittstelle zur Anwendungsprogrammierung (API) von Rekognition kann man visuelle Such- und Bildklassifizierungen zu Algorithmen hinzufügen. Grundlage ist eine hochgradig skalierbare Deep Learning-Technologie, die von Amazon entwickelt wurde, um mittels maschineller Sehfunktionen (Computer Vision) für Prime Photos täglich Milliarden Bilder zu analysieren. In AWS stehen Landsat 8- Szenen ab 2015 sowie eine Auswahl von wolkenfreien Szenen von 2013 und 2014 zur Verfügung. Alle neuen Landsat 8- Szenen werden jeden Tag, oft innerhalb von wenigen Stunden, zur Verfügung gestellt. Anwender sparen durch die Nutzung des AWS Kosten für das Herunterladen und die Speicherung dieser Daten in ihren Datenverarbeitungssystemen.

Eine europäische Entwicklungsplattform für die Nutzung extrem großer Datenmengen in der wissenschaftlichen Forschung bietet Helix Nebula – The Science Cloud. Zehn der führenden europäischen Forschungseinrichtungen (darunter die ESA und das CERN) haben deshalb mit (HNSciCloud) eine Plattform errichtet, um vorhandene Ressourcen mit kommerziell verfügbarer Cloud-Kapazität zu verbinden. Rechenleistung und IT-Services werden dabei von IT-Dienstleistern wie T-Systems im Rahmen eines Private-Partnership Projektes bereitgestellt. Für die besonders leistungs- und datenintensiven wissenschaftlichen Anwendungen soll künftig eine neue Hybrid-Cloud-Plattform zum Einsatz kommen.

Neben diesen kommerziellen Anbietern gibt es eine Reihe von nichtkommerziellen Institutionen, die die Nutzung von Fernerkundungsdaten fördern. Die französische Agentur Theia bietet z.B. für die nationalen und internationalen Wissenschaftsgemeinschaften eine breite Palette von Bildern auf verschiedenen Skalen, sowie Methoden und Dienstleistungen zur Aufbereitung von Fernerkundungsdaten. Die Agentur versteht sich als französisches Kompetenzzentrum und liefert Daten an mehr als 400 französische Einrichtungen sowie etwa 100 Graduiertenschulen.

Ähnlich wie bei der Entwicklung von Geographischen

Informationssystemen vor 20 Jahren ist zu erwarten, dass sich hier zunächst eine Reihe von parallelen Entwicklungen vollziehen, die dann in einen funktionalen Standard münden. Im Gegensatz zu der Entwicklung dieser System besteht hier jedoch die Herausforderung der Big Data.

5. Erfahrungen bei der Nutzung von Google Earth Engine für hydrologische und wasserwirtschaftliche Anwendungen

Google Earth Engine (GEE) bietet eine Plattform für umweltwissenschaftliche Analysen mit einer Schnittstelle zur Nutzung von Big Data für Nutzer, die bis dato nur bedingt Zugang zu Data Warehouses und High-Performance Computing hatten. Die Verbindung mit der Google Cloud bietet Zugang zu Landsat-Daten (Landsat 5-8) und weiteren Remote Sensing-Produkten sowie global verfügbaren Datensätzen wie beispielsweise Temperatur- und Niederschlagsdaten. Der Zugriff auf die Google Earth Engine ist über eine online JavaScript-IDE und ein Python-API möglich, die die Einbindung in lokale Entwicklungsumgebungen erlauben. Des Weiteren bietet die Schnittstelle über Google Drive die Möglichkeit klassische Geoinformationssysteme (GIS) auf Python Basis mit GEE zu koppeln, um die implementierten Algorithmen in GEE mit Agenten-basierter Klassifikation zu kombinieren.

Die serverseitige bereitgestellte Rechenkapazität ermöglicht den Einsatz moderner Klassifikationsalgorithmen ohne die Beschränkungen, die bei der Nutzung lokaler Maschinen (PCs und Server) anfallen. So können Anwender auf überwachte Klassifikationsalgorithmen wie Support Vector Machines und Random Forests zurückgreifen und dabei große Datenausschnitte bearbeiten. GEE ermöglicht den Zugriff auf die Analysewerkzeuge jedoch nur unter Beschränkungen: Alles was über das derzeitige Google-Angebot hinausgeht, wie z.B. der Einsatz von TensorFlow und anderen Deep Learning Algorithmen ist noch nicht nutzbar.

Neben den großen Vorteilen der Datenbereitstellung von

externen Anbietern wie z. B. der NASA, zeigen sich einige rechentechnische Probleme für den Zugriff auf Daten aus der Google Cloud. So müssen die gewünschten Dateien aus Datenströmen in klassische Dateien umgeformt werden, damit diese in gängigen GIS-Applikationen genutzt werden können. Ein direkter Zugriff auf diese Datenströme ist momentan weder in den sehr gebräuchlichen Systemen ArcGIS oder QGIS implementiert. Allerdings verzichten auch andere Cloud-Plattformen, wie Amazons S3 oder Microsoft Azure auf die klassischen GIS-Dateistrukturen und ermöglichen lediglich den Export als CSV oder JSON-Datei.

Ein Vorteil der genannten Datendienste besteht in einer sozialen Komponente: Daten und Skripte können mit einem Link dauerhaft mit anderen geteilt und für Veränderungen freigegeben werden. Ein Anwendungsrisiko besteht in der unbekannten Amortisierungsstrategie von Google: Wie sicher ist die Zukunft der Plattform und wird deren Nutzung weiterhin kostenfrei bleiben? Wird man in Zukunft Rechenkapazität und Speicherplatz kaufen müssen? Wem gehören die Skripte? Wie gestaltet sich die Zitierfähigkeit von Ergebnissen aus GEE falls Google die Eigentumsrechte ändert? Diese Fragen sind derzeit weitgehend ungeklärt. So wird die Kostenstruktur der Google-Produkte nicht klar über eine Roadmap vorab zur Verfügung gestellt, sondern kurzzeitig über Pressemitteilung kommuniziert. Die Rechte für die Skripte liegen generell beim Autor, Google behält es sich aber vor, die Datenströme der einzelnen Nutzer zu analysieren.

Insgesamt überwiegen damit derzeit wohl die Vorteile, besonders in Hinblick auf die mögliche Reproduzierbarkeit von Ergebnissen und die vereinfachte Verfügbarkeit von Drittdaten (bspw. Landsat). Die GEE ermöglicht damit den Einsatz von Big Data Anwendungen auch im Kontext von Behörden und Forschungseinrichtungen.

6. Zusammenfassung

Im Kontext der Hydrologie und Wasserwirtschaft zeigen räumlich hochaufgelöste Daten ein gewaltiges Potenzial, das geballt mit der Rechenkraft von Cloud-Systemen eine neue Qualität in der Auswertungen von derartigen Big Data ermöglicht. So können nicht nur Fernerkundungsklassifikationen erleichtert werden, sondern auch Machine-Learning Algorithmen auf Niederschlagsraster (z. B. aus Radardaten) oder Bewässerungsmuster angepasst und für große Flächen analysiert werden. Mit GEE oder ähnlichen Cloud-Anwendungen wird es möglich, große Datensätze zur Verfügung zu stellen und Ergebnisse und Verarbeitungsmethoden mit einem Fachpublikum zu teilen. Mit derartigen Systemen werden hydrologische Modelle großer Flusssysteme in Zukunft relativ einfach online aufgestellt und mit den zugehörigen Daten veröffentlicht werden können. Die Vielfalt der verfügbaren Daten und die Möglichkeiten, neue Datenassimilationsalgorithmen einzubinden, stellt eine große wissenschaftliche und technische Herausforderung dar.

Literaturverzeichnis

Blöschl, Günter; Sivapalan, Murugesu, „Scale issues in hydrological modelling. A review.", in: Hydrol. Process. 9 (3-4) DOI: 10.1002/hyp.3360090305,1995, S. 251-290.

ESA, Internet-Dokument https://sentinel.esa.int/web/sentinel/user-guides/sentinel-1-sar/applications/land-monitoring, letzter Zugriff: 20.09.2017

Lettenmaier, Dennis P.; Alsdorf, Doug; Dozier, Jeff; Huffman, George J.; Pan, Ming; Wood, Eric F. „Inroads of remote sensing into hydrologic science during the WRR era" in: Water Resour. Res. 51 (9), DOI: 10.1002/2015WR017616, 2015, S. 7309-7342.

Ma, Yan; Wu, Haiping; Wang, Lizhe; Huang, Bormin; Ranjan, Rajiv; Zomaya, Albert; Jie, Wei „Remote sensing big data computing. Challenges and opportunities" in: Future Generation Computer Systems 51. DOI: 10.1016/j.future.2014.10.029, 2015, S. 47-60.

McCabe, Matthew F.; Rodell, Matthew; Douglas E. Alsdorf, Diego G Miralles, Remko Uijlenhoet,Wolfgang Wagner, Arko Lucieer, Rasmus Houborg, Niko E.C. Verhoest, Trenton E. Franz, Jiancheng Shi, Huilin Gao, Eric F. Wood „The Future of Earth Observation in Hydrology", in: Hydrol. Earth Syst. Sci. Discuss, DOI: 10.5194/hess-2017-54, 2017

Schultz, Gert. A.; Engman, Edwin T. „Remote Sensing in Hydrology and Water Management“ Springer Berlin Heidelberg. Online verfügbar unter https://books.google.de/books?id=FjiqBgAAQBAJ, 2012

Skoien, Jon O.; Blöschl, Günter; Western, Andrew W. „Characteristic space scales and timescales in hydrology“, in: Water Resour. Res. 39 No. 10, 2003, S. 1.

Voss, Katalyn A.; Famiglietti, James S.; Lo, Minhui; Linage, Caroline; Rodell, Matthew; Swenson, Sean C. „Groundwater depletion in the Middle East from GRACE with implications for transboundary water management in the Tigris-Euphrates-Western Iran region“, in: Water Resour. Res. 49 (2), DOI: 10.1002/wrcr.20078, 2013, S. 904-914

Whitehead, Paul G.; Wilby, Robert L.; Battarbee, Richard W.; Kernan, Martin; Wade, Andrew John „A review of the potential impacts of climate change on surface water quality“, in: Hydrol. Sci. J.-J. Sci. Hydrol. 54 (1), DOI: 10.1623/hysj.54.1.101., 2009, S. 101-123.

„BIG DATA" – HERAUSFORDERUNGEN DER MODERNEN GENOMIK

Kerstin U. Ludwig

1. Einführung

Das Feld der Genetik befasst sich im Allgemeinen mit der Frage, warum und in welcher Form Veränderungen an einzelnen Positionen des Erbguts (d.h., des Genoms) zu den individuellen Merkmalen von Lebewesen (= Phänotypen) beitragen. Im speziellen Feld der Humangenetik beziehen sich diese Untersuchungen auf phänotypische Merkmale des Menschen, die zum einen ihre interindividuelle Variabilität (z.B. Aussehen, Größe, individuelle Fähigkeiten) repräsentieren, die sich zum anderen aber auch in Form von Erkrankungen manifestieren. Dabei ist das ultimative Ziel, in der Lage zu sein, genomische Sequenzen grundlegend zu interpretieren im Hinblick auf die Fragen, wie sich Veränderungen in der DNA-Abfolge, Veränderungen in der Genexpression oder Veränderungen anderer molekularer Zellebenen in Bezug auf Entwicklung, Erkrankungen oder Evolution verhalten.

Lange beschränkten sich diese Untersuchungen sowohl in Forschung als auch Diagnostik auf einzelne Abschnitte des gesamten Genoms, und diese Analysen waren meist zeit- und labortechnisch aufwändig. In den letzten Jahren sind jedoch durch umfangreichen technologischen Fortschritt neue Untersuchungsmethoden ermöglicht worden, die nicht nur die Humangenetik, sondern auch viele weitere Bereiche der Lebenswissenschaften grundlegend revolutioniert haben. Diese modernen Technologien der DNA-Sequenzierung, welche als „Next-Generation-Sequencing" (NGS) zusammengefasst werden, sind charakterisiert durch einen extrem hohen Durchsatz (d.h. Generierung von vielen Daten in extrem kurzer Zeit), einhergehend mit umfangreicher und massiver Datenproduktion, und das bei gleichzeitig stetig fallenden Kosten (Abbildung 1). Dauerte die Sequenzierung des ersten humanen Genoms im Rahmen des Humangenomprojektes um die Jahrtausendwende noch mehr als 10 Jahre und kostete mehr als drei Milliarden US-Dollar (Roberts et al., 2001), so kann heutzutage ein einziges humanes Genom mit all seinen ca. 23.000 Genabschnitten und mehr als 3,2 Milliarden Basenpaaren bereits in wenigen Tagen zum Preis von etwa 1.000 US-Dollar umfassend sequenziert werden. Auch wenn NGS initial für die Genomanalyse entwickelt wurde, so hat sich bereits frühzeitig gezeigt, dass sich die NGS-Technologie aufgrund ihrer Flexibilität für viele, über die Humangenetik hinausgehende Bereiche in Forschung und Diagnostik eignet. Aufgrund dieser vielfältigen Anwendungsmöglichkeiten wird NGS mittlerweile in sämtlichen Bereichen der Lebenswissenschaften und der Medizin eingesetzt und hat dort bereits jetzt zu neuartigen Analysemethoden bei der Bearbeitung wissenschaftlicher Projekte geführt[1]. Dadurch hat sich auch ein neues Forschungsgebiet entwickelt, welches unter dem Betriff der „Genomik" zusammengefasst wird und welches in den nächsten Jahren massiv an Bedeutung gewinnen wird.

Mit dieser rasanten technologischen Entwicklung geht jedoch auch die Notwendigkeit für eine öffentliche Diskussion und grundlegende Neuorientierung in Bezug auf die Genomik-orientierte Forschungs- und Medizininfrastruktur in Deutschland einher, aus mehreren Gründen:

(i) Obwohl die Sequenzierung selbst kostengünstig und labortechnisch einfach durchzuführen ist, so ist die Anschaffung der Großgeräte sowie deren nachhaltige Finanzierung sehr aufwändig und kostenintensiv und kann nicht von vielen Zentren geleistet werden.

(ii) Die durch die NGS-Technologie generierte massive Datenmenge und -komplexität stellt enorme Anforderungen

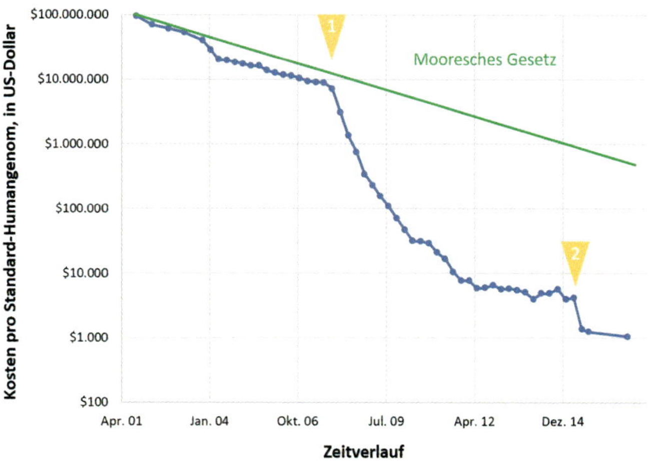

Abb. 1: Entwicklung der Sequenzierkosten

an Hard- und Softwareausstattung, Speicher- und Analysekapazitäten sowie (bio-)informatische Expertise der NGS-Anwender.

(iii) Aufgrund der Vielfältigkeit der Methoden, für die NGS eingesetzt werden kann, und der starken Dynamik des zu erwartenden technologischen Fortschritts ist es eine Herausforderung für einzelne Arbeitsgruppen und Institute, Schritt zu halten mit den jeweils aktuellen Entwicklungen und die für die individuellen Fragestellungen relevanten und geeigneten Methoden einzusetzen.

Hinzu kommt der spezielle Aspekt der Datensicherheit und des Datenschutzes in Situationen, in denen NGS zur Analyse von Patienten- und/oder Bevölkerungskohorten eingesetzt wird: Hier werden individuelle, personenbezogene Daten generiert, die zwar umfassend analysiert werden müssen um den größtmöglichen Nutzen aus den Daten zu erhalten, die aber auf der anderen Seite besondere Ansprüche an den Schutz vor Mißbrauch und die zweckgemäße Verwendung stellen.

Im vorliegenden Aufsatz soll ein erster Überblick über das Wesen, die Grundlagen und die Entwicklung des NGS in den Lebenswissenschaften gegeben werden, verbunden mit einer Darstellung der Situation der Genomik in Deutschland und den kommenden Herausforderungen auf diesem Gebiet. Dieser Artikel erhebt keinen Anspruch auf Vollständigkeit, sondern soll einen Beitrag zum derzeit bereits entstehenden öffentlichen Diskurs über die Ausrichtung, Gestaltung und die Zukunft der modernen, NGS-basierten Genomik in Deutschland leisten.

2. Grundlagen der NGS-basierten Genomik

Das menschliche Genom besteht aus einer sequenziellen Abfolge vier verschiedener Basen (Adenosin, Cytosin, Thymin und Guanin). Diese DNA-Sequenz ist verteilt auf 22 Chromosomen plus den Geschlechtschromosomen (X/Y) und umfasst in Summe ca. 3,2 Milliarden Basen. Vergleicht man die Genome zweier nichtverwandter Personen, so unterscheiden sich diese etwa in 1-2% der Positionen voneinander. Betrachtet man die DNA-Sequenz über viele Tausende Personen, so gibt es im humanen Genom insgesamt mindestens 84,7 Millionen dieser variablen Stellen[2], d.h. an diesen Positionen sind mindestens zwei der vier Basen schon einmal in mindestens einer Person beobachtet worden (1000 Genomes project, 2015). Diese Stellen im Genom werden allgemein als Polymorphismen[3] bezeichnet und kennzeichnen als „genetische Variabilität" unser einzigartiges, persönliches Erbgut.

2.1 Die NGS-Technologie

2.1.1 Entwicklung der NGS-Technologie

Die Untersuchung der genetischen Variabilität war bereits seit Jahren Gegenstand der humangenetischen Forschung. Zunächst wurde die Ausprägung eines bestimmten Polymorphismus (d.h., die an dieser Position vorkommenden Allele[4]) im Zusammenhang mit der in einer Person beobachteten Erkrankung gebracht, wobei sich diese Analysen initial auf eine sehr begrenzte Anzahl an genetischen Varianten beschränkte. Seit Beginn des Jahrhunderts hat das Wissen um die genetische Variabilität des Menschen gemeinsam mit technologischen Entwicklungen besonders die Forschung im Bereich der Volkskrankheiten[5] revolutioniert: Durch die Entwicklung und den Einsatz von Hochdurchsatz-Genotypisierungsmethoden konnten auf sogenannten „Arrays"[6] parallel viele Hunderttausende Polymorphismen in mehreren (erkrankten) Personen untersucht und die Allelfrequenzen mit denen unverwandter, nichtbetroffener Kontrollpersonen verglichen werden. Diese Arraytechnologie stellte einen ersten Schritt im Bereich der Hochdurchsatz-Analyse dar und hat durch ihre Anwendung in genomweiten Assoziationsstudien („GWAS") zu beeindruckenden Erfolgen in unserem Verständnis sowohl von monogenen als auch multifaktoriellen Erkrankungen geführt (Visscher et al., 2017).

Ein „Nachteil" dieser array-basierten Analyse war jedoch ihre Beschränkung auf bereits bekannte Polymorphismen, da nur diese auf den arrays abgebildet werden können, und somit neue oder bisher unentdeckte genetische Variationen nicht untersuchbar waren. Die nachfolgend entwickelte NGS-Technologie bietet nun die Möglichkeit, diese Einschränkung zu überwinden und hypothesefrei jegliche Region im Genom zu sequenzieren (Goodwin et al., 2016). Neben der Auflösung und der Art der zu identifizierenden Varianten liegen weitere Unterschiede der beiden Technologien u.a. in der Möglichkeit, unbeabsichtigte Zusatzbefunde mit möglicher klinischer Relevanz zu erheben, und der generierten Datenmenge (siehe Tabelle 1) inklusive ihrer bioinformatischen Anforderungen an Analyse, Speicher und Schutz vor Mißbrauch.

	Genotypisierung mittels Arrays	Exom- und Genomsequenzierung mittels NGS
Zahl der Varianten	Bis zu 2,5 Millionen, abhängig von verwendetem array; durch anschließende Imputation sind die Mehrheit aller im humanen Genom bekannten Varianten vorhersagbar	Variabel, abhängig von den sequenzierten Bereichen (einzelne Gene, Gesamtheit der protein-kodierenden Gene, gesamtes Genom). Bei Sequenzierung des Gesamtgenoms werden alle in der Person auftretenden Varianten detektiert
Art der Varianten	Zum Großteil bekannte, in der Population häufig vorkommende[d] Varianten	Sowohl häufige als auch seltene und familien- sowie patientenspezifische Varianten
Neumutationen	unwahrscheinlich[a]	ja
Zusatzbefunde	unwahrscheinlich[b]	ja
Datenmenge pro Person	1 Million Varianten: ca. 40 Mb	Exom[c]: ca. 8-10 Gb (.bam), ca. 100-120 Mb (.vcf)
	Imputierter Datensatz (20 Millionen Varianten): ca. 300 Mb	Genom: ca. 100-150 Gb (.bam), ca. 1 Gb (.vcf)

Tabelle 1: Vergleich der Hochdurchsatztechnologien in der Humangenetik

Fortsetzung Tabelle 1: Vergleich der Hochdurchsatztechnologien in der Humangenetik

	Genotypisierung mittels Arrays	**Exom- und Genomsequenzierung mittels NGS**
Anwendung	Genomweite Assoziationsstudien, besonders in komplex-genetischen Erkrankungen; Detektion von Kopienzahlveränderungen (Array-Diagnostik)	Molekulargenetische Diagnostik (inklusive Stammbaumanalysen / *de novo* Untersuchungen); Genomweite Assoziationsstudien; Strukturelle Abberationen / Kopienzahlveränderungen

[a] häufige Mutationen können in Einzelfällen auch als Neumutationen auftreten. [b] klinisch-relevante Zusatzbefunde können v.a. über die Auswertung von Kopienzahlveränderungen gefunden werden. [c] Die NGS-Technologie ermöglicht verschiedene Datenebenen zur Speicherung (siehe Abbildung 3). [d] definiert basierend auf der Häufigkeit der Beobachtung des selteneren Allels (Minore Allelfrequenz), meist 1%.

Im Laufe ihrer Entwicklung hat die NGS-Technologie einen beeindruckenden Siegeszug hingelegt, und es ist zu erwarten, dass NGS speziell in der Humanmedizin die array-basierten Technologien mittel- bzw. langfristig ablösen wird. Dabei lässt sich der Erfolg der NGS-Technologie mindestens auf vier Pfeiler begründen: (1) Ersparnis in Zeit und Kosten, (2) hohe Auflösung auf Basenebene, (3) die Möglichkeit von hypothesenfreien Untersuchungen, und (4) die flexiblen und vielfältigen Anwendungsmöglichkeiten (siehe Kapitel 2.2). Besonders die Kosten- und Zeitersparnis ist beeindruckend, haben sich doch die Sequenzierkosten schneller reduziert als basierend auf Moore's Gesetz vorhergesagt (Abbildung 1)[7]. In Ergänzung zu Abbildung 1 soll dies an dieser Stelle durch weitere Zahlen belegt werden: Obwohl im Humangenomprojekt nur eine einzige Person sequenziert wurde, waren an diesem Projekt zeitweise über 1.000 Wissenschaftler aus 40 Ländern beteiligt, es dauerte mehr als 10 Jahre und verschlang ca. 3 Milliarden US Dollar (Roberts et al., 2001). Im Jahr 2006 waren die Kosten für ein humanes Genom bereits signifikant reduziert (ca. 10 Millionen Euro), allerdings dauerte die vollständige Datengenerierung immer noch mehrere Monate (Kidd et al., 2008). Erste Anwendungen der NGS-Technologien ermöglichten wenige Jahre später eine weitere Kostenreduktion auf 50.000 Euro, und eine Verkürzung der Sequenzier-Zeit auf ca. 1 Woche[8]. Mit den neuesten NGS-Geräten ist nun die Sequenzierung von mehreren humanen Genomen parallel in wenigen Tagen durchführbar, zum Preis von weniger als 1.000 Euro (Tendenz: weiter fallend).

2.1.2 Komponenten der NGS-Technologie

Die Durchführung einer NGS-Analyse umfasst mehrere Schritte, die zwar in einem Prozess miteinander verknüpft werden, jedoch unterschiedliche interdisziplinäre Expertisen verlangen. Ausgehend von der jeweiligen Fragestellung wird das experimentelle Design erstellt unter Beantwortung folgender beispielhafter Fragen: Welche Ebenen der Genomik (siehe Kapitel 2.2) sollen untersucht werden? Welches Biomaterial wird benötigt, und ist dies in entsprechender

Qualität und Quantität vorhanden? Welche NGS-Technologie[9] und welche Eigenschaften (z.B. Sequenziertiefe) sollen verwendet werden? In welchem Umfang (z.B. wieviele Individuen) soll sequenziert werden; wie ist mein Budget? Aufgrund dieser vielen komplexen Ebenen und Wahlmöglichkeiten ist hier bereits eine umfangreiche Expertise (durch erfahrene Arbeitsgruppen oder Mitarbeiter von NGS-Zentren) nötig, um kostenintensive Fehler im Design der NGS-Studie zu vermeiden. Auf Grundlage und in Abhängigkeit der Projektentscheidungen wird dann die Probenvorbereitung durchgeführt, welche meist auf Standard-Methoden der Molekularbiologie basiert und mit Grund-Laborausstattungen absolviert werden kann. Anschließend findet die eigentliche Sequenzierung auf dem gewählten NGS-Gerät[10] statt, wobei zu beachten ist, dass dieses nicht immer unbedingt vor Ort zugänglich ist, sondern auch Proben verschickt werden müssen.

Die zwei letzten großen Komponenten in einem NGS-Prozess umfassen die bioinformatische Auswertung der generierten Daten sowie deren nachhaltige Archivierung und Bereitstellung unter Beachtung aller daten- und patientenschutzrechtlichen Bestimmungen. Dabei spielen zusätzlich die Menge an Daten sowie die verschiedenen Datenformate eine große Rolle: Im Rahmen der NGS-Sequenzierung entstehen verschiedene Datenebenen, die sich in Bezug auf die Identifizierbarkeit der Donoren unterscheiden (siehe Kapitel 2.3). Nach den Rohdaten (.bcl files), welche vom NGS-Gerät selbst erzeugt werden und die meist noch am Ort der Sequenzierung auf einer ersten Ebene von integrierter Software bioinformatisch umgewandelt werden (in Form von .fastq files), benötigen die Daten anschließend eine von der Anwendung und der Fragestellung abhängige Aufarbeitung, z.B. durch Alignen[11] an eine Referenzsequenz (.bam files) und die anschließende Zuweisung aller detektierten Varianten (variant calling, .vcf files) im Falle der Genom- oder Exomsequenzierung. Dabei gibt es bisher noch keine etablierten Standards, welche Formate wo und wie gespeichert werden sollen, was dazu führt, dass dieser Punkt je nach Institution und vorhandener Infrastruktur unterschiedlich gehandhabt wird. Die Komplexität und Vielfalt der Auswertungsschritte erklärt auch den beträchtlichen Bedarf an Personal mit bioinformatischer Expertise, welches nach derzeitigem Stand einen von mehreren „Flaschenhälsen" in Bezug auf NGS in Deutschland darstellt.

2.2 Anwendungsbereiche der Genomik

2.2.1 Molekulare Ebenen

Initial, und vor allem angetrieben durch die Ansprüche und Anforderungen der Humangenetik, fokussierte sich die Verwendung der NGS-Technologie auf die Ebene des Genoms, d.h. der Basenabfolge der DNA. Hier ermöglichen NGS-Daten Einblicke in molekulare Veränderungen der DNA-Sequenz sowohl im gesamten Körper („Keimzellvarianten"[12]) als auch derer, die im Laufe des Lebens in einzelnen Geweben auftreten („somatische Varianten"). Letztere finden sich dann in allen Zellen, die aus der ersten veränderten Zelle hervorgehen und können sich daher z.B. nur spezifisch in einem Gewebe befinden (siehe Abbildung 2a) und dort u.U. krankheitsverursachend sein (z.B. Tumoren).

Im Laufe der technologischen Entwicklung wurde jedoch deutlich, dass NGS viel breiter eingesetzt werden kann. Auch wenn die Erbsubstanz selbst zwischen allen Zellen einer einzelnen Person weitestgehend (mit Ausnahme somatischer Mutationen) gleich ist, so weist doch jede Zelle, jedes übergeordnete Zellsystem, Gewebe und sogar Organ eine einzigartige, für die jeweilige Aufgaben/Funktion innerhalb des Körpers spezifische Ausstattung an molekularen Komponenten (z.B. Proteine, Metaboliten) auf. Diese molekulare Variabilität basiert auf sogenannten epigenetischen und regulatorischen Markierungen der DNA-Sequenz, welche dafür verantwortlich sind, dass nur bestimmte Bereiche des Genoms (d.h., Gene) zu einem gegebenen Zeitpunkt in der Zellentwicklung in einer individuellen Zelle in biologisch aktive Elemente (z.B. RNA und Proteine) umgewandelt werden. Diese zell- und gewebsspezifischen „Muster" jeder Zelle können ebenso mittels NGS analysiert werden.

Zusätzlich zu den Molekülebenen in einzelnen Zellen

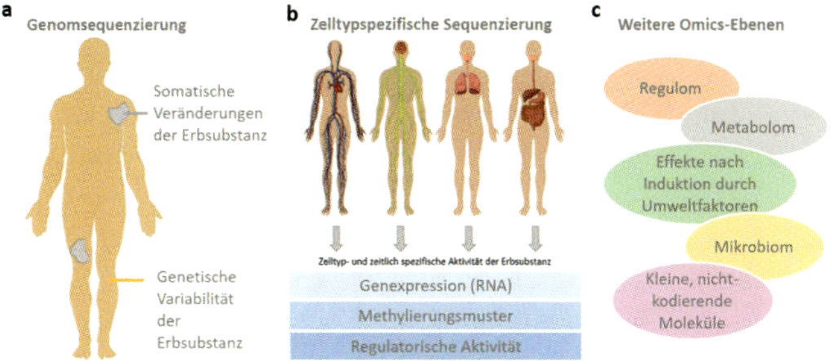

Abb. 2: Molekulare Ebenen genomischer Daten

und Geweben (Abbildung 2b) kann die Anwendung von NGS- oder anderer, ähnlich gelagerter „Omics"-Technologien auf weitere Bereiche ausgedehnt werden, z.B. auf die Analyse des Mikrobioms[13] (Gill et al., 2006; Weinstock, 2012) oder des Metaboloms[14] (Abbildung 2c). Eine anschließende Integration der genomischen Daten mit den funktionellen, zeit- und gewebsspezifischen Daten anderer NGS- und Omics-Ebenen erlauben hochauflösende, systematische Analysen in der Biomedizin. Dies ermöglicht bedeutsame Einblicke in die Struktur menschlichen Lebens, die so vorher noch nicht möglich war, und eröffnet somit ein riesiges Feld neuer Forschungsfragen in verschiedenen lebenswissenschaftlichen Bereichen.

Diese vielfältigen Anwendungsebenen bedeuten aber auch, dass der Sequenzierung eines einzigen, individuellen humanen Genoms eine Vielzahl von weiteren Datenebenen gegenübersteht, die die Datenmenge pro Person um ein Vielfaches in die Höhe und somit die „big data"-Dimensionen ins nahezu Unendliche treibt. Als Folge dessen stellt die Genomik umso mehr Ansprüche an Datenspeicherung, Datensicherheit, und Datenanalyse, ein Feld was zunehmend unter dem Begriff „computational science" zusammengefasst wird. Dieses Gebiet wird umso bedeutsamer, da zielgerichtete Analysen einzelner Gene oder Genabschnitte in einzelnen Personen zunehmend abgelöst werden von systematischen, genomweiten Analysen ganzer Datensätze bis hin zu longitudinalen bevölkerungs- oder patientenbasierten Kohortenstudien, die nicht selten aus international verfügbaren Datenarchiven heruntergeladen werden müssen. Die dabei entstehenden Datenmengen können nur noch mit hochentwickelten (bio-)informatischen Methoden verarbeitet werden. Dies setzt voraus, dass der Einsatz von NGS-Technologien einhergeht mit der Weiterentwicklung von leistungsfähigen, robusten informatischen Strukturen, die die Menge der erhobenen Daten aufnehmen können, sowie der adäquaten Förderung von bioinformatisch ausgebildetem Personal.

2.2.2 Einsatzbereiche

Die verschiedenen, im vorherigen Kapitel dargestellten, Analysemöglichkeiten eröffnen eine Vielzahl von Anwendungsgebieten in diversen Bereichen der Lebenswissenschaften und Medizin. An einigen Beispielen soll hier die Vielfalt der NGS-Einsatzmöglichkeiten in Diagnostik und Forschung und die damit einhergehenden Aspekte in Bezug auf „big data" illustriert werden, wobei die klaren Grenzen zwischen diesen beiden Bereichen zunehmend verschwimmen.

Humangenetik

Die ersten Entwicklungsschritte des NGS fanden im Zusammenhang mit der Genomforschung im Humanbereich und für Modellorganismen statt. Für die Humangenetik von Bedeutung war dabei besonders die Sequenzierung vieler verschiedener humaner Genome in kosten- und zeiteffektiver Art und Weise, um die genetische Variabilität in der Normalbevölkerung umfassend zu verstehen. Diese grundlegende Kenntnis ist nötig, um Varianten ohne Krankheitsbezug von denen zu unterscheiden, die allein (oder in Kombination) kausal am Auftreten von Erkrankungen beteiligt sind. Initial verwendet für Großprojekte im Rahmen von Konsortien, z.B. dem 1000-Genomes project[15] (1000 Genomes project, 2015), werden zunehmend ganze Bevölkerungsgruppen in öffentlich geförderten Großprojekten sequenziert (siehe Kapitel 3.3).

Zusätzlich zur Genomsequenzierung kommt NGS in der Krankheitsforschung zur Detektion von kausalen Varianten in monogenen und, zunehmend, komplex-genetischen Erkrankungen zum Einsatz. Besonders herauszuheben ist hierbei die Anwendung der Exom-Sequenzierung (whole exome sequencing, WES): Obwohl nur ca. 2% des humanen Genoms aus proteinkodierenden Genen besteht, so liegen in diesen besonders bei monogenen Erkrankungen eine Vielzahl von verursachenden Mutationen (Rabbani et al., 2014). Die parallele und gleichzeitige Analyse des Großteils dieser Genabschnitte[16] in einer Reaktion ermöglicht es, ohne vorherige Kenntnis unterliegender Gene neue Mutationen, Krankheitsgene und nicht zuletzt molekulare Prozesse, die an der Ausbildung der Erkrankung beteiligt sind, zu identifizieren. In einer der ersten patienten-orientierten Studien, in der WES zur Anwendung kam, wurden Patienten mit Kabuki-Syndrom exomweit sequenziert und eine beeindruckende Zahl an Neumutationen im Gen *MLL2* identifiziert, welches zuvor unbekannt in der Pathogenese der Erkrankung war (Ng et al., 2010). Seitdem hat sich die Exom-Sequenzierung zu einer Standardmethode in der humangenetischen Forschung entwickelt, da Genomsequenzierung derzeit noch nicht standardmäßig finanzierbar und die Auswertung der Vielzahl der genetischen Varianten (noch) nicht handhabbar ist.

Im komplex-genetischen Bereich kommen vermehrt sogenannte „target enrichment" Verfahren zum Einsatz. Im Gegensatz zu WES werden hier nur wenige bis mehrere hundert Gene auf einmal sequenziert, was aufgrund weiter reduzierter Kosten den Einschluss von vielen betroffenen Personen und nicht-betroffenen Kontrollindividuen mit anschließender Statistik ermöglicht, ähnlich dem Verfahren der GWAS (siehe Kapitel 2.1.1). Mit diesen Analysen kann zum einen die genetische Architektur bekannter Risikoregionen besser verstanden werden, zum anderen tragen diese Untersuchungen durch die Entdeckung von Neumutationen zu einer zunehmenden Aufklärung der „missing heritability" bei[17]. Die technologische Entwicklung in diesem Bereich wird in nächster Zeit zu immer größeren NGS-Datensätzen von Patienten führen, und auch spezifische Ebenen wie die somatischen Mutationen werden zunehmend systematisch untersucht.

Mittlerweile kommen NGS-Verfahren auch in der genetischen Diagnostik vermehrt zum Einsatz, da sowohl die angewandten Labortechniken als auch die Softwarelösungen eine hohe Qualität erreicht haben. Zusätzlich haben die Geräte-Anbieter zunehmend Kleingeräte entwickelt (z.B. der NextSeq oder der MiSeq, Illumina), welche keine großen Ansprüche an Raum oder Umgebung stellen, sich meist nach kurzer Einarbeitungszeit einfach bedienen lassen und aufgrund der geringen Sequenzierkosten extrem effektiv sind. Auf diesen Systemen können zum einen parallel mehrere Gene, die einem im Patienten vermuteten Krankheitsbild zugrunde liegen, gleichzeitig untersucht werden (sogenannte „gene panels"). Dies ist angeraten, da viele Erbkrankheiten einer Locus-Heterogenität unterliegen, d.h. es können genetische Mutationen in einem von mehreren möglichen, dem Krankheitsbild unterliegenden Genen vorliegen. Eine parallele Untersuchung all dieser Gene spart somit Zeit bis zum Erhalt der molekulargenetischen Diagnose und reduziert mögliche Fehlerquellen durch das Vermeiden wiederholter Ansätze von Reaktionsgemischen in nachfolgenden Analysen (wie z.B. bei der Sequenzierung nach der Sanger-Methode). Zusätzlich ermöglicht der Einsatz der NGS-Technologie, Krankheiten und ihre Symptome zunehmend systematisch zu beschreiben und über ihre molekularen Ursachen zu definieren (d.h., klinisch homogen erscheinende Patientenkohorten können basierend auf der ihnen unterliegenden genetischen Komposition in Untergruppen eingeteilt werden; dies hat entscheidende Auswirkungen auf die gewählten Therapien). Eine Routinediagnostik mittels Exom- oder Genomsequenzierung wird in Deutschland bisher nur sehr selten durchgeführt[18], in mehreren europäischen Ländern ist dies jedoch bereits Bestandteil der individuellen medizinischen Versorgung[19].

Biomedizinische Forschung

Die Anwendung von NGS ermöglicht auch diversen Arbeitsgruppen anderer biomedizinischer Bereiche, ihre jeweiligen sehr unterschiedlichen Fragestellungen mit verschiedenen Arten von NGS zu beantworten. Als Konsequenz dessen haben sich in den letzten Jahren viele neue „Genomik"-Forschungsfelder entwickelt, die diese Technologien in ihren spezifischen Bereichen einsetzen – „immunogenomics", „neurogenomics", „cancer genomics", „developmental genomics", „functional genomics" sind nur einige Beispiele dieses sich rasant entwickelnden Forschungsfeldes. In den Fokus rückt dabei auch immer mehr die Übersetzung der Forschungsbefunde in praktische Anwendungen. Ein Beispiel hier ist die pharmakogenomische Forschung, welche relevant für die Therapie und Medikamentenentwicklung ist. So kann z.B. untersucht werden, welche genetischen Varianten zu einer besonders guten (oder schlechten) Verstöffwechselung eines Medikamentes führen kann – mit der Implikation, dass basierend auf diesen Informationen dann auch die Dosierung eines Medikaments verringert (und so evtl. Nebenwirkungen reduziert) werden können (Relling and Evans, 2015). Ein weiteres Beispiel der biomedizinischen Forschung ist die zunehmende Bedeutung des Mikrobioms im Zusammenhang mit Gesundheit und Erkrankungen. Auch in diesen Bereich finden zunehmend systematische Untersuchungen mittels NGS und Omics- Technologien statt, z.B. das Human Microbiome Project (Gevers et al., 2012).

Außerhalb der Biomedizin

Neben der Biomedizin hat NGS aufgrund seiner einfachen Handhabung und vielfältigen Anwendung Eingang in nahezu alle Bereiche der molekularbiologischen Forschung gefunden und hat auch zu umfassende Datenerhebungen in Bereichen der Biodiversität von Pflanzen und Tieren geführt. Nach derzeitigen Schätzungen könnten es ca. 2,5 Millionen Genome von Pflanzen und Tieren sein, welche im Jahr 2025 in Datenbanken gespeichert werden müssen (Stephens et al., 2015). Hinzu kommen noch Großprojekte im Bereich der Landwirtschaft sowie im Bereich der medizinischen und umweltbiologischen Sequenzierung kleiner Organismen wie Bakterien oder Viren. Bereits angekündigte Projekte sind hier z.B. durch das chinesische Unternehmen BGI, welche gemeinsam mit dem International Rice Research Institute und der Chinese Academy of Agricultural Sciences 3.000 verschiedene Sorten Reis sequenzieren wird, um basierend auf molekulargenetischen Daten Anbau und Zucht verschiedener Reissorten zu optimieren und somit Versorgungsaspekte des zunehmenden Bevölkerungswachstums zu adressieren (Li et al., 2014). Die Anwendung von NGS im Bereich der komparativen Genomik / Phylogenomik ermöglicht eine zunehmende Klassifizierung diverser Lebensformen, ihrer evolutionären Entwicklung sowie der Artenzusammensetzung; dies hat Auswirkungen auf Aspekte des Artenschutzes und, im Bereich viraler und bakterieller Lebensformen, auch auf die globale Gesundheit (Kulski, 2016).

2.3 Genomik als big data science: Wie „big" ist „big"?

Die Auflistung der Beispiele im vorherigen Kapitel soll einen Eindruck vermitteln, wie fortgeschritten und übergreifend die Anwendung der Genomik bereits ist, und es ist davon auszugehen, dass dies weiter rasant zunimmt. Der technologische Fortschritt mit all seinen positiven Aspekten führt jedoch auch zum Aufkommen enormer Datenmengen, deren Speicherung, Transfer, Auswertung und, besonders relevant in der Humangenetik, Schutz enorme Anforderungen an verschiedene Aspekte im Bereich der Hard- und Software-ausstattung sowie der Kenntnisse von Mitarbeitern stellt. Es ist derzeit unklar, wie dies in den nächsten Jahren (wenn aufgrund der Datenmengen viele einzelne Labore und besonders die forschungsintensiven Bereiche nicht mehr handhabbare Datenmengen erreichen) aufgefangen werden soll.

In diesem Zusammenhang ist interessant zu betrachten, wie sich die in der Genomik generierten Datenmengen entwickeln werden. In einer kürzlich veröffentlichten Studie untersuchten Stephens und Kollegen die im Bereich der Genomik bis ins Jahr 2025 voraussichtlich erhobenen Daten mit denen in drei anderen Feldern, welche bekanntermaßen große Datenmengen erzeugen (Astronomie, YouTube und Twitter; Stephens et al. 2015). Dabei wurden besonders die Bereiche der Datenmenge, des Speicherbedarfs, der Analysekapazität und der Datenverteilung untersucht. Die Astronomie, bekannt als Big Data Science seit mehr als 20 Jahren, hat viele der Hindernisse, mit denen sich die Genomik derzeit konfrontiert sieht, bereits überwunden. Dabei spielen der Astronomie jedoch drei Faktoren in die Hände: Zum einen werden hier zwar enorme Datenmengen erhoben, diese sind jedoch konzentriert auf ein paar wenige, zentralisierte Einrichtungen (Newman & Tseng, 2011). Zweitens, obwohl die Astronomie massive Datenvolumen erhebt, so werden diese Informationen bereits am Ort der Datenaufnahme *in situ* reduziert und nur noch als Meta-Daten weitergegeben. Drittens, und dies stellt sicherlich den größten Unterschied dar, sind Daten der Astronomie nicht mit den individuellen genetischen Daten einzelner Personen vergleichbar, an die in Hinsicht auf Datenschutz, Datensicherheit und Missbrauch besondere Anforderungen zu stellen sind.

2.3.1 Datenspeicherung

Aufgrund der schieren Menge und der Sensibilität der Daten, vor allem im humangenetischen Bereich, kommt der Speicherung der generierten NGS-Daten immense Bedeutung zu. Genaue Schätzungen der zu erwartenden Speichermengen sind derzeit nicht verfügbar, da diese massiv von der Genauigkeit, der Sequenziertiefe und der jeweiligen Anwendung (siehe Abbildung 2) abhängig ist. Vorsichtige Schätzungen basieren auf der konservativen Annahme, dass für die 3,2 Milliarden Basen eine mindestens 30fache Abdeckung („Sequenziertiefe") nötig ist, um für technische Fehler während der Sequenzierung zu korrigieren und somit die anschließende Datenauswertung zu vereinfachen und in ihrer Qualität zu verbessern. Dies bedeutet, dass bis zum Jahre 2025 ca. 2-40 Exabyte[20] weltweit an Speicherkapazität geschaffen sein muss, um allein diese Datenebene der

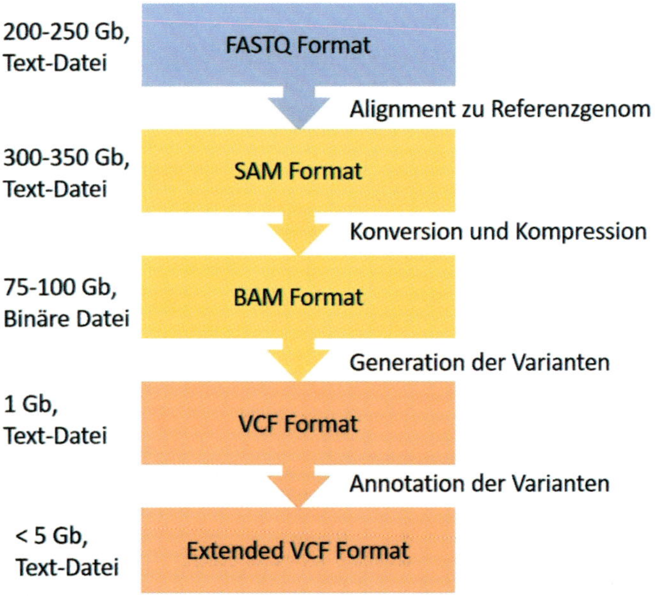

Abb. 3: Standard-Datenformate einer NGS-Analyse

Genomik (siehe Abbildung 2a) abzudecken (Stephens et al., 2015). Dabei ist zu beachten, dass NGS-Daten aus mehreren Datenebenen bestehen, die teilweise ineinander umwandelbar sind, jedoch sehr unterschiedliche Eigenschaften in Bezug auf Dateigröße und Identifizierbarkeit aufweisen (Abbildung 3).

Fertig prozessierte Dateien sind zwar datenreduziert und benötigen nur noch einen geringen Teil der Speichermenge pro Genom, allerdings ist bisher die Aufbewahrung der Rohdaten *state of the art*, da nur mit diesen Daten weiterführende Analysen gemacht und im internationalen Austausch gearbeitet werden kann (Abbildung 3). Methoden zur effektiven Kompression von Daten werden zunehmend entwickelt und können hier auch einen Beitrag zur Verringerung der Anforderungen an Datenspeicher-Kapazitäten führen (Hsi-Yang Fritz et al., 2011), jedoch gibt es hier noch viele offene Fragen in Bezug auf die Vertraulichkeit und Verlässlichkeit der anschließenden, für Analysen nötigen Dekompressionsmethoden (Loh et al., 2012). Hinzu kommt, dass vor allem im Bereich der Forschung zunehmend Roh-Sequenzierdaten nach Publikation, oft auch im Rahmen der open-access Initiativen und Transparenz-Forderungen, in öffentliche Datenbanken eingestellt werden. In den USA, welche derzeit mit ihren öffentlichen Großeinrichtungen wie Broad, MIT oder Harvard mitführend im Bereich „big data genomics" sind, werden Datenspeicher vom National Institute of Health (NIH) in Kooperation mit dem National Center for Biotechnology Information (NCBI) bereitgestellt: das Sequence Raw Archive (SRA) umfasste im Jahr 2015 ca. 3.6 Petabyte an Rohdaten, darunter 32.000 mikrobielle Genome, 5.000 Pflanzen- und Tiergenome sowie 250.000 humane Genome[21]. Diese Zahlen reflektieren jedoch nur einen geringen Teil der weltweiten Anforderungen an Datenspeicherkapazität, da viele erhobenen Daten nicht in diesen Speicher vorhanden sind. Vorsichtigen Schätzungen der Anbieter von NGS Technologien zufolge wird erwartet, dass im Jahr 2015 vorhandene Sequenzierkapazitäten weltweit bei mind. 35 Petabyte pro Jahr lagen, und dass diese bis zu 1 Zettabyte[22] im Jahr 2025 ausgebaut werden müssen.

Vergleichbare zentrale Speicherstrukturen sind in Deutschland derzeit nicht vorhanden. Ein Blick auf Europa zeigt, dass europaweite Bestrebungen in Richtung Datenspeicher-Kapazitäten durchaus existieren: die europaweite gemeinsame Plattform des European Molecular Biology Laboratory (EMBL) und des European Bioinformatics Institutes (EBI) bietet derzeit ca. 120 Petabyte an Speicherplatz für alle Daten aus jeglichen Disziplinen der Molekularbiologie und -genetik[23]. Das primäre Interesse dieser Plattform ist der Austausch von Daten und die Weiterverwendung von erhobenen Daten durch *bona fide* Wissenschaftler. Obwohl dies grundsätzlich zu begrüßen ist wird die Verwendung dieser Plattform als zentrale Speichereinheit derzeit durch zwei Dinge erschwert: erstens, die europaweit uneinheitlichen Bestimmungen in Bezug auf Datenschutz und Weitergabe von genetischen Informationen; und zweitens, der derzeitige Standort in Hinxton (Großbritannien) in Angesicht des anstehenden Austritts Großbritanniens aus der Europäischen Union. Und selbst wenn diese Hindernisse genommen worden sind, bleibt eine weitere große Hürde: Da die Daten von ihrem Ort der Erzeugung in diese Plattformen übertragen werden müssen, werden schnelle Datenleitungen benötigt und neue Konzepte zum Transfer großer Datenmengen entwickelt werden müssen.

2.3.2 Datenanalyse

Die Analyse genomischer Daten reflektiert in ihrem Umfang und ihrer Variabilität die verschiedenen Ebenen und Anwendungen der Genomik selbst. Je nach Ebene, die untersucht werden soll (siehe Abbildung 2), werden verschiedene Software-Tools benötigt, um die zur Fragestellung passenden Informationen aus den Daten zu erhalten. Im Bereich der medizinischen und bevölkerungsbasierten Genomik stellen (i) das Alignen der Sequenzierdaten bei gesamten Genomen, (ii) die sicherere Zuweisung individueller genetischer Varianten für einzelne Personen, und (iii) die dafür nötige Ausstattung im Hard- und Softwarebereich sowie der Zugang zu großen Server- oder sicheren Cloudstrukturen die größten Herausforderungen dar. Während die Diskussion um die NGS-basierte Forschungslandschaft in Deutschland gerade beginnt, so stehen uns bereits weiterführende technologische Herausforderungen ins Haus. Sogenannte *„third-generation"* Sequenziermethoden (z.B. der Firmen Pacific Biosciences oder Oxford Nanopore) basieren auf wesentlich größeren Leselängen und werden es in Zukunft ermöglichen, ganze Chromosomenabschnitte oder sogar Chromosomen zu sequenzieren und dadurch noch kostengünstiger noch größere Datenmengen zu erzeugen. Auch Entwicklungen wie die Einzelzell-Sequenzier-Technologie, in der nicht mehr gesamte Gewebe, sondern jede einzelne Zelle eines Gewebes individuell betrachtet wird, werden in naher Zukunft die Komplexität genomischer Analysen (und daher die Anforderungen an Datenspeicher und –analyse) auf allen Ebenen massiv steigern.

3. Herausforderungen in der Genomik

Die Entwicklung des NGS und die damit einhergehende massive Zunahme an genomischen Forschungsfeldern stellt immense, vorher nie dagewesene Ansprüche auf verschiedenen Ebenen. Es wird zunehmend klar, dass einzelne Institutionen diesem nicht gerecht werden können, sondern nur systematische, länder- und institutionsübergreifende Anstrengungen zu einer zukunftsfähigen Genomik in Deutschland führen werden. Einige Beispiele für Handlungsfelder werden in diesem Abschnitt vorgestellt und diskutiert.

3.1 Schaffung einer wettbewerbsfähigen Infrastruktur

Im Rahmen des gesamten NGS-Prozesses gibt es zwei Kernpunkte der Infrastruktur, welche unerlässlich sind für den Erfolg genomischer Projekte: zum einen der Zugang zu (den aktuellsten) Geräten, zum anderen die Hard- und Software-Infrastruktur für die Bearbeitung und Speicherung der Daten. Nur an einzelnen, wenigen öffentlichen Instituten ist derzeit eine Infrastruktur vorhanden, die diesen Anforderungen grundsätzlich genügt, allerdings beinhaltet dies meistens sehr lokale Lösungen mit individuellen Komponenten.

3.1.1 Finanzierung

Die Anschaffung von NGS-Technologien geht mit hohen Investitions- und Betriebskosten einher, insbesondere für Großgeräte, welche besonders für Humangenomprojekte oder große Kohortenstudien relevant sind. Zusätzlich wird gut geschultes Personal in allen Bereichen benötigt, vom Projektdesign über die Labortätigkeit bis hin zur Datenanalyse (hier ist zu erwarten, dass besonders der letzte Bereich enorm an Bedeutung gewinnen wird; siehe Kapitel 3.1.2). Aufgrund dessen können Großgeräte derzeit nur von einigen wenigen Zentren angeschafft werden; kleinere Geräte gibt es bereits in vielen Laboren und kommen hauptsächlich in der Diagnostik zum Einsatz. Zusätzlich werden die NGS-Geräte technisch weiterentwickelt, derzeit fokussiert sich die Entwicklung auf die Etablierung der *long-read*-Technologie und die Analyse von Einzelzellen. Diese hohe Dynamik des technischen Fortschritts verlangt ein ständiges Mithalten und die Anschaffung der stets neuesten Technologien, um international wettbewerbsfähig bleiben zu können. Dies setzt eine nachhaltige Finanzierung der NGS-Strukturen voraus. Bisher finanzieren sich viele universitäre Anbieter von NGS-Leistung über Nutzungsgebühren, die von den Projekten zu erbringen sind – diese decken jedoch bei weitem nicht die Gesamtkosten.

3.1.2 Fachliche Expertise / Personal

Um das Spektrum der vielfältigen NGS-Analysen abzudecken und dabei wissenschaftlich auf höchstem Niveau zu arbeiten, benötigt es hoch kompetentes Personal, welches sich seine Expertise nachhaltig aufbauen kann und daher langfristig verfügbar sein sollte. Dies trifft in besonderem Maße auf die Bereiche der Datenanalyse und Bioinformatik zu; hier herrscht derzeit ein expliziter Mangel an Fachpersonal. Dies liegt u.a. an der großen Nachfrage nach Daten-Analysten in allen Bereichen der Wissenschaften, Wirtschaft, Akademie und Industrie. Obwohl Universitäten zunehmend Studiengänge im Bereich „computational science" aufbauen[24] (und somit Beiträge zur Ausbildung in diesem Bereich leisten), so deckt die derzeitige Absolventenzahl nicht annähernd den Bedarf.

Ein zusätzliches Problem besteht darin, dass Universitäten aufgrund der Finanzierungs- und Personal-Struktur (Stichwort Wissenschaftszeitvertragsgesetz und Befristungen, vergleichsweise niedrige Gehälter) dem Abwandern dieser fachlichen Expertise in die Industrie nichts entgegensetzen können. Hier werden zum einen dringend alternative Karrierewege und –möglichkeiten benötigt, um hochqualifiziertes Personal an die Universitäten und die NGS-Stätten zu binden und dort eine langfristige und nachhaltige Expertise aufzubauen (die dann auch wiederum die Ausbildung von weiterem Personal ermöglichen würde). Zum anderen sollte auch die Ausrichtung der nicht-informatisch ausgerichteten Studiengänge in den Lebenswissenschaften (z.B. Biologie, Biotechnologie, Biomedizin, Medizin) den kommenden Aufgaben im Bereich der „big data" Analyse angepasst werden –StudentInnen dieser Studiengänge benötigen die Fähigkeit, in ihren weiteren Karrierewegen (z.B. Promotion) selbständig große Datensätze zu bearbeiten und benötigen dazu fundierte Kenntnisse in den computational sciences, z.B. command-line basiertes Schreiben von Programmen, Ausführen von entwickelter Software und Anwendung auf die eigenen Daten, Linux-Kenntnisse,.... Bisher werden diese Kenntnisse nur rudimentär vermittelt und sorgen dafür, dass die Absolventen für die kommenden Aufgaben nicht adäquat vorbereitetet sind.

3.1.3 Interdisziplinäre Zusammenarbeit

Für eine erfolgreiche Genomik im Rahmen der NGS-basierten Forschung und Diagnostik benötigt es umfangreiche und verschiedenartige Expertisen. Dies beginnt zum einen mit der fachlichen Expertise der NGS-Nutzer selbst, welche die Hintergrundinformationen und inhaltlichen Kenntnisse bezüglich des Projektes besitzen und die NGS-Daten am Ende interpretieren werden. Daran schließt an das Labor- und NGS-Personal, welches über das theoretische und praktische Knowhow der NGS-Untersuchung selbst verfügt und somit für diese Ebene beratend und durchführend zur Verfügung steht. Anschließend werden fundierte Kenntnisse in den computational science-Bereichen benötigt, um die Datenanalyse durchführen zu können. Diese interdisziplinäre Zusammenarbeit ist von grundsätzlicher Wichtigkeit für den Erfolg von NGS-basierter Forschung.

Vor dem Hintergrund einer fehlenden systematischen Struktur haben erste Universitäten in Deutschland damit begonnen, lokale zentrale Anlaufstellen im Bereich des NGS zu gründen. Dabei wird das Ziel verfolgt, Aktivitäten und Expertisen in diversen Aspekten der NGS-Nutzung zu bündeln, Kapazitäten optimal zu nutzen und gemeinsame Konzepte in Hinblick auf die Aufstellung in verschiedenen Bereichen zu entwickeln. Als Beispiel sei hier ein gemeinsames Projekt der Medizinischen Fakultät und der Uniklinik der RWTH Aachen genannt, die mit der Gründung einer „Arbeitsgruppe NGS" einen ersten formalen Rahmen für eine strukturierte NGS-Verwendung geschaffen haben[25].

Die Arbeitsgruppe unter der Leitung eines gemeinsamen Steering committees aus Mitgliedern der Medizinischen Fakultät und des Vorstandes des Uniklinikums umfasst Mitglieder aus Forschung und Diagnostik, aber auch Bioinformatik und Computerwissenschaften. Solch interdisziplinäre Ansätze, welche bisher hauptsächlich Informatiker, Datenanalysten, Biologen und Mediziner umfassen, sind grundsätzlich zu befürworten, sollten jedoch in Zukunft (i) auch Ethiker, Datenschutzexperten / Juristen und Patientenverantwortliche mit einbeziehen, um hier eine optimale und zukunftsorientierte Ausrichtung zu ermöglichen, und (ii) in systematischere, institutionsübergreifende Strukturen übergehen. Ein Beispiel für Letzteres ist die Technologie- und Methodenplattform für die vernetzte medizinische Forschung e.V. (= TMF), eine Plattform für den interdisziplinären Austausch und die projekt- wie standortübergreifende Zusammenarbeit in Deutschland. In diesem Rahmen werden sowohl organisatorische, rechtlich-ethische als auch technologischen Probleme der modernen medizinischen Forschung identifiziert und Lösungsansätze erarbeitet. Dabei reicht das Angebot des Verbandes von Gutachten über generische Konzepte und IT-Anwendungen bis hin zu Leitfäden, Schulungs- und Beratungsangeboten, die allesamt frei und öffentlich zur Verfügung gestellt werden[26]. Obwohl die Sichtbarkeit solcher Verbände bisher noch begrenzt ist, bieten diese eine sehr gute Ausgangsmöglichkeit für interdisziplinäre Expertise, deren Knowhow für Strukturentwicklungen und zukünftige Diskussionen unbedingt genutzt werden sollte.

3.1.4 Verfügbarkeit von NGS-Technologien

Die NGS-Technologie hat sich als einfach durchzuführende Untersuchungsmöglichkeit etabliert, die es jedem einzelnen Diagnostik- und Pathologie-Labor ermöglicht, diese vor Ort auf Klein-Geräten wie dem MiSeq, dem NextSeq oder Ion Torrent durchzuführen. Dies bedeutet auch, dass die Erhebung von Daten extrem verteilt ist und von jedem Labor individuell durchgeführt wird. Dabei ist die technische Qualität der erhobenen Daten durch Ringversuche, den Einsatz von „Positiv"-Kontrollen sowie eine anschließende Validierung durch unabhängige (bevorzugt nicht auf NGS-basierende) Technologien abgesichert, so dass es hier nur geringe Unterschiede zwischen einzelnen Laboren zu erwarten sind. Dieser dezentralisierte Zugang und die weite Verbreitung von NGS-Kleingeräten ist im Bereich der Diagnostik sicherlich durchaus wünschenswert, um Laboren vor Ort die direkte Diagnostik (besonders in den Bereichen der genetischen Beratung und der molekularen Pathologie) und zeitnahe Befundung zu ermöglichen.

In Bezug auf die größeren Geräte, z.B. die der HiSeq 2000/2500 sowie 3000/4000-Serien der Firma Illumina, welche eine um eine Vielzahl höhere Datenmenge erzeugen und in ihren Anschaffungs- und Unterhaltungskosten (Wartung, Abschreibung) viel teurer sind, sieht dies anders aus. Diese Geräte finden sich in weniger verteilten Einrichtungen (oft denjenigen mit starker forschungsorientierter Ausrichtung). Dieser dezentrale Auf- und Ausbau von NGS-Kapazitäten begründet eine ungleiche Verteilung von NGS-Ressourcen und deren stark von den einzelnen Interessen der betreibenden Institutionen abhängigen Nutzung. Erschwert wird eine gebündelte und überregionale Nutzung dadurch, dass aufgrund der rechtlichen und finanziellen Rahmenbedingungen sowie den noch ungelösten Herausforderungen in den Bereichen des Datenmanagments und der Informatik bisher eine gleichzeitige Nutzung der NGS-Technologien und –geräte für (biomedizinische) Forschung und forschungsnahe Krankenversorgung problematisch ist. Aufgrund der Regionalisierung der NGS-Einrichtungen und einer mangelnden Vernetzung zwischen den verschiedenen, an der NGS-Technologie beteiligten Institutionen ist es nur begrenzt möglich, regionsübergreifend NGS-Kapazitäten zu nutzen. Erschwerend kommt hinzu, dass individuelle NGS-Einrichtungen neben reinen Standardapplikationen auch thematisch sehr spezifisch ausgerichtet sind, so dass externe Nutzung auch an der Durchführbarkeit und Planung scheitert.

3.2 Umgang mit genomischen Daten

Die in Kapitel 2 beschriebenen Grundzüge der Datenmengen und -vielfalt erklären, warum in der Genomik ein grundsätzlicher Ausbau an Kapazitäten in verschiedenen Ebenen des Datenumgangs erfolgen muss. Neben dem schon beschriebenen Bedarf an Speicherplatz sind jedoch auch die Maximierung der Datennutzung bei gleichzeitiger Sicherung des Datenschutzes von äußerster Wichtigkeit; diese sich zunächst widersprechende Dimensionen sollten in den Fokus der öffentlichen Diskussion gerückt werden. Basierend auf Ergebnissen der Forschung in den letzten Jahren, hauptsächlich getrieben durch die Analyse von tausenden häufigen genetischen Varianten in großen Kohorten, ist klargeworden, dass viele Korrelationen von Varianten und medizinischen Messungen mit sehr geringen (aber signifikanten) Effektstärken einhergehen. Dies bedeutet umgekehrt, dass eine Vielzahl von Datensätzen gemeinsam analysiert werden muss, um weiterführende, bedeutsame Erkenntnisse über den Zusammenhang von genetischen Faktoren und Gesundheit zu erhalten. Selbst wenn dies technologisch möglich ist, so ist noch immer grundlegend ungeklärt, wie solches „data sharing" in Deutschland, Europa und weltweit ablaufen kann, und dabei (i) individuelle Rechte der sequenzierten Personen sowie, (ii) die Sicherheit der Daten vor Mißbrauch durch Dritte zu garantieren. Es ist hierbei dringend zu beachten, dass es sich in der Humanmedizin bei den mit Hilfe von NGS-Verfahren erhobenen Daten um hochsensible Informationen handelt. Diese müssen mit höchsten Leveln an Datenschutz und Datensicherheit bedacht werden, einschließlich der Aspekte der Archivierung, Zweckbestimmung und dem Recht auf Datenlöschung zu jedwedem Zeitpunkt. Ins besondere im Bereich der Forschung ist jedoch grundsätzlich davon auszugehen, dass Personen, die genetisches oder anderes molekulares Material zur Verfügung stellen, an einer umfassenden Nutzung zur Maximierung der Erkenntnisse interessiert sind. Eine strukturierte, vereinheitlichte Lösung inklusive eines Konzeptes zum generellen Umgang mit genomischen Daten ist derzeit nicht vorhanden, wird aber dringend benötigt.

3.2.1 Forschungsdaten-Management

Aufgrund der Vielfältigkeit, Einzigartigkeit und der Kosten zur Erhebung der genomischen Daten ist eine sekundäre Weiterverwertung der Daten im Anschluss an das initiale Forschungsprojekt wünschenswert und erlaubt den größtmöglichen Nutzen. Hierfür ist eine nachhaltige Datenarchivierung nötig, die Aspekte der Speicherung, des Datentransfers, des Datenschutzes und der „Intellectual Property" beachtet. Ein strukturiertes, zentrales Forschungsdaten-Managment, wie es z.B. in Großbritannien oder den USA existiert, ist in Deutschland (und Europa) derzeit nicht vorhanden. Aufgrund der zunehmenden Vorgaben einzelner Fachjournale nach Offenlegung der einer Studie unterliegenden Daten werden bereits jetzt die im Rahmen einzelner Projekte generierten Daten in zentrale Datenspeicher wie z.B. EBI/EMBL hochgeladen, trotz bisher unklarer juristischer Situation.

Obwohl diese zunehmend gewünschte Transparenz im Rahmen von Reproduzierbarkeit und Qualitätsmanagment willkommen zu heißen ist, ist jedoch bisher unklar, welche Formate hier standardisiert genutzt werden sollen – Rohdaten (mit immensen Ansprüchen an Speicherkapazität aber mit dem größten Nutzen für Re-Analysen), oder bereits prozessierte Meta-Daten (geringere Speicherkapazität nötig, aber bereits unter bestimmten Annahmen vorausgewertet und daher evtl. weniger nutzbar für Folgeanalysen; siehe Abbildung 3). Außerdem muss dringend geklärt werden, inwieweit sich das Hochladen auf externe (evtl. nicht in Deutschland oder Europa lokalisierte) Systeme mit den Einverständniserklärungen der Patienten/der Donoren und bestehenden Datenschutzrichtlinien vereinbaren lässt. Ein zusätzliches Problem dabei ist, dass die zu transferierenden Datenmengen verschiedene Dimensionen umfassen, von einzelnen wenigen Varianten-Informationen oder kurzen Gensequenzen bis hin zu riesigen, Multi-Terabyte großen Sequenzierdatensätzen von ganzen Exomen oder Genomen. Obwohl Transfers in eine cloud (und anschließende Datenanalyse dort) eine viel beachtete Möglichkeit für die Analyse von großen Datensätzen sind, so ist deren Anwendung im Bereich der Humangenetik stark eingeschränkt aufgrund unklarer Datensicherheit und Datenschutz (besonders, wenn die Server der clouds nicht in Deutschland lokalisiert sind). Eine Übersicht über diverse Vor- und Nachteile der Verwendung, Bearbeitung und Analyse von genetischen Daten in cloud-basierten Systemen wurde kürzlich veröffentlicht (Molnar-Gabor et al., 2017).

Desweiteren, und dies betrifft im Besonderen die an Genomics-Projekten beteiligten Forscher, muss den Arbeitsgruppen genügend Zeit eingeräumt werden, um fundierte und wissenschaftlich korrekte Ergebnisse zu generieren und diese in Fachjournalen zu veröffentlichen. Aufgrund des derzeitigen Bewertungssystems von Forschungsleistungen, welches insbesondere die Publikation der Arbeiten in renommierten, fachspezifischen Journalen als bedeutendes Kriterium beinhaltet, sollte den Generatoren der Datensätze ein (zeitlich befristetes) Recht auf exklusive Nutzung ihrer Daten eingeräumt werden. Konzepte hierzu finden sich bereits in anderen Wissenschaftssystemen: So erlaubt z.B. das Datenzugangssystem „dbGaP“[27] des NIH eine sogenannte „embargo period“ von ca. 1 Jahr nach Bereitstellung der Daten durch die erstellenden Gruppen – in dieser Zeit dürfen andere Arbeitsgruppen die Daten zwar herunterladen und für ihre (vorher benannten) Forschungszwecke verwenden, ihre Ergebnisse aber nicht veröffentlichen.

Aus all diesen Gründen muss ein systematisches (und womöglich zentrales) Managment der NGS-basierten Forschungsdaten ein balanciertes Konzept beinhalten, welche auf der einen Seite der wissenschaftlichen Gemeinde einen zeitnahen Zugang zu diesen wertvollen Daten für Replikation, Qualitätssicherung und weiterführende Analysen ermöglicht, auf der anderen Seite aber einen vertraulichen Umgang mit den Sequenzierergebnissen garantiert. Ein rascher Zugang zu den erstellten Daten ermöglicht eine Beschleunigung des wissenschaftlichen Fortschritts und ist von öffentlichem Interesse, besonders in Situationen in denen die Datengewinnung aus öffentlichen Geldern finanziert wurde. Dagegen stehen Vertraulichkeit und Sicherheit der Daten. In Deutschland existiert, auch historisch bedingt, eine grundsätzliche Skepsis in der Bevölkerung gegenüber der Veröffentlichung und Nutzung von individuellen genetischen Daten. Dies muss bei der Erstellung von Konzepten für das Datenmanagment dringend beachtet werden, um eine möglichst breite Akzeptanz der NGS-Technologie in all seinen Aspekten und der Nutzung der erhobenen Genomik-Daten zu erreichen. Ein Mißbrauch dieser Daten würde das Vertrauen in diese zukunftsträchtige Technologie umfassend erschüttern und Deutschland in der internationalen Wettbewerbsfähigkeit massiv zurückwerfen.

3.2.2 Beteiligung an Großprojekten

Die deutsche Genomforschung wird seit über 20 Jahren von öffentlichen Geldgebern gefördert mit dem Ziel, diesen Forschungs- und Zukunftsbereich international sichtbar und wettbewerbsfähig zu machen. Projektförderungen im Rahmen von Verbundprojekten gab es sowohl im Bereich der Humanmedizin (z.B. das Deutsche Humangenomprojekt DHGP (bis 2002), das Nationale Genomforschungsnetz NGFN (bis 2013), das Internationale Krebsgenomkonsortium ICGC (bis 2017) und das Deutsche Epigenomprogramm DEEP (bis 2017)) als auch im nichthumanen Bereich (Genomforschung an Mikroorganismen (GENOMIK, bis 2012), an Pflanzen (GABI, bis 2012) und an Tieren (FUGATO, bis 2012)). An deutschen Universitäten selbst erfolgt die Genomforschung meist durch kleine, drittmittelgeförderte Einzelprojekte – diese haben in der Regel jedoch keine nachhaltige Finanzierung und/oder entsprechend ausgebildetes Personal zur Anschaffung der neuesten Technologien.[28]

Leider zeichnete sich bis heute keines dieser Programme durch finanzielle Nachhaltigkeit, Integration in bestehende Strukturen oder technologisches Top-Niveau aus, so dass keines dieser Programme zu einer grundlegenden Struktur oder internationalen Wettbewerbsfähigkeit beigetragen hat. Die Verfügbarkeit von adäquat ausgestatteten und institutionsübergreifenden NGS-Kapazitäten ist jedoch von grundlegender Bedeutung für die Zukunft einer Genomik-Nation Deutschland. Als starker Antrieb hinter dieser Entwicklung steht die Hoffnung auf „personalisierte Medizin". Aufgrund zu erwartender kleiner Effekte von detektierten Varianten werden eine Vielzahl von Genomen aus der Gesamtbevölkerung erhoben, in Kombination mit umfangreichen phänotypischen Informationen (u.a. auch dem Auftreten von Volkskrankheiten betreffend). So wird angenommen, dass in den nächsten Jahrzehnten ein großer Anteil der gesamten Weltbevölkerung genomweit sequenziert werden wird, nicht nur im Bereich der Forschung. Andere Länder tragen dieser Entwicklung bereits Rechnung, unterstützt von regierungsgeförderten Programmen: In Großbritannien (Genomics England[29]) werden ca. 100.000 Einwohner (Patienten mit seltenen Erkrankungen und verschiedenen Krebsformen, sowie deren Familienmitglieder) genomweit sequenziert werden; in Saudi-Arabien eine ebenso große Zahl (Saudi Human Genome Program[30]). Die USA[31] sowie China (Zhu, 2012) haben bereits noch weitaus größere Programme angekündigt und beabsichtigen, jeweils bis zu 1 Million Bürger in den nächsten Jahren genomweit sequenzieren zu wollen. Zusätzlich werden zentrale Einrichtungen gegründet, in denen die Expertise und die nötigen Ressourcen gebündelt werden, z.B das „SciLifeLab"[32] in Schweden, das „New York Genome Center"[33] und das „Broad Institute"[34] in den USA, oder das „Bejing Genomics Institute"[35] (BGI) in China.

Aufgrund seiner dezentralisierten Struktur und der dadurch begründeten mangelnden Expertise in der Durchführung wissenschaftlich kompetitiver und komplexer NGS-Projekte hat Deutschland derzeit große Schwierigkeiten, sich an international hochrangigen Forschungsvorhaben zu beteiligen: Der Mangel an ausgewiesener Infrastruktur und Kompetenz ist international bereits ein massiver Wettbewerbsnachteil und wird in Zukunft zur abnehmenden Konkurrenzfähigkeit der Medizinforschung und der translationellen Forschung führen. Um dem entgegenzuwirken wird ein entscheidender Punkt die Beteiligung an internationalen Großprojekten sein. Möglichkeiten hierzu gibt es viele, z.B. wurde kürzlich die „Human Cell Atlas Initiative"[36] gestartet, mit dem Ziel, eine umfassende und vielschichtige Referenz aller humaner Zellen zu erstellen. Es wäre wünschenswert, wenn sich Deutschland hier systematisch (und strukturell sinnvoll gefördert) in signifikanter Weise einbringen würde.

3.2.3 Zukünftige Entwicklungen

Die jetzt einsetzende Diskussion zum Thema der Datenverwendung und internationalen Zusammenarbeit in der Datenanalyse muss zukunftsgewandt sein, d.h. es sind hier auch zukünftige Entwicklungen mit zu berücksichtigen. Ein Beispiel hierfür ist der zukünftige Einsatz und die Kopplung von Elektronischen Gesundheitsdaten (*electronic health records*, EHR) mit Genominformationen (Kohane, 2011). Dieser Ansatz, welcher die verwendeten Datendimensionen erneut um einiges größer werden lässt, erlaubt die systematische Aufdeckung von bisher unbekannten Beziehungen zwischen genetischen Varianten, Labormessergebnissen und Erkrankungen und hat bereits zu beeindruckenden Erkenntnissen geführt (He et al., 2017). Aufgrund dieses Potenzials werden international zunehmend flächendeckende Projekte an Krankenhäusern eingeführt und im Rahmen großer Forschungskonsortien aufgearbeitet (z.B. eMERGE[37], USA). Obwohl der systematische Einsatz der EHRs und deren Integration mit genetischen Daten in Deutschland noch weit entfernt ist und bisher nur in ersten lokalen Projekten untersucht wird (z.B. GANI_MED[38]), sollte dieser Aspekt in der derzeitigen Diskussion zwingend mit adressiert werden und die nötigen gesetzlichen, rechtlichen und infrastrukturellen Rahmenbedingungen für derartige Projekte geschaffen werden.

4. Zusammenfassung und Ausblick

Der technische Fortschritt in der Entwicklung von NGS-Technologien und anderer Omics-Methoden hat die biomedizinische Forschung in allen Bereichen grundlegend revolutioniert. Dabei stellt die daraus entstandene „Genomik" bereits jetzt immense Anforderungen in verschiedenen, mit big data einhergehenden Bereichen. Es ist zu erwarten, dass die Anforderungen und Dimensionen der Daten immer weiter zunehmen werden: Die technologischen Entwicklungen und die Ausrichtung der Forschung und Diagnostik in Richtung der personalisierten Medizin (inklusive individueller Präventions-, Diagnostik- und Behandlungsverfahren) wird die Hochdurchsatz-Datengenerierung weiter vorantreiben. Dabei wird es das Ziel sein, die individualisierte Medizin dank leistungsfähiger NGS-Verfahren in Forschung und Routinediagnostik standardisiert einzusetzen. Eine zusätzliche treibende Kraft in dieser Entwicklung werden auch zunehmend außer-universitäre Einrichtungen sein, u.a. Pharmakonzerne oder große Tech-Unternehmen, so dass die Konkurrenz um Technologien und qualifiziertes Personal weiter ansteigen wird. Unternehmen wie Alphabet (google), Amazon, Microsoft oder Apple haben das Potential der genomischen Forschung ebenfalls erkannt und investieren große Mengen ihres Umsatzes in die Entwicklung von Datentechnologien, oft in Zusammenarbeit mit großen universitären Einrichtungen und Kliniken[39].

In Deutschland hinken wir derzeit diesen Anforderungen weit hinterher; diverse Gründe und Belege hierfür sind in diesem Artikel angerissen. Wir benötigen dringend neue Strategien, einen öffentlichen Diskurs und nationale (bzw. europaweite) Anstrengungen, um auf internationales Topniveau zu kommen, die Abhängigkeit von außereuropäischen Server- und Cloudstrukturen zu reduzieren, und uns für die Zukunft zu rüsten. Erste Konzepte wurden kürzlich bereits von Wissenschafts-Organisationen wie der „Nationalen Akademie der Wissenschaften Leopoldina“ in ihrem Zukunftsreport zum Thema „Lebenswissenschaften im Umbruch“[40], oder dem Forum Gesundheitsforschung vorgelegt. So kommt deren Arbeitsgruppe in ihrem abschließendes Dokument mit dem Titel „Strategie für den Auf- und Ausbau einer Nationalen Infrastruktur für Hochdurchsatz-Sequenzierung (Next Generation Sequencing, NGS)“[41], welches im Dezember 2016 an das Bundesministerium für Bildung und Forschung als Empfehlung übergeben wurde, zu folgendem Schluss: „NGS-Technologien sind in Deutschland zur Zeit nicht auf internationalem Top-Niveau und es fehlt eine koordinierende Struktur. Die Nutzung der vorhandenen Ressourcen ist stark von individuellen Interessen und lokalen Gegebenheiten geprägt. Eine international kompetitive Forschung zum Wohle von Patienten ist so nicht durchführbar. Es besteht die Gefahr, dass Deutschland international abgehängt wird. Es bedarf daher eines Paradigmenwechsels in der Etablierung und Nutzung der NGS-Infrastrukturen"[42]. Von öffentlicher Seite hat die Deutsche Forschungsgemeinschaft (DFG) im Juli 2017 eine Förderinitiative für Hochdurchsatzsequenzierung angekündigt, mit Hilfe der an zwei bis drei Hochschulen in Deutschland NGS-Kompetenzzentren geschaffen werden sollen[43].

Obwohl sich die Vorschläge der einzelnen Institutionen in ihren Details unterscheiden, so teilen sie die gemeinsame Einschätzung, dass Zukunftstechnologien, inklusive des NGS, in zentralisierten, effektiven Infrastrukturen gebündelt und koordiniert werden sollten und hierfür intensive Bemühungen, inklusive nachhaltige und umfangreiche Finanzierungen, nötig sind. Wichtig scheint dabei eine Kombination aus einigen wenigen, überregionalen Groß-NGS-Einrichtungen mit starker Kapazität in allen Bereichen des NGS, und regionalen Einrichtungen mit spezifischer Methodenkompetenz für kleinere Projekte und den Einsatz in der Diagnostik. Die großen Einrichtungen sollten (i) professionell geführt werden und gemeinsame Standards entwickeln, (ii) bereits bestehende und neu aufzubauende Expertise synergistisch nutzen, und (iii) mit der technologischen Entwicklung in allen NGS-Bereichen Schritthalten. Dabei geht diese Etablierung über die reine Geräteanschaffung hinaus, und muss alle Bereiche der NGS-Schöpfungskette beinhalten. Nur mit einer großen, nationalen Anstrengung wird Deutschland im technologischen Wettkampf der Genomik mithalten können.

Bildlegenden

Abbildung 1: Entwicklung der Sequenzierkosten
Die blaue Linie in dieser Grafik verdeutlicht den zeitlichen Verlauf der Sequenzierkosten für ein humanes Genom seit

Ende des Humangenomprojektes, in US-Dollar. Es ist zu erkennen, dass die Kosten sich zunächst so verhielten, wie es basierend auf der Vorhersage nach dem Mooreschen Gesetz[44] zu erwarten war (hierbei ist zu beachten, dass die y-Achse logarithmisch dargestellt ist). Zwei grundlegende technologische Entwicklungen, angezeigt durch die gelben Pfeile, führten jedoch zu massiven Abweichungen von dieser vorhergesagten Entwicklung: Im Jahr 2007 wurden die ersten NGS-Technologien zur Genomsequenzierung eingesetzt (Pfeil 1), im Jahr 2015 kam mit den HiSeq X-Ten-Geräten der Firma Illumina eine Version der NGS-Geräte auf den Markt, die den Durchsatz von Genomsequenzierungen noch einmal massiv erhöhte. Diese Entwicklungen führten dazu, dass heutzutage humane Genome an Großeinrichtungen für etwa 1.000 US-Dollar sequenzierbar sind. Datenquelle: National Human Genome Research Institute[45].

Abbildung 2: Molekulare Ebenen genomischer Daten
Die zunächst für die Genomsequenzierung konzipierte NGS-Technologie findet aufgrund ihrer beeindruckenden Entwicklung Anwendung auf verschiedenen molekularen Ebenen. (a) Die Genomsequenzierung selbst beschreibt die Analyse der Basenabfolge in Zellen einer zu untersuchenden Person. Dabei ist die Sequenzierung des gesamten Genoms genauso möglich wie die partielle Untersuchung der protein-kodierenden Regionen (Exom-Sequenzierung) oder einzelner Gene. Man unterscheidet in der Auswertung zwischen der genetischen Variabilität, die alle Zellen gemeinsam haben (d.h., die Keimzellvarianten) und den somatischen Mutationen, welche von einzelnen Zellen und Geweben im Laufe ihrer Entwicklung erworben werden und nur lokal (z.B. in Krankheitsgewebe) zu detektieren sind. (b) Neben der genetischen Sequenz allgemein können auch weitere molekulare Ebenen im Zusammenhang mit der Basenabfolge des Genoms untersucht werden, z.B. welche Gene in bestimmten Zellen exprimiert werden, oder welche Regionen des Genoms bestimmte regulatorische Markierungen enthalten. Da diese Muster spezifisch für die jeweils untersuchten Zellen sind, erreicht die Genomanalyse in dieser

Ebene bereits eine sehr starke Komplexität. (c) Diese wird zusätzlich verstärkt durch weiterführende molekulare Ebenen, welche durch NGS oder weiteren hoch-technologischen „Omics"-Technologien analysiert werden können. Es ist zu erwarten, dass die Anwendungsbereiche hier in Zukunft noch weiter ausgebaut werden.

Abbildung 3: Standard-Datenformate einer NGS-Analyse
In dieser Abbildung sind die allgemeinen Dateiformate, welche in einem Standard-NGS-Workflow bei einer Genomsequenzierung entstehen, dargestellt. Dabei reflektieren die Farben die verschiedenen Ebenen: Blaue Felder entsprechen den Rohdaten in der Art, wie sie aus dem NGS-Gerät ohne bioinformatische Analyse kommen. Gelbe Felder zeigen Dateiformate nach ersten bioinformatischen Aufarbeitungen (zeit- und rechenintensiv), dagegen sind Formate in den roten Felder bereits interpretierbare Varianten-Informationen). Die Pfeile zwischen den Feldern benennen die Prozesse, durch welche die jeweiligen Formate jeweils aus dem Vorformat entstehen. Gleiche Farben bedeuten auch, dass diese jeweiligen Formate relativ unaufwändig ineinander umgewandelt werden können. Links abgebildet sind die jeweilige zu erwartende Dateigrößen, geschätzt für ca. ein Genom bei 40facher Abdeckung. Von oben nach unten nimmt der Prozessierstatus der Daten zu, d.h. die Bedeutung für eine unabhängige Wiederverwendung durch andere Arbeitsgruppen nimmt ab. Die Abbildung ist von He, Ge und He (2017) modifiziert.

Literaturverzeichnis

1000 Genomes project. 2015. A global reference for human genetic variation. Nature 526(7571):68-74.

Gevers D, Knight R, Petrosino JF, Huang K, McGuire AL, Birren BW, Nelson KE, White O, Methe BA, Huttenhower C. 2012. The Human Microbiome Project: a community resource for the healthy human microbiome. PLoS Biol 10(8):e1001377.

Gill SR, Pop M, Deboy RT, Eckburg PB, Turnbaugh PJ, Samuel BS, Gordon JI, Relman DA, Fraser-Liggett CM, Nelson KE. 2006. Metagenomic ana-

lysis of the human distal gut microbiome. Science 312(5778):1355-1359.
Goodwin S, McPherson JD, McCombie WR. 2016. Coming of age: ten years of next-generation sequencing technologies. Nat Rev Genet 17(6):333-351.
He KY, Ge D, He MM. 2017. Big Data Analytics for Genomic Medicine. Int J Mol Sci 18(2).
Hsi-Yang Fritz M, Leinonen R, Cochrane G, Birney E. 2011. Efficient storage of high throughput DNA sequencing data using reference-based compression. Genome Res 21(5):734-740.
Kidd JM, Cooper GM, Donahue WF, Hayden HS, Sampas N, Graves T, Hansen N, Teague B, Alkan C, Antonacci F, Haugen E, Zerr T, Yamada NA, Tsang P, Newman TL, Tuzun E, Cheng Z, Ebling HM, Tusneem N, David R, Gillett W, Phelps KA, Weaver M, Saranga D, Brand A, Tao W, Gustafson E, McKernan K, Chen L, Malig M, Smith JD, Korn JM, McCarroll SA, Altshuler DA, Peiffer DA, Dorschner M, Stamatoyannopoulos J, Schwartz D, Nickerson DA, Mullikin JC, Wilson RK, Bruhn L, Olson MV, Kaul R, Smith DR, Eichler EE. 2008. Mapping and sequencing of structural variation from eight human genomes. Nature 453(7191):56-64.
Kohane IS. 2011. Using electronic health records to drive discovery in disease genomics. Nat Rev Genet 12(6):417-428.
Kulski JK. 2016. Next-Generation Sequencing — An Overview of the History, Tools, and „Omic" Applications. In: Kulski JK, editor. Next Generation Sequencing – Advances, Applications and Challenges: INTECH.
Li JY, Wang J, Zeigler RS. 2014. The 3,000 rice genomes project: new opportunities and challenges for future rice research. Gigascience 3:8.
Loh PR, Baym M, Berger B. 2012. Compressive genomics. Nat Biotechnol 30(7):627-630.
Molnar-Gabor F, Lueck R, Yakneen S, Korbel JO. 2017. Computing patient data in the cloud: practical and legal considerations for genetics and genomics research in Europe and internationally. Genome Med 9(1):58.
Ng SB, Bigham AW, Buckingham KJ, Hannibal MC, McMillin MJ, Gildersleeve HI, Beck AE, Tabor HK, Cooper GM, Mefford HC, Lee C, Turner EH, Smith JD, Rieder MJ, Yoshiura K, Matsumoto N, Ohta T, Niikawa N, Nickerson DA, Bamshad MJ, Shendure J. 2010. Exome sequencing identifies MLL2 mutations as a cause of Kabuki syndrome. Nat Genet 42(9):790-793.
Rabbani B, Tekin M, Mahdieh N. 2014. The promise of whole-exome sequencing in medical genetics. J Hum Genet 59(1):5-15.
Relling MV, Evans WE. 2015. Pharmacogenomics in the clinic. Nature 526(7573):343-350.
Roberts L, Davenport RJ, Pennisi E, Marshall E. 2001. A history of the Human Genome Project. Science 291(5507):1195.
Stephens ZD, Lee SY, Faghri F, Campbell RH, Zhai C, Efron MJ, Iyer R, Schatz MC, Sinha S, Robinson GE. 2015. Big Data: Astronomical or Genomical? PLoS Biol 13(7):e1002195.
Visscher PM, Wray NR, Zhang Q, Sklar P, McCarthy MI, Brown MA, Yang J.

2017. 10 Years of GWAS Discovery: Biology, Function, and Translation. Am J Hum Genet 101(1):5-22.
Weinstock GM. 2012. Genomic approaches to studying the human microbiota. Nature 489(7415):250-256.
Zhu J. 2012. A year of great leaps in genome research. Genome Med 4(1):4.

Anmerkungen

1 https://www.gesundheitsforschung-bmbf.de/files/Forum_Gesundheitsforschung_Strategie_Infrastruktur_NGS.pdf

2 Daten aus der 3. Phase des 1000 Genom-Projektes, dazu kommen noch 3,6 Millionen kleinere Insertionen / Deletionen und 600.000 strukturelle Variationen

3 im Sinne einer Vereinfachung werden die Begriffe „Polymorphismus" oder „genetische Variante" in diesem Text austauschbar verwendet und umfassen auch Sonderformen der genetischen Variabilität, z.B. Mutationen

4 Als Allel bezeichnet man die an einer bestimmten Genomposition beobachteten Basen.

5 dieser Begriff umschreibt die in der Bevölkerung häufig auftretenden Erkrankungen (z.B. Depressionen, Bluthochdruck, Diabetes mellitus Typ II), denen oft eine multifaktorielle Ätiologie unterliegt

6 Als „array" bezeichnet man Objektträger-große Chips, auf denen Millionen von Basensequenzen befestigt sind

7 umgerechnet pro Megabase: weniger als 1 cent mit NGS. Zum Vergleich: traditionelle Sequenzierung nach Sanger: 1.000 Euro

8 Wade N. Cost of Decoding a Genome Is Lowered. The New York Times; 11.08.2009.

9 NGS-Technologien umfassen verschiedene Eigenschaften, z.B. Molekülgrößen im short oder long-read-Modus und auch ein-oder zweiseitige Sequenzierung als single- oder paired-end-Modus. Zusätzlich können einzelne Personen sequenziert werden oder ein Multiplex-Design eingesetzt werden, und es stehen Geräte mit verschiedenen Sequenziertechniken zur Verfügung, z.B. sequencing-by-synthesis der Firma Illumina, oder molekulare Nanoporen der Firma Oxford Nanopore Technologies zur Verfügung.

10 eine Übersicht aktueller Geräte findet sich in Tabelle 1 von Kulski, JK, 2016

11 Alignen = Zuweisen der von einer Person erhaltenen Basenabfolge zu der eines Referenzgenoms

12 diese Varianten werden entweder von einem Elternteil vererbt oder treten in den Keimzellen der Eltern als Neumutationen auf.

13 Gesamtheit der Bakterien und Viren in einem Organsystem, z.B. im Darm, auf der Haut oder in der Mundhöhle

14 Gesamtheit der Stoffwechsel-Eigenschaften einer Zelle
15 http://www.internationalgenome.org/
16 standardmäßig werden >95% der bekannten humanen Exons mit einer zufriedenstellenden Qualität abgedeckt
17 dies gilt auch für die Exom- und Genomsequenzierung
18 im Falle der Exomsequenzierung, die technisch in der Diagnostik machbar ist, liegt dies u.a. auch an der schwierigen Abrechnungsmöglichkeit im Bereich der Medizinischen Krankenversorgung
19 https://www.gesundheitsforschung-bmbf.de/files/Forum_Gesundheitsforschung_Strategie_Infrastruktur_NGS.pdf
20 ein Exabyte entspricht 10^{18}Bytes, oder einer Milliarde Gigabyte

21 EmTech: Illumina says 228,000 human genomes will be sequenced this year. MIT Technology Review 2014
22 ein Zettabyte entspricht 1000 Exabyte, oder 10^{21} byte.
23 https://www.ebi.ac.uk/, Stand November 2017
24 in NRW z.B. Master-Studium „Life Science Informatics“ (Universität Bonn), Bachelor-Studium „Naturwissenschaftliche Informatik“ (Universität Bielefeld)
25 https://www.ukaachen.de/kliniken-institute/ngs-zentrum/arbeitsgruppe-ngs.html
26 zusammengefasst von http://www.tmf-ev.de/Ueber_uns.aspx
27 database of Genotypes and Phenotypes, https://www.ncbi.nlm.nih.gov/gap
28 Dieser Absatz gibt Inhalte des Strategiepapiers zum Aus- und Aufbau einer NGS-Infrastruktur wieder, einsehbar unter https://www.gesundheitsforschung-bmbf.de/files/Forum_Gesundheitsforschung_Strategie_Infrastruktur_NGS.pdf
29 https://www.genomicsengland.co.uk/
30 http://shgp.kacst.edu.sa/site/
31 https://obamawhitehouse.archives.gov/the-press-office/2015/01/30/fact-sheet-president-obama-s-precision-medicine-initiative
32 https://www.scilifelab.se/
33 http://www.nygenome.org/
34 https://www.broadinstitute.org/
35 https://www.bgi.com/us/
36 https://www.humancellatlas.org/
37 eME Electronic Medical Records and Genomics (eMERGE) Network; https://www.genome.gov/27540473/electronic-medical-records-and-genomics-emerge-network/
38 Greifswald Approach to Individualized Medicine
39 aus dem SPIEGEL Nr. 45, vom 04.11.2017: „Computer gegen Krebs“.
40 https://www.leopoldina.org/uploads/tx_leopublication/2014_Zukunftsreport_Langfassung_web.pdf
41 https://www.gesundheitsforschung-bmbf.de/files/Forum_Gesundheitsforschung_Strategie_Infrastruktur_NGS.pdf
42 aus dem „Strategiepapier für den Auf- und Ausbau einer Nationalen Infrastruktur für Hochdurchsatz-Sequenzierung (Next-Generation-Sequencing, NGS).

43 http://www.dfg.de/foerderung/info_wissenschaft/info_wissenschaft_17_42/index.html
44 Mooresches Gesetz: die Leistungsfähigkeit von Computern wird derart drastisch ansteigen, dass die relativen Kosten in exponentiellem Maße abnehmen.
45 Zahlen einsehbar unter https://www.genome.gov/27565109/the-cost-of-sequencing-a-human-genome/

AUTORINNEN UND AUTOREN

Joachim von Braun und Vicki Abresch
(Zentrum für Entwicklungsforschung, Universität Bonn)

Justus Haucap
(Düsseldorf Institute for Competition Economics (DICE), Heinrich Heine Universität Düsseldorf)

Kerstin U. Ludwig
(Department of Genomics / Institut für Humangenetik, Universitätsklinikum Bonn)

Dace L. Luters-Thümmel
(Düsseldorf/Riga/Brüssel)

Katharina Morik
(Lehrstuhl für Künstliche Intelligenz, Technische Universität Dortmund)

Alexander Scheuch
(Institut für Internationales Wirtschaftsrecht, Westfälische Wilhelms-Universität Münster)

Andreas Schumann
(Lehrstuhl für Hydrologie, Wasserwirtschaft und Umwelttechnik, Ruhr-Universität Bochum)